토론 대화 전략 연구

대화분석 연구 총서 4

토론 대화 전략 연구

박용한 지음

도서출판 역락

〈대화분석 연구 총서〉
편저자 : 이성만 · 강창우 · 윤석민 · 박용익

〈대화분석 연구회 홈페이지〉
http//www.dialoganalysis.net

머리말

사람들은 세상을 살아가면서 다른 이들과 많은 대화를 나누게 된다. 그 과정에서 생산되는 무수한 말들에는, 물론 정도의 차이는 있겠지만, 말하는 이가 가지고 있는 어떠한 의도가 반드시 반영되기 마련이다. 그 결과 모든 대화는 전략적 특성을 갖게 되는 것이라 할 수 있다.

따라서 만약 어떤 이가 자신의 대화 목적을 달성할 수 있는 효과적인 대화 전략을 구사한다면 그는 대화를 성공적으로 이끌어갈 수 있겠지만, 반대로 적절치 못한 전략을 구사한다면 그는 자신의 대화 목적을 달성하기가 결코 쉽지 않을 것임을 우리는 쉽게 예상해볼 수 있다.

이 책은 바로 이러한 대화의 '전략적' 특성에 주목하면서, 과제 중심적 대화의 한 유형인 TV 생방송 토론 대화를 대상으로, 그 대화참여자들이 상호간에 구사하는 다양한 범주의 대화 전략들을 확인하고, 이들을 계층별 그리고 유형별로 분류하면서 각각의 전략적 기능을 살펴보고자 하였다.

이를 위해 먼저, 전략(strategy)과 책략(tactics)의 개념을 구분하여, 대화 전략이란 '대화참여자가 현재 참여하고 있는 대화에서 자신의 대화 목적을 달성하기 위하여 수립한 대화 진행 계획(plan)', 그리고 대화 책략이란 '대화참여자가 자신이 수립한 대화 전략을 원활하게 수행하기 위하여 구사하는 세부적인 발화 기술(skill)'이라 각각 정의하였다. 또한 대화가 전략적으로 운영된다고 하는 것은 '대화참여자들이 자신의 대화 목적을 달성하기 위한 전반적인 대화 전략을 수립하고, 이것의 원활한 진행을 위해 여러 가지의 구체적인 대화 책략들을 선택적으로 구사하는 것'을 의미하는 것으로 보았다.

이 책에서는 화제 구조, 순서교대 구조, 대화이동 구성, 화행 실행의 네 가지 언어 범주에서 구사되고 있는 대화 전략 및 대화 책략들을 확인해보았다. 그 결과, 대화참여자들은 자신의 대화 목적을 달성하기 위하여 '대화 구조 지배 전략', '과제 목적 성취 전략' 그리고 '이미지 관리 전략'의 세 가지 대화 전략과 이들의 원활한 수행을 위해 그 각각의 하위에 속하는 다양한 대화 책략들을 구사하고 있음을 확인할 수 있었다. 대화참여자들은 대화의 상황이나 대화 목적 그리고 상대방의 말과 행동을 검토하면서, 가장 효과적이라고 판단 되는 대화 전략 및 대화 책략들을 선택적으로 구사하고 있는 것이었다.

이 책은 지난 2002년 8월 연세대학교 대학원에 제출한 저자의 박사학위 논 문을 부분적으로 수정하여 다시 책으로 내놓은 것이다. 지금으로부터 12년 전 국어학에 첫걸음을 내디뎠던 저자를 사회언어학과 대화분석에 관심을 갖고 연 구할 수 있도록 이끌어주신 김하수 선생님께 진심으로 감사드린다. 선생님의 가르침과 지속적인 관심이 없었다면 아마도 이 책은 세상의 빛을 보지 못했을 것이다. 학위논문 심사 과정에서 자상한 지도와 격려를 아끼지 않으셨던 홍종 화 선생님, 이원표 선생님, 구현정 선생님 그리고 박용예 선생님께도 심심한 감사를 드린다. 그리고 국어학 분야 전반에 대한 많은 가르침을 주셨던 연세 대학교 국어국문학과 김석득 선생님, 남기심 선생님, 임용기 선생님, 서상규 선생님께도 깊은 감사를 드린다. 또 논문 진행과정 중에 아낌 없는 조언을 해 주셨던 박용익 선생님께도 감사를 드린다.

저자의 짧은 지식으로 말미암아, 이 책에는 다소 부족한 점이 많이 있으리 라 생각된다. 앞으로 과제 중심적 대화가 아닌 다른 유형의 많은 대화들을 연 구 대상으로 하여 지속적인 연구를 해가면서 부족한 부분에 대해서는 계속 수 정 보완해나가도록 하겠다. 마지막으로 이 책이 대화 전략 연구에 관심을 두 고 있는 분들께 조금이나마 도움이 되기를 바라는 바이다.

2003년 7월 옥포만을 바라보며
박 용 한

차 례

차 례

차 례

차 례

서론 ——————— 제*1*장

1. 연구 목적

    대화에 참여하는 이들은 각자 나름대로의 목적을 가지고 있다. 그 목적
은 대화의 주제나 내용과는 상관없이 상대방과의 인간적 관계를 돈독히 하
려는 것일 수 있으며, 반대로 상대방과의 관계를 악화시키는 한이 있더라
도 자신의 주장을 관철시키거나 혹은 상대의 주장이나 제안을 거부하여 이
를 포기하도록 하는 것이 될 수도 있다. 하지만 주지하는 바와 같이, 대화는
어느 한 개인에 의해서가 아닌 그 참여자들 사이의 상호작용에 의해 이루
어지는 것이기 때문에, 각 참여자들의 목적 달성은 그리 쉽게 이루어지지
만은 않는다. 특히 양쪽 참여자들의 대화 목적이 서로 상반된 성격의 것일
경우에, 그들은 각자의 목적 달성을 위해 매우 험난한 대화의 과정을 겪어
야만 한다. 따라서 대화참여자들은 자신의 목적을 달성할 수 있는 가능성
을 최대화하기 위하여 상대방의 말과 행동을 검토하면서, 그때 그때의 상
황에 적합하다고 생각되는 대화 전략을 선택적으로 구사하게 되는 것이다.

이러한 사실에 주목하여, 우리는 흔히 대화 행위를 가리켜 '말을 이용한 역동적(力動的)인 상호 교류 행위(transaction)'라 정의하기도 한다. 여기에서의 역동성은 전략적인 대화 운영의 결과로 나타나는 것이라 할 수 있는데, 바로 이러한 대화의 역동적 특성을 고려해 볼 때, 일반적으로 대화라는 것은 이미 결정되어져 있는 어떤 일련의 과정만을 따라서 이루어지는 것이 아니라는 점을 우리는 쉽게 짐작할 수가 있다. 따라서 '대화의 본질은 무엇인가?'라는 문제에 대하여 명확한 해답을 얻기 위해서는, 대화의 그러한 전략적 특성을 총체적으로 살펴보는 것이 무엇보다 더 중요한 과제임을 우리는 확신할 수 있게 된다.

본 연구는 이러한 관점과 방향 설정을 기반으로 하여 시작된 것으로, 본고에서는 대화의 전략적 특성에 주목하여, 대화참여자들이 상호간에 구사하는 다양한 범주의 대화 전략들을 확인하고, 이들을 계층별 그리고 유형별로 분류하면서 그 각각의 전략적 기능을 살피는 데에 그 목적을 두고 있다.

이를 위하여 본고에서는 먼저, 지금까지 매우 불분명하게 사용되어 왔던 '대화 전략'의 개념을 명확히 정의할 것이다. 그리고 과제 중심적 대화[1]의 한 유형인 'TV 생방송 토론 대화'를 대상으로 하여, 거기에서 구사되고 있는 매우 다양한 대화 전략들을 면밀하게 분석해보도록 하겠다. 그리하여 결국 대화라는 것은 자신의 궁극적인 대화 목적을 달성하고자 하는 대화참여자들이 여러 범주들에 걸쳐 유기적으로 구성되어 있는 다양한 대화 전략들을 선택적으로 구사하는 과정을 통해 이루어지는 것임을 보이려 할 것이다.

이상의 연구 과정을 통해서, 우리는 대화의 진행 과정에서 필연적으로 나타나게 되어 있는 대화의 전략적 특성들을 총체적이면서도 또한 체계적으로 살펴보게 됨으로써, 대화의 본질에 대한 우리의 이해의 폭을 한 층 더 넓고 명확하게 할 수 있을 것으로 생각한다.

---

1) 대화 유형학의 측면에서 보면, 모든 대화들은 그 기준을 무엇으로 하느냐에 따라 여러 가지의 유형으로 분류될 수 있다. 본고에서는, 과연 대화에 참여하는 이들의 궁극적인 목적은 무엇인가 하는 분류 기준을 따라, 과제 중심적 대화와 관계 중심적 대화의 두 유형으로 나누는 분류 방식을 따르기로 한다.

2. 선행 연구

1970년대 이후, 많은 언어학자들은 언어 자체에 대한 분석을 시도했던 형식주의 패러다임으로부터 언어 사용에 대한 분석을 시도하는 기능주의 패러다임으로 그들의 관심을 돌리게 되었다. 그 결과, 언어 사용 연구에 있어서 그 무엇 못지 않게 중요한 주제라 할 수 있는 대화 전략에 대해서는 지금까지 많은 연구가 진행되어 오고 있는 실정이다.

이러한 대화 전략과 관련된 연구 사례들 중, 우리가 우선 언급해볼 수 있는 것은 Brown & Levinson(1987)의 공손 전략(politeness strategies)에 관한 연구이다. 이들은 Goffman(1956)의 체면(face)에 관한 연구로부터 영감을 얻어, 상대방의 체면에 대한 위협의 강도와 언어적으로 표현되는 공손법 사이의 관계에 대해 살펴보고 있다. 여기에서 체면 위협의 강도는 체면위협 행위(FTA, face threatening acts)를 행하는 데 있어서의 '부담(weight)'에 의해 표시되는데, 이 부담은 다음의 공식에서와 같이, 첫째 특정 문화에서 발생하는 특정 행위의 절대적 부담인 강요율(rate of imposition), 둘째 화자와 청자 사이의 사회적 거리(social distance), 셋째 청자가 화자에 대해 가지는 힘(power)의 세 가지 사회적 매개변수들의 합계로 표시되고 있다(이원표 역 1997:29).

$$W(FTA) = R + D + P$$

그리고 상대방에게 이러한 체면위협행위를 행하는 데 있어서, 대화참여자들은 다음과 같은 다섯 가지의 전략들 중 어느 하나를 선택하여 구사하는 것으로 보고 있다.

【그림 1】 FTA를 행하기 위한 다섯 가지 전략

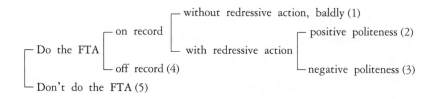

Brown & Levinson(1987:91)에서는, 이러한 다섯 가지의 전략들을 그 사용자의 언어적 표현과 관련짓는 것은 수단과 목적 사이의 추론(means-ends reasoning)과 같은 종류의 것이라 주장하고 있다. 따라서 일반적으로 체면 유지와 관련된 문제에 관심을 가지고 있는 이성적인 화자라면, 대화참여자들의 체면 위협에 대한 이성적인 판단에 따라, 체면위협행위 최소화(FTA-minimizing) 전략을 사용할 것이라 보고 있다. 즉 그 화자들은 상대방의 체면 위협을 최소화할 수 있는 전략을 선택한 후, 그러한 자신의 전략적 목적을 충족시킬 수 있는 언어적 수단을 이성적으로 선택하여 사용한다고 보았다.

다음으로 우리는 Gumperz(1982)의 연구 결과를 언급해볼 필요가 있다. Gumperz(1982)의 담화 전략(discourse strategies)이란 개념은, Tannen(1984)의 대화 스타일(conversation style)이란 개념과 함께, 상호작용 사회언어학(interactional sociolinguistics)의 두 가지 주요 개념을 이루는 것이다. Gumperz(1982:3)에서는 대화참여자들이 그 상호작용에서의 의미를 인식하게 되는 것은 단순히 개별 단어나 구절에 의한 것이 아니며, 이러한 어휘 혹은 문법적 지식은 그 의미의 해석 과정에서 고려하게 되는 여러 요소들 중의 일부에 불과한 것이라 보고 있다. 따라서 담화 전략에 관한 연구는 우선 우리가 대화의 성공적 유지를 위해서 필요로 하는 언어, 사회, 문화적 지식을 기술하는 것으로부터 시작해야 한다고 주장한다. 그리고 우리가 실제 언어적 상호작용에서 나타나는 의사소통의 과정을 정확히 파악하기 위해서는, 그 대화참여자들이 상황과 맥락을 고려하는 해석의 과정이라 할 수 있는, 대화적 추론 (conversational inference)을 반드시 고려해야 한다고 본다. 또한 상호작용에 참여하고 있는 이들이 과연 그들의 대화 목적을 달성할 수 있을지의 여부는 그들이 언어, 스타일 전환, 음높이, 억양 등과 같은 맥락적 단서(contextuali-zation cue)들을 얼마만큼 잘 파악하고 있는지의 여부에 달려있다고 주장한다. 결국 Gumperz(1982)의 연구는, 비록 동일한 어휘 혹은 문법적 지식을 가지고 있는 이들이라 하더라도, 자신들의 언어적 표현을 어떻게 맥락화하여 서로 다른 의미들을 창조해내는지, 그리고 그 상대방은 그러한 의미를 어떻게 이해하게 되는지에 대한 해석적 설명을 우리에게 제공해주는 것이라 할 수 있겠다.

다음으로 살펴보아야 하는 것은 Grimshaw eds.(1990)이다. 여기에서는 여러 가지 다른 상황의 논쟁적 담화들에서 그 참여자들이 논쟁을 전개해나가는 방법에 대하여 살펴보고 있는 여러 연구들이 실려 있다. 이 중에서 몇몇의 연구들만을 언급해보면, 먼저 Corsaro & Rizzo(1990)에서는 미국과 이태리에 있는 유치원 아동들을 연구 대상으로 하여, 각 나라의 아동들은 비록 나이가 어릴지라도 그 나라의 성인들과 비슷한 방법으로 논쟁을 전개해 나가고 있음을 밝히고 있다.

그리고 Conley & O′Barr(1990)에서는 법정 상황(legal setting)에서의 논쟁을 연구 대상으로 하여, 거기에서 사용되는 법정 논쟁의 근거를 규칙에 의거한 근거(rule-oriented account)와 관계적 근거(relational account)의 두 가지로 구분하였다. 여기에서 전자는 구조화된 규칙과 법을 강조하면서 사회적 권력에 호소하는 근거를, 후자는 대인관계에 호소하는 근거를 각각 말하는 것이다. 그리하여 Conley & O′Barr(1990)에서는 사회적 권력이 강한 사람일수록 규칙에 의거한 근거를 더욱 사용하면서 논쟁을 전개해나간다고 주장하였다.

다음으로 Philips(1990)에서는 미국 법원 내에서의 논쟁적 담화를 대상으로, 판사의 상호작용적 역할을 연구하였다. 이 연구에 따르면, 판사는 일단 법원 내에서 논쟁적 담화가 전개되는 과정에서는 자신의 입지를 드러내지 않고 주로 경청을 하게 되기 때문에 그 자신의 역할은 매우 미약한 것이라 할 수 있다. 하지만 논쟁이 되고 있는 사건에 대한 법의 적용 범위가 정해진 후에는, 판사는 재판의 의의에 대한 언급 또는 명령 등을 행해가면서 적극적으로 담화의 틀을 짜면서 이끌어나가는 모습을 보인다고 한다.

그 외에 Tannen(1990)에서는 소설과 희곡 속에 나타나는 논쟁을 대상으로 하여, 침묵이 행하는 역할에 대해 살펴보고 있다. 그 결과 침묵은 갈등을 해결할 수 있는 하나의 장치가 될 수 있음을 주장한다. 예를 들어 연극 'Betrayal'에서 그 등장 인물들 사이의 갈등이 최고조에 달했을 때, 주인공은 상대방에 대한 욕설보다는 침묵을 행함으로써, 대인 관계의 분열을 방지하고 있다고 한다. 따라서 침묵은 갈등의 상황에서 반대 의사를 내세우기 위한 가장 간접적인 전략이며, 이러한 침묵은 대화의 성공적인 유지를 위해서는 반드시 필요한 전략으로 보고 있다.

이상에서 살펴본 외국에서의 연구 사례들 외에, 국내의 경우에도 이러한 대화 전략을 주제로 하는 몇몇 연구들이 있다. 다음에서는 이러한 국내에서의 선행 연구 결과들을 간략히 살펴보도록 하겠다.

먼저, 박용익(1997)에서는 1995년에 TV 매체를 통해 생방송으로 개최되었던 서울시장 후보자 토론회 내용을 분석 자료로 하여, 대화 참가자들의 의사소통 목적과 대화의 전개 양상을 살핀 후, 각 후보자들이 자신들의 목적을 추구하기 위해 사용한 의사소통 전략과 이미지 관리에 대해서 살펴보고 있다. 여기에서는, 토론회에 참여한 이들은 자신에 대한 긍정적인 면을 적절하게 드러내고 상대에 대한 부정적인 면을 효과적으로 공격하며, 유권자들을 대상으로 자신들의 이미지 관리를 효과적으로 하려는 목적을 가지고 있다고 보았다. 그리하여 그들은 자신들에게 행해진 공격적 질문이나 비판 혹은 비난 등과 같은 의사소통의 위기 상황에서는 '전면적인 반박', '비난 감수', '비난 불인정 혹은 비켜감' 등의 대처를 행하고, 상대의 비판에 대해 반박을 하거나 자신의 정당성을 주장할 때에는 '찬사', '질문을 문제시함으로써 비판의 정도를 약화시킴', '질문 행위의 관여성 부정' 등의 대응을 행한다고 하였다. 또한 대화 참여자들이 자신의 이미지 관리를 위해서, 상대의 비판에 대해 '찬사, 감사, 부탁 혹은 비판 수용' 등의 전략을 구사하고 있는 모습을 살펴보았다.

송경숙(1998)에서는 1997년 12월에 세 차례에 걸쳐 개최되었던, 제15대 대통령후보 초청 TV 토론회 내용을 분석 자료로 하여 발언 순서, 횟수,

시간 등이 공정하게 분배되었는지를 계량적으로 비교 분석하고, 또한 참석자들이 '비유, 예시, 인용, 질문, 반복' 등의 담화 전략을 사용하여, 자신의 입장을 피력하거나 상대 후보의 주장을 반박하고 있음을 밝혔다. 그리고 송경숙(2000)에서는 KBS 심야 생방송 토론의 내용을 자료로 하여 토론의 진행 과정을 거시적 담화 구조적 측면에서 "토론회 시작하기 + 토론의 전개 + 시청자와 통화 + 토론의 전개 + 토론회 마무리"로 정리하였다. 또한 토론 참석자들은 자신의 의견을 효과적으로 주장하는 것뿐만 아니라 상대방의 주장에 대해서도 반론을 펼치게 되는데, 이 과정에서 나타나는 주장과 반론의 대표적인 전략적 전개 유형을 각각 다섯 가지씩 제시하고 있다.2)

세가와 교코(1997)에서는 대화에 있어서의 발화 내용이나 화자, 청자의 관계를 조정하는 것을 '대화 관리'라 하고, 그런 대화 관리의 전략을 화자와 청자의 것으로 나누어 살펴보았다. 그 결과 화자의 경우, 대화를 진행하기 위해 '발언권의 조정, 말의 방해 다루기, 구조 알리기, 해명하기, 화제 조정'의 전략을 사용하고, 대인 관계 유지를 위해 '청자에게 주목하기, 청자 끌어들이기, 공통성 확인, 농담하기, 완화 표현 사용'의 전략을 사용한다고 하였다. 그리고 청자의 경우에는 '계속하기 권하기, 이해의 표시, 되묻기, 예측하기, 동의·공감, 반대 의견 피하기, 감정 표출·평가하기'의 전략을 사용한다고 하였다.

유동엽(1997)에서는 '상호작용을 위한 대화' 즉 일상 대화에 대한 담화 분석을 통해서, 대화참여자들이 행하는 대화 전략을 순서교대, 교환구조 그리고 화제구조의 세 층위로 나누어 살피고, 대화의 교수 및 학습은 이러

---

2) 전략적 주장 전개의 대표적인 유형으로는 ① 배경적 상황 설명+입장 표명+예 제시+이유 제시+주장 반복, ② 상황 설명+입장 표명+근거/이유 제시+부연 설명+주장 반복, ③ 입장 표명+상반되는 예 제시+주장 반복, ④ 입장 표명+여러 근거/이유 제시+부연 설명, ⑤ 양측 주장에 부분적 동의 표시+양측 주장의 문제점 지적을, 전략적 반론 전개의 대표적인 유형으로는 ① 상대방 주장에 부분적 동의+상대방 주장의 일부분 인용+반대 입장 표명+예시+부연 설명+주장 반복, ② 반대 의견 제시+이유 제시+부연 설명+반대 입장 반복, ③ 상대방 주장 인용+부정+예 제시+부연 설명, ④ 주장+이유 제시+비유 사용, ⑤ 상대 주장 부인+자신의 주장 피력+상대방에 대한 강도 높은 도전적 발언을 들고 있다.

한 대화 전략을 중심으로 이루어져야 함을 주장하고 있다.

이수지(1998)에서는 한국어 드라마와 영어 영화에서의 논쟁적 담화 안에서, 한국과 미국의 화자들이 사용하는 반복과 침묵 전략을 상호작용 사회언어학의 방법을 통해 연구하였다. 그리하여 한국어와 영어의 논쟁적 담화 모두에서, 화자들은 일반적으로 상대방의 체면을 위협하는 행위를 피하고 갈등을 최소화하기 위해 반복과 침묵 전략을 사용하게 되는데, 한국과 미국의 문화 그리고 사회적 차이로 말미암아 발생하게 되는 그 전략 사용의 차이에는 어떠한 것들이 있는지를 비교 설명하고 있다.

이성희(1999)에서는 남녀 소집단의 토의 담화를 대상으로 하여 맞장구, 순서 빼앗기, 인접쌍, 화제 도입 및 화제 이동 등에 관련한 의사소통 전략들을 분석하고, 성별에 따른 전략 사용의 차이를 연구하고 있다.[3]

이상의 연구들에서 알 수 있는 바와 같이, 국내의 경우 이 대화 전략에 대해 본격적으로 연구를 하기 시작한 것은 1990년대 후반에 이르러서라고 할 수 있다. 그리고 이러한 연구들의 경우에도, 연구 대상 범주를 매우 제

---

3) 이상의 연구 결과들은 모두 모국어 화자들 사이의 대화에서 구사되고 있는 대화 전략에 관한 것들이다. 그런데 이 외에도, 제2언어로의 의사소통 그리고 제2언어 교육 현장에서의 언어 학습 및 교수와 관련된 전략들에 대한 연구들도 상당수에 이르고 있다. 특히 외국어 학습에 관한 연구가 활발해지면서, 이러한 제2언어 의사소통 전략에 대한 다양한 정의 및 연구가 시도되었는데, 먼저 Tarone(1980)에서는 학습자와 모국어 화자 사이에서 관찰되는 의미 협상(negotiation of meaning)의 과정에서 의사소통 전략이 사용된다는 점을 지적하였다. 그러면서 이러한 의사소통 전략을 "대화에서 꼭 필요한 의미 체제가 공유되지 못한 상황에서 학습자와 대화 상대방인 모국어 화자가 하나의 의미에 일치를 보고자 하는 상호적인 시도(mutual attempt)"라고 정의하고 있다. 한편 Faerch & Kasper(1983)에서는 "의사소통 목적에 도달하는 과정에서 나타나는 문제점들을 해결하기 위해 세워지는 국부적인 계획(local plan)"을 의사소통 전략이라 하고, 그러한 의사소통 전략의 목적은 문제를 해결하는 것이라 보았다.
이러한 의사소통 전략의 개념들에 근거하여, 국내외에서는 제2언어 의사소통 상황에서의 전략들에 대해 많은 연구가 진행되어 왔다. 하지만 이러한 연구들에서 밝히고자 하는 전략의 개념은 본고 및 앞에서 살펴본 선행 연구들에서 언급하고 있는 전략의 개념과는 상당한 거리가 있는 것이라 할 수 있다. 따라서 본고에서는 이러한 제2언어 의사소통 상황에서의 전략에 관한 선행 연구 및 이에 대한 자세한 논의는 하지 않도록 하겠다. 그리고 본고에서 다루고자 하는 전략의 개념에 대해서는 제2장의 1. 1) '목적 지향적 특성'에서 자세히 언급하도록 하겠다.

한하여, 주로 화행이나 수사(修辭), 순서 및 화제 구조 또는 특정 범주의 어휘 사용들 중에서 일부에 해당하는 것들만을 대상으로 하고 있다. 또한 앞에서 이미 지적한 바대로, '전략'이란 용어에 대한 나름대로의 정의도 명확하게 이루어지지 않은 상태에서 행해진 연구들이 대부분이라 할 수 있다. 따라서 국내의 경우, 아직까지는 대화 전략에 대한 체계적인 연구 성과들이 축적되어 있지 못한 실정이다.

그 결과 '대화의 전략적 운영'이라는 보다 큰 시각에서 볼 때, 우리가 거기에서 확인할 수 있는 계층별 그리고 여러 유형별 대화 전략들이 서로 유기적인 관계에서 운영되고 있는 모습을 총체적으로 보여주지는 못하고 있는 실정이다.4) 또한 대화참여자들이 구체적인 대화 상황에서 여러 유형의 대화 전략들을 선택적으로 구사하고 있는 이유 또는 그 목적에 대해 좀 더 설득력 있게 설명하지 못함으로써, 결국 대화의 상호작용적 진행 과정에 있어서 대화 전략이 차지하고 있는 기능적인 위상을 충분히 부각시켜 주지 못하는 결과를 낳고 있다.

따라서 본 연구에서는, 우선 대화참여자들이 자신의 대화 목적을 달성하기 위하여 구사하는 여러 언어 범주에서의 다양한 대화 전략들을 확인하여 그 각각의 전략적 기능을 살피고, 이러한 여러 유형의 대화 전략들이 서로 유기적으로 운영되고 있는 모습을 총체적으로 살펴보고자 하는 것이다.

3. 연구 대상 및 전사 방법

1) 연구 대상

본 연구의 대상은 국내의 A 방송국에서 일주일마다 한 번씩 생방송으로

---

4) 유동엽(1997:102)에서는 바로 이러한 한계점에 대하여 다음과 같이 언급하고 있다.
"본 연구에서 제시하고 있는 대화 전략은 대화 참여자들이 사용하는 전체 대화 전략 중 극히 일부에 불과하다. 새로운 대화 전략을 찾아내고, 개별 전략들의 사용 환경과 그 의미를 보다 상세하고 구체적으로 구명(究明)하는 연구가 계속되어야 할 것이다."

방영하고 있는 'TV 생방송 토론 대화' 3회분이다. 이 생방송 토론 프로그램의 경우, 보통 한 명의 사회자와 네 명의 토론자에 의해 진행되는데, 이들 네 명의 토론자들은 각각 두 명씩 한 팀을 이루고 있다. 그리하여 당시 사회적으로 이슈가 되어 있는 주제와 관련하여 찬성과 반대의 두 입장으로 분리된 토론자들은 각자의 주장과 반박을 통해 자신의 의견을 밝히고 상대방의 의견이 잘못된 것임을 밝혀나가게 된다.5)

이 토론 대화 3회분의 전사 자료에 대한 대략적인 내용을 간략히 제시하면 다음의 【표 1】과 같다.

【표 1】 전사 자료 개괄

	주 제	방송 시간	방송 일자
자료 1	잇단 사학분규 해법은 없는가? / 61회	90분	2001. 3. 15
자료 2	공무원 노조 필요한가? / 74회	85분	2001. 6. 21
자료 3	국가보안법 존속돼야 하나? / 56회	91분	2001. 2. 8

위의 세 자료들에서는 각각 '사립학교법 개정 여부', '공무원 노조의 설립 여부' 그리고 '국가보안법의 존속 여부'와 관련하여, 네 명의 토론자들이 두 명씩 한 팀을 이루어 상대팀과 토론을 벌여 나가게 된다. 이 세 개의 토론 대화 각각에 참여하고 있는 토론자들의 견해 및 직위 등을 간단히 제시하면 다음의 【표 2】와 같다.

【표 2】 토론 참여자 소개 자료

	견 해	토론자	직 위
자료 1	사립학교법 개정 찬성	K	사립학교법 개정 국민운동 대표
		S	○○대 법학과 교수
	사립학교법 개정 반대	H	한국 사학법인 연합회 명예회장
		A	○○대 교육학과 명예교수

---

5) 사회자 및 토론자들 각각이 행하게 되는 주요 역할에 대해서는 제2장의 1. 3) '전략적 특성'에서 좀 더 자세히 언급하도록 하겠다.

자료 2	공무원노조 설립 찬성	C	전국공무원 직장협의회 총연합 위원장
		D	○○대 법학과 교수
	공무원노조 설립 반대	M	○○대 경제학과 교수
		N	○○대 경제학과 교수
자료 3	국가보안법 개정 찬성	J	○○당 국회의원
		L	○○대 사회학과 교수
	국가보안법 개정 반대	P	○○당 국회의원
		T	○○대 행정학과 교수
공통	Y : 사회자 V : VTR B : 방청객(영문자 뒤의 숫자는 일련 번호) C : 시청자(영문자 뒤의 숫자는 일련 번호) U : 자료 3에서의 전화 토론자(○○당 국회의원)		

이렇게 사회자를 포함하여 다섯 명의 참여자로 이루어진 토론 대화를 분석함에 있어, 본 연구에서는 사회자가 토론의 진행을 원활하게 하기 위해 구사하는 대화 전략은 연구의 대상에서 제외하고자 한다. 왜냐하면 본 연구의 목적은 서로 상반된 대화 목적을 가지고 있는 양쪽의 대화참여자들이 자신의 대화 목적을 달성하기 위하여 서로에게 구사하는 대화 전략에 초점을 맞추고 있기 때문이다. 따라서 본고에서는 양쪽 토론자들간의 그리고 토론자와 방청객 혹은 시청자들간의 대화에서 구사되고 있는 대화 전략만을 연구 대상으로 한다.

2) 전사 방법

본 연구에서는 TV 생방송 토론 대화를 전사하는 데 있어서, 기본적으로 Jefferson(1978)에 의해 개발된 극본식 표기법을 따르려 하였다. 이 극본식 표기법은 발화문들을 대화 참여의 순서에 따라 차례대로 그 다음 줄에 정리하는 한편, 말의 중복은 별개의 기호인 꺾쇠 괄호에 의해 표시하는 전사 방법을 말하는 것이다(이원표 역 1997:175~176).[6]

그런데 대화의 전사 방법은 연구자의 연구 목적 또는 연구 대상 범주 등에 따라 어느 정도 달라질 수 있는 것이라 하겠다. 따라서 본 연구에서 는, 그러한 극본식 표기법에서의 기본적인 전사 방법을 받아들이기는 하되, 화행 및 대화이동 그리고 순서교대 구조의 범주에서 구사되는 대화 전략들을 명확하게 살펴보기 위하여 화행 및 발화 순서와 관련된 일련 번호를 표시 해 놓았다.[7] 그리고 서로 다른 말할이의 상대적인 발화 시간까지 알 수 있도록, 발화의 중복에 관한 부분도 가능한 정확하게 나타내고자 하였다.

그 외에, 표기의 방법은 발음대로 적지 않고 철자법을 지켜 전사하는 것 을 원칙으로 하되, 방언적인 차이나 개인적인 발음의 차이가 있는 것은 발 음대로 전사하였다. 단 이러한 것들에 대해서는, 철자법을 따랐을 경우의 전사 결과를 그 바로 옆에 괄호를 두어 함께 제시하였다. 본 연구에서 사 용한 전사 기호와 전사의 사례를 차례대로 제시해보면 다음과 같다.

※ 전사 기호

[	앞 사람의 말이 끝나기도 전에, 다음 사람이 끼어들면서 자신의 말을 시작하는 곳
?	의문 표현의 상승 억양이 나타나는 곳
↗	의문 표현 이외의 의도로 상승 억양이 나타나는 곳
(:)	긴 발음
,	발화 중에 나타나는 초 단위 미만의 짧은 휴지
<< >>	사건의 정황
○○○	고유명사 대신 사용
(???)	발화 중간에 잘 들리지 않는 부분

---

6) 이 극본식 표기법 이외에도 텍스트식 그리고 악보식 전사 방법이 있다. 텍스트식은 우 선 한 명의 말할이에 국한하여 그 발화를 처음부터 끝까지 전사하고 나서, 다음 말할이 의 발화를 전사하는 방법을 말하며, 악보식은 제한된 시간에 발화되는 여러 말할이의 모든 발화에 대해서 그 상대적 시간까지 알 수 있도록 전사하는 방법이다(박용익 2001: 122~123).

7) 발화 전체를 대상으로 그 화행의 일련 번호를 제시한다는 것은 그리 간단한 일이 아니 다. 화행의 단위를 어떻게 보느냐 하는 것이 문제가 되기 때문이다. 결국 이러한 부분 에 있어서는 연구자의 주관적인 판단에 의존하였기 때문에, 그 단위와 관련해서는 어느 정도 이견의 여지가 있을 수 있음을 미리 밝혀둔다.

(000)　　　발화 순서 일련 번호

00)　　　화행 일련 번호

※ 전사 사례

(069) Y　1) [어 A선생님 근데(:)

(070) A　1) 예

(069) Y　2) 조금 전에 말씀에[외부에서 자꾸 분규를 부추기는 [세력이 있
　　　　　다고 말씀하셨는데요╱

(071) A　1)　　　　　　　　　[예 예

　　　　　2)　　　　　　　　　　　　　　　　　[그런 세력
　　　　　이 있다고 하는 것 들었어요

(069) Y　3) 거 뭘 말하는 겁니까?

(072) A　1) 에 그 그게 저(:) 오랜 기록이 있어요

　　　　　2) 예 오랜 기록이 있습니다

　　　　　3) 그래서 그런 어떤 저 [그런 것들을 뭐 이를 테면[

(073) Y　1)　　　　　　　　　　[기왕 말씀을

(074) K　1)　　　　　　　　　　　　　　　　[정말 교육학과
　　　　　출신의 교수님 맞습니까?

(075) Y　1) 아 잠깐만요

(072) A　4) 좋은 명분을 가지고 있습니다마는,

(076) Y　1) 네

(072) A　5) 어 저 이 그 이 어떻게 보면 학원을 정화한다든지 깨끗한 명분
　　　　　을 가지고 음해를 음해를 했다고 하넌[기록이 있습니다마는

(077) Y　1)　　　　　　　　　　　　　　[네

(072) A　6) 그런 것들을 좀 이렇게 적극적으로 해서 하자

　　　　　7) 근데 나는 한 가지　[학교 문제가

(078) Y　1)　　　　　　　　　[아니 A교수님 잠깐만요

(079) A　1) 예

4. 논의 구성

지금까지 1장에서는 본 연구의 목적을 밝히고 이와 관련된 선행 연구들을 살펴보았으며, 본 연구의 대상 및 전사 방법 등에 대하여 언급하였다. 다음의 2장에서는 본격적인 논의 진행에 앞서, 본 연구의 이론적 배경에 대하여 언급하도록 하겠다. 우선 대화의 일반적인 특성을 살핀 후, 본 연구의 대상에 대한 전반적인 이해를 돕기 위하여 TV 생방송 토론 대화의 여러 가지 특성들을 개괄해볼 것이다. 그 다음으로는 본 연구에서 취하게 될 주요 연구 방법론 그리고 대화 전략의 정의 및 그러한 전략 운영의 전반적인 과정 등에 대해서 설명하도록 하겠다.

3장에서부터 5장까지는 본고의 가장 핵심적인 부분이라 할 수 있겠다. 본 연구의 결과, TV 생방송 토론 대화의 경우에 그 대화참여자들은, 첫째 화제 구조 및 순서교대 구조와 같은 대화의 구조를 지배하고자 하는 '대화 구조 지배 전략', 둘째 자신들의 주요 대화 목적을 달성하고자 하는 '과제 목적 성취 전략' 그리고 셋째 자신들의 과제 목적을 성취하는 데 보탬을 주고자 하는 '이미지 관리 전략'을 함께 구사하고 있다는 것을 확인할 수 있었다. 3장에서부터 5장까지는 이러한 세 가지의 전략들을 차례대로 살펴볼 것인데, 먼저 이 세 전략들의 개념을 정의한 후, 대화참여자들이 그러한 전략들을 원활하게 구사하기 위해 사용하는 세부적인 대화 전략들을 유형별로 분류하면서 그 각각의 전략적 기능에 대해 설명하도록 하겠다.

마지막으로 6장에서는, 먼저 이상의 연구 결과들을 간단히 요약한 후, 우리가 대화를 연구하는 데에 있어서 이렇게 대화의 전략적 특성들을 연구한다는 것은 과연 어떠한 의의를 갖게 되는 것인지, 그리고 본 연구는 우리에게 어떠한 문제점들을 남겨주고 있는지에 대해서 언급해보도록 하겠다.

이론적 배경 ── 제2장

1. 대화의 일반적 특성

일반적으로 대화란 '어떤 특정한 목적을 가진 두 명 이상의 대화참여자
가 말할이와 들을이의 역할을 바꾸어가며 행하는 구체적인 의사소통 행위'
라 정의할 수 있다. 대화에 대한 이러한 일반적인 정의를 통해 볼 때, 우
리는 대화를 구성하는 두 개의 최소 자질들을 확인할 수 있게 되는데, 그
것은 바로 대화 목적을 가지고 있는 두 명 이상의 대화참여자 그리고 그
참여자들 사이의 상호작용, 즉 말할이와 들을이의 역할 바꿈이다. 대화는
이러한 두 자질들간의 유기적인 관계로 이루어지기 때문에 자연스럽게 목
적 지향적이며 상호작용적인 특성을 갖게 되는 것이라 할 수 있다.

하지만 이처럼 목적 지향적인 대화참여자들이 상호작용적인 대화 구조
안에서 각자의 목적을 성취하려다 보니, 결국 그들의 대화 행위는 필연적
으로 전략적인 특성을 지니게 된다.[8] 따라서 우리는 대화를 가리켜 '목적

---

8) Heinemann & Viehweger(1991 / 백설자 역 2001:284)에서도 이와 비슷한 내용의 언급을

지향적인 참여자들이 상호작용적인 행위 구조 안에서 각자의 목적 달성을 위해 전략적인 발화 행위를 주고받는 것'이라 다시 정의해 볼 수 있으며, 결국 이러한 대화의 중요한 특성으로는 '목적 지향성', '상호작용성' 그리고 '전략성'의 세 가지를 들 수 있게 된다. 본고에서는 이러한 대화의 중요한 세 가지 특성들을 구조적 차원과 구성적 차원의 것으로 구분하여 좀 더 체계적으로 살펴보도록 하겠다. 이에 대한 내용을 먼저 표로 간단히 정리하여 제시하면 다음과 같다.

【표 3】 대화의 주요한 특성

차 원	구조적 차원		구성적 차원
	참여자	행위 구조	발화 행위
특 성	목적 지향적	상호작용적	전략적

1) 목적 지향적 특성

어떤 유형의 대화이든지 거기에 참여하는 이들이 궁극적으로 행하고자 하는 것은 자신들의 대화 목적을 달성하는 것이다. 따라서 대화참여자들은 자신과 상대방의 대화 목적 사이의 이해 관계를 고려하여, 협력적 혹은 경쟁적 전략을 선택적으로 구사하게 된다.9)

하고 있다.

"'언어행위를 통해 목적을 달성하려는 시도'는 모두 '원칙적으로 전략적이다. 전략이란 한 행위가 […] 다른 사람의 잠재적 행위를 지향하고 있으며 이 행위를 예견하여 계획에 넣는 것을 의미한다'(Zimmermann 1984, 141). 따라서 우리는 전략을—보통 의식적으로 진행되는—일련의 선택작업과 결정작업의 결과라고 규정하며, 이와 같은 작업에는 의사소통 목적을 관철하기 위한 해결 단계와 수단이 표시되는 것이다."

9) 여기에서 협력의 개념은 그것이 '대화 자체'에 대한 협력인가, 아니면 '대화 상대방'에 대한 협력인가라는 기준에 따라 두 가지의 정의가 가능하다. 만약 협력을 전자의 개념으로 본다면, 모든 대화는 협력적인 것이 되며 심지어 말다툼의 경우도 협력적인 것이라 할 수 있다. 반면에 후자의 개념으로 보게 되면, 이것은 경쟁의 상대적 의미가 되며 당연히 말다툼의 경우는 협력이 아닌 경쟁이 되는 것이다. 현재 본고에서 언급하고 있는 '협력'과 '경쟁'은 서로 상대적인 의미에 해당하는 것으로, 협력의 의미를 앞에서 설

만약 그들이 서로에게 협력적 전략을 구사하게 될 경우, 그 대화의 진행은 전반적으로 안정되게 이루어짐은 물론 양쪽 모두가 자신의 목적을 달성하는 성공적인 대화가 이루어질 수 있는 가능성이 크다고 할 수 있겠다. 하지만 양쪽이 서로 경쟁적 전략을 구사하게 될 경우에는 양보나 협상이 아닌 갈등이나 다툼, 심지어는 언어적이 아닌 물리적인 충돌의 상황까지도 발생하게 될 가능성이 있으며, 우리는 이런 경우를 주위에서 적지 않게 목격하곤 한다.

그렇다면 이처럼 우리가 대화에 참여하여 이루고자 노력하는 대화의 목적에는 과연 어떠한 것들이 있을까? 그것들은 비록 매우 다양해 보일 수 있겠지만, 크게 보아 '과제 목적'과 '관계 목적'의 두 가지 유형으로 분류해볼 수 있다.[10] 먼저 과제 목적이란 대화 상대방에게 자신의 정보 및 감정을 전달하거나 혹은 명령, 제안, 설득 등의 영향력을 끼치려 하는 목적이다. 그리고 관계 목적이란 자신과 대화 상대방 사이의 인간적 혹은 사회적인 유대 관계를 강화 또는 유지해나가려는 목적이라 할 수 있다.[11]

그런데 일반적인 대화의 경우에, 이 두 가지의 목적은 동시에 추구되고 있는 것으로 보인다. 예를 들어 우리가 대화 상대방에게 어떤 특정 부탁을 하게 되는 경우의 대화를 가정해보도록 하자. 여기에서 나의 과제 목적은 상대방이 나의 부탁을 들어주게끔 하는 것이 될 것이며, 보통의 경우 이는 관계 목적보다 상대적으로 더 중요한 것이라 할 수 있다. 하지만 비록 내가 그러한 과제 목적을 달성하는 데에 성공하였다 하더라도, 상대방 혹은

명한 두 가지의 의미 중 후자의 것으로 보는 입장이라 할 수 있다.

10) 이창덕 외(2000:8~14)에서는 의사소통이 갖고 있는 여덟 가지의 특성을 제시하면서, 그 두 번째의 것으로 '의사소통은 화행 목적과 관계 목적을 동시에 추구한다'라는 점을 언급하고 있다. 이 두 가지 목적은 본고에서 말하고자 하는 과제 목적 및 관계 목적과 같은 개념이라 할 수 있다. 단지 화행 목적의 경우는, 본고 제4장의 1. 2) '화행 실행'에서 언급하게 될 화행(speech act)의 개념과 용어 사용상의 혼란이 예상되어 '과제 목적'이라는 용어로 대신하였다.

11) 이와 같은 대화 목적의 분류는 앞에서 잠시 언급하였던, 과제 중심적 대화와 관계 중심적 대화로의 이분법적 대화 유형 분류 방식과 직접적인 관련이 있는 것이라 할 수 있겠다. 이러한 과제 중심적 대화와 관계 중심적 대화에 대한 설명은 제2장의 2. 1) '과제 중심의 경쟁 양상을 띤 제도 대화'에서 좀 더 자세히 하도록 하겠다.

나의 체면에 큰 손상을 입히게 됨으로써 둘 사이의 관계가 서먹해지거나 더 악화되는 결과가 발생하였다면, 우리는 이런 경우의 대화를 성공적인 대화라고 보지는 않을 것이다. 더구나 잘못된 전략 운영의 결과로 인해 관계 목적에만 너무 치중한 나머지, 애초의 주요 목적이었던 과제 목적을 달성하는 데에 실패하였다면, 비록 상대와의 관계는 더욱 호전되었을지언정 결국 성공적인 대화를 한 것이라고는 할 수 없게 된다. 따라서 대화참여자들은 만약 그가 성공 지향적인 태도를 취하는 이라 한다면, 일반적으로는 과제 목적과 관계 목적을 동시에 달성하고자 노력하게 될 것이라고 할 수 있는 것이다.

하지만 그렇다고 해서, 모든 대화 유형에서 이 두 가지의 대화 목적이 반드시 동일한 수준으로 함께 추구되는 것은 아니다. 본 연구의 대상인 토론 대화의 경우만 하더라도, 그 참가자들은 상대방과의 인간적인 혹은 사회적인 유대 관계를 강화하려는 관계 목적보다는, 상대방 및 제3자들을 설득하고자 하는 과제 목적에 더 큰 비중을 두고 있음을 확인해볼 수 있었다.12)

결국 모든 대화들은 과제 목적과 관계 목적 중에서, 그 대화참여자들이 상대적으로 더 중요시하는 대화 목적을 지향하는 특성을 갖고 있으며 토론 대화의 경우는 그 특성상 과제 목적이 상대적으로 더 추구되는 경향이 있다고 할 수 있겠다.13)

---

12) 이러한 이유로 해서, 본 연구에서는 '관계 목적 성취 전략'이 아닌 '과제 목적 성취 전략'에 연구의 초점을 두고자 한다. 또한 그러한 과제 목적이 보다 쉽게 성취될 수 있도록 보조적인 역할을 하고 있는 '이미지 관리 전략'에 대해서도 함께 살펴보도록 하겠다. 이 두 전략들의 기능 및 그들 사이의 관계 등에 대해서는 뒤의 4~5장에서 더욱 자세히 다루도록 하겠다.

13) Morgan(1996)에서는, 미국 흑인 여성화자들간의 일상 대화에서 나타나는 '악담하기' 또는 '아는 이야기 다시 하기'(telling a same story)를 그들 사이의 결속력(solidarity)을 다지기 위한 목적에서 행해지는 것으로 보고 있다. 이러한 것들이 행해지는 대화는 관계 목적을 지향하는 대화의 좋은 예라 할 수 있다.

2) 상호작용적 특성

앞의 【표 3】에서 제시하고 있는 구조적 차원에서 볼 때, 대화의 두 번째 주요 특성으로는 그것의 행위 구조가 상호작용적이라는 점을 들 수 있다. 주지하는 바와 같이, 대화는 최소한 두 명 이상의 참여자들을 반드시 필요로 한다. 설사 우리가 대화의 범주를 최대한으로 넓게 보아 혼자말, 심지어 '자연, 역사, 혹은 고전(古典)과의 대화' 등에 해당하는 것들마저 대화의 범주에 포함시킨다 하더라도, 그것은 그 말하는 이가 자신의 의식 속에 있는 가상의 들을이에게 말을 하는 구조라고 볼 수 있기 때문에, 이미 말하는 이의 의식 속에는 말할이와 들을이의 구분이 되어 있는 것으로 보아야 할 것이다. 물론 이런 경우들에 있어서는, 말하는 이가 말할이와 들을이의 역할을 동시에 함께 행하는 것이라 할 수 있겠다.

이렇듯 대화는 그 참여자들 중의 어느 한 명에 의한 일방적인 의사 전달의 구조를 취하는 것이 아니라, 최소한 두 명 이상의 대화참여자들이 계속적인 순서교대(turn-taking)를 통해 서로 말을 주고 받는 상호 작용의 구조를 취하게 된다. 따라서 행위의 구조라는 차원에서 볼 때에, 대화는 상호작용적인 특성을 갖는다고 할 수 있다.

3) 전략적 특성

이상에서 살펴본 바대로, 목적 지향적인 참여자가 상호작용적 구조인 대화에서 자신의 대화 목적을 달성하고자 노력하게 될 경우, 그는 또 다른 목적의 달성을 위해 그 대화에 참여하고 있는 대화 상대방을 발견하게 된다. 바로 이런 상황에서는, 그가 자신의 대화 목적을 달성하고자 노력하는 것과 마찬가지로, 상대방도 그 나름대로의 목적을 달성하기 위하여 동시에 노력하게 될 것이다. 그런데 만약 이 두 대화참여자의 목적이 서로 동일한 성격의 것이어서, 서로 협력할 경우에 자신들의 목적을 보다 쉽게 성취할 수 있는 경우라면, 그들은 서로에게 협력적인 모습을 보이면서 공동의 목적을 달성하고자 할 것이다. 예를 들어 양쪽의 대화참여자들 모두가 특별한 과제 목적을 갖고 있지 않은 상황에서, 서로 우호적인 관계를 유지해나 가고자 하는 관계 목적만을 가지고 있다면, 그들은 서로의 소극적 체면 (negative face)을 보호하고 적극적 체면(positive face)을 살려주는 동시에, 서로 에게 자신에 대한 좋은 이미지만을 제공하려 할 것이다.

하지만 만약 그들의 목적이 서로 양립 불가능한 성격의 것이라면, 즉 어 느 한 쪽의 목적 달성이 필연적으로 다른 한 쪽의 목적 달성 실패를 초래 하게 되는 관계에 있는 것이라면, 그들은 과연 이러한 상황을 어떻게 대처 해 나가게 될까? 그들 중 어느 한 쪽이 처음부터 자신의 목적을 포기하는 경우를 제외한다면, 그 이후에 발생 가능한 경우의 수는 단 둘이 된다. 즉 양쪽 모두가 한 치의 양보나 타협 없이 시종일관 경쟁을 하게 되는 양상 이 그 하나의 경우이고, 다른 하나는 양쪽이 그들 사이의 이해 관계를 조 정하여 적절히 양보하고 타협하는 양상을 보이는 것이 될 것이다.

이처럼 대화에 참여하는 모든 이들이 자신의 대화 목적을 달성하기 위 해서는, 현재의 대화 상황에서 가장 효과적일 것으로 생각되는 대화 진행 계획을 구상하고, 이의 실행을 위하여 필요한 여러 가지 언어적 수단을 동 원해야 하는 처지에 놓이게 된다. 그렇기 때문에 어떤 유형의 대화이든, 거기에 참여하는 이들이 행하게 되는 모든 발화 행위들은 자신의 대화 목 적 달성을 목표로 하는 전략적인 성격을 띠는 것이라 할 수 있는 것이다.

이상에서 우리는 대화의 일반적 특성들에 대하여 살펴보았다. 그리하여 그러한 일반적 특성을 목적 지향적, 상호작용적 그리고 전략적 특성의 세 가지로 나누어 언급해보았다. 결국 대화는 바로 이러한 세 가지의 특성들 로 인하여 역동적인 모습을 보이게 되는 것이라 할 수 있겠다.

2. TV 생방송 토론 대화의 특성

TV 생방송 토론은 정치 분야는 물론이고 경제, 사회, 교육, 문화 등 당 시에 사회적으로 이슈가 되어 있는 주제들을 대상으로 하여, 서로 상반된 입장을 취하는 양쪽의 토론자들이 논리적인 근거를 가지고 자신의 주장을 내세우는 한편, 상대방에 대해 반박을 행하는 논쟁의 특별한 형태라 할 수 있다. 그런데 이 TV 생방송 토론 대화는 생방송이라는 특성상, 일반적인 대화에서는 반드시 고려되어야 할 많은 변인들이 고정되는 특성을 갖는다. 특히 선거를 앞둔 후보자들간의 합동 정책 토론회와 같은 경우에는 전체적인 진행 시간은 물론이고, 토론자들의 발언 순서와 발언 시간 그리고 심지어는 발언 내용에 이르기까지 매우 엄격한 제약을 받게 된다. 따라서 이런 토론 대화는 일상 대화를 가장 극단적으로 변형시킨 유형의 대화라는 지적이 있기도 하다.14)

하지만 선거를 대비한 정책 토론회가 아닌, 본고에서 연구 대상으로 삼고 있는 일반 생방송 토론 대화의 경우에는 그러한 제약들이 상당 부분 완화되고 있다. 물론 토론자들에게 발언의 기회를 동등하게 분배하고 부적절한 발언 내용을 차단하기 위하여, 사회자가 어느 정도의 조정을 행하기도 하지만 그러한 발언 기회나 발언 내용 등에 있어서 심각한 문제가 발생하지 않는 한, 토론자들은 사회자의 조정으로부터 자유로운 대화를 나눌 수 있는 것이 사실이다.

이제 본 절에서는 본 연구에서의 구체적인 논의에 대한 이해를 돕기 위하여, TV 생방송 토론 대화가 갖고 있는 전반적인 특성들에 대하여 개괄해보도록 하겠다.

1) 과제 중심의 경쟁 양상을 띤 제도 대화

우선 TV 생방송 토론 대화는 그것의 유형 및 진행 양상이라는 측면에서 볼 때, '과제 중심적 경쟁 대화'라 할 수 있다. 대화 유형학의 차원에서 수많은 대화들을 분류하고자 하면, 앞에서 잠시 언급한 바와 같이, 그 분류 기준이 무엇이냐에 따라서 다양한 대화 유형 분류가 가능하겠다. 그런

---

14) Sacks, Schegloff & Jefferson(1974:731)에서는 일상 대화가 순서교대 시스템에 있어서 가장 기본적인 형식을 보이며, 그 외에 토론이나 특정 의식(ceremony) 등은 그러한 형식이 변형되어진 모습을 보이고 있는 것으로 보고 있다.

데 그 대화가 주로 어떤 기능을 하고 있느냐라는 기준을 가지고 본다면, 대부분의 대화들은 '과제 중심적 대화'와 '관계 중심적 대화'의 둘로 나누어 볼 수 있다. 이 중에서 먼저 과제 중심적 대화란 토론이나 수업 또는 협상 등과 같이 대화참여자들이 자신의 특정 과제를 수행해나가는 기능을 하는 대화이다. 반면에 관계 중심적 대화는 수다 혹은 잡담과 같이, 특정 과제라기보다는 단지 그 참여자들 사이의 사회적 관계를 유지 또는 발전시켜나가는 기능을 하는 대화를 말한다.15) 본 연구의 대상인 TV 생방송 토론 대화는 주어진 논제에 대해서 찬성과 반대 혹은 긍정과 부정으로 대립되는 양쪽의 대화참여자들이 주장과 반박을 서로 되풀이하면서 각자 자기 의견의 정당함과 상대방 의견의 부당함을 서로에게, 그리고 제3자인 방청객 및 시청자들에게 경쟁적으로 주장하는, 과제 중심적 경쟁 대화라 할 수 있다.16)

다음으로 TV 생방송 토론 대화는 그 기능적인 측면에서 볼 때, 토론의 대상이 되고 있는 특정 사안과 관련된 올바른 해결책을 모색하고자 하는 제도 대화의 한 유형이라 할 수 있다.17) 이러한 제도 대화의 대표적인 예

---

15) 박용익(2001:183)에 따르면, 담화분석론의 한 분야인 대화문법론에서는 대화참가자의 목적 또는 대화의 용도(기능)를 기준으로 하여, 대화를 과제 중심적 대화, 관계 중심적 대화 그리고 행위 동반적 대화의 셋으로 구분하고 있다. 여기에서 행위 동반적 대화란 여러 사람이 함께 무거운 짐을 나를 때 '조심해! 그 쪽 잡았나?' 등의 말을 하는 것처럼 어떤 행위를 동반하게 되는 유형의 대화를 말한다고 보고 있다. 그런데 이런 유형의 대화는 실제로 그리 많지가 않을뿐더러, 좀 더 넓은 시각에서 본다면 이것들은 과제 중심적 대화의 일종으로 볼 수도 있을 것이다. 따라서 본고에서는 대화의 기능을 기준으로 삼을 경우, 과제 중심적 대화와 관계 중심 대화의 단 두 가지로만 유형 분류가 가능한 것으로 보고자 한다.

16) 이와 달리, 대화참여자들이 공동의 대화 목적을 가지고 공동의 해결책을 찾기 위하여 서로 협력적으로 논의를 하는 과정인 '토의'의 경우는 과제 중심적이면서 동시에 '협력적'이기 때문에, 과제 중심적 협력 대화라 할 수 있을 것이다.

17) 대화의 제도성(institutionality)에 대해서는 Drew & Heritage(1992:22~25)에서 자세히 언급되고 있는 바, 그 내용을 간략히 요약하면 다음과 같다.
① 제도적인 말은 목적 지향적이다. 제도적 상호행위에서의 적어도 한 명의 참여자는 그의 행동에서 요구되어지는 제도적 임무를 지향하는 태도를 나타낸다.
② 제도적인 말은 그 대화참여자들의 대화 참여와 관련된 특별한 제약 조건을 포함한다. 참여자들은 그들의 행위들을, 그 말에 '형식적' 특성을 부여하는 그 제도적

로는 의사와 환자 사이에 이루어지는 진료 대화를 들 수 있는데, 본 연구의 대상인 TV 생방송 토론 대화도 Drew & Heritage(1992)에서 제시되고 있는 '목적 지향성', '대화참여자들의 대화 참여와 관련된 특별한 제약', 그리고 '제도적 맥락과 관련된 특별한 추론적 틀'이라는 세 가지의 제도적 특성을 가지고 있다.

첫째로 '목적 지향성'의 측면에서 볼 때, 토론 대화라는 제도 상황에서의 언어 사용은 그 제도가 목표로 하는 바와 밀접한 관련이 있는 것으로 확인된다. 예를 들어 사회자의 언어 사용은, 현재 논의 중에 있는 특정 사안에서의 가장 효과적인 해결책을 모색하고자 하는 토론의 목적 달성을 염두에 두고 그것을 지향하는 차원에서 이루어지는 게 된다. 둘째 '대화참여자들의 대화 참여와 관련된 특별한 제약'이란 측면에서 보게 되면, 사회자와 토론자들은 토론이라는 제도 상황에서 부여받은 자신들의 지위나 역할 등과 관련된 제약 조건들에 순응하는 방향으로 대화를 해나간다. 예를 들면 사회자와 토론자는 화제의 도입 및 억제, 발화의 순서 조정 또는 그들이 발화할 수 있는 화행의 종류 등과 관련하여 서로 다른 제약 조건의 영향을 받게 되며 대체로 이에 순응하는 모습을 보이고 있다. 셋째로 '제도적 맥락과 관련된 특별한 추론적 틀'이란 측면에서 보면, 토론 대화에는 그 제도적 맥락과 관련된 추론적 틀이 있어, 어떤 대화 자질의 경우에는 그 의미의 추론이나 함축의 과정이 다른 유형의 대화에서와는 다르게 이루어지게 된다. 예를 들어 청자 반응(back-channeling)으로서의 '네' 혹은 '네네'의 경우, 일상 대화에서는 '상대방이 화자로서 말하기 행위를 계속해도 좋다는 신호인 동시에, 상대방의 발화 내용에 대해서도 동의하고 있다'는 뜻을 나타내는 맞장구로 해석될 가능성이 크다. 하지만 토론 대화의 경우, 사회자가 어느 토론자의 발언 도중에 그러한 청자 반응을 행하는 것은, 경우에 따라서는, 그 토론자에게 이제는 말을 끝내줄 것을 요구하는 것으로도 해석된다.

제약 조건들에 순응하는 방향으로 구조화한다.
③ 제도적인 말은 특별한 추론적 틀과 관련이 있다. 즉 어떤 대화 자질(features)의 사용이 의미의 추론이나 함축 등에서 행하게 되는 역할은 해당되는 제도 상황의 유형에 따라 서로 다르게 나타날 수 있다.

이상에서 살펴본 두 가지의 특성들을 종합해볼 때, 결국 본 연구의 대상인 TV 생방송 토론 대화는 과제 중심의 경쟁 양상을 띠고 있는 제도 대화라고 할 수 있겠다.

2) 이중 목적 지향성

우리는 앞의 1) 에서 TV 생방송 토론 대화의 제도적 특성을 설명하면서 그 첫 번째로 '목적 지향성'을 언급한 바 있다. 그렇다면 TV 생방송 토론 대화의 참여자들이 지향하고 있는 구체적인 목적은 과연 무엇일까? 일반적으로 우리는 토론(討論, debate)을 가리켜 "어떤 논제에 대하여 찬성자와 반대자가 각기 논리적인 근거를 발표하고, 상대방의 논거가 부당하다는 것을 명백하게 하는 말하기의 한 형태"라고 정의하며, 여기에서 토론자들은 "자신이 찬성하고 있는 것에 대하여 진리나 의견 등 구체적인 주장이 상대방에게 인정되어지고, 또 상대방의 반대 주장을 설복시키려는 의도"를 가지고 있다고 본다(성환갑 외 2001:195).[18] 이는 바로 일반적인 토론 대화에 참여하는 이들의 대화 목적을 말해주는 것이라 할 수 있겠다.

하지만 이미 언급한 바와 같이, 본 연구의 대상은 그러한 일반적인 토론 대화가 아닌 TV 생방송 토론 대화이다. TV 생방송 토론 대화는 그 토론의 과정이나 내용 등이 TV라는 매체를 통해 수많은 시청자들에게 생방송으로 중계된다. 따라서 TV 생방송 토론에의 참여자들은 일반 토론 대화에서와 같이 자신의 상대방을 설득시키려는 목적을 가지고 있을 뿐만 아니라, 토론의 제3자라고 할 수 있는 방청객, 더 나아가 시청자들에게까지도 '자기 의견의 정당함과 상대방 의견의 부당함'을 주장함으로써 해당 사안과 관련된 전반적인 여론을 자신에게 유리하도록 형성해나가려는 목적을 동시에 가지고 있다.[19]

---

18) 이창덕 외(2000:379)에서도 이와 마찬가지로, "토론이란 어떤 논제에 대하여 찬성자와 반대자가 각자 논리적인 근거를 제시하면서 자기 의견의 정당함과 상대방 의견의 부당함을 주장하는 말하기 형태이다"라고 정의하고 있다.

19) 송종길(1993)에서는 이런 TV 생방송 토론 대화의 기능을 언급하는 과정에서, "국내외

그리하여 이들은 상대방과의 토론 진행 과정 중, 상대방이 아닌 시청자들을 대상으로 하여 자기 의견의 정당함을 호소하기도 하고, 또한 자신에게 불리한 방향으로 오해를 불러일으킬 가능성이 있는 상대방의 주장에 대해서는 왜 시청자들로 하여금 오해하도록 하느냐는 내용의 발언으로 반박을 행하기도 한다. 토론자들의 바로 이러한 발언들은 올바른 여론의 형성이라는 TV 생방송 토론 대화의 또 다른 목적을 염두에 두고 이루어지는 것이라 할 수 있겠다.

따라서 이 TV 생방송 토론 대화는 어떤 사안과 관련하여 발생하고 있는 상반된 두 개의 입장 중 어느 것이 더 타당한 것인지를 논리적으로 밝혀보고자 하는 목적과 함께, 방청객 및 시청자들과 같은 다수의 제3자들에게 구체적인 관련 정보들을 제시함으로써 올바른 여론을 형성해내려는 이중의 목적을 동시에 지향하는 논쟁의 유형이라고 말할 수 있겠다.

3) 토론 참여자들의 역할

본 연구의 대상인, 국내 A 방송국의 TV 생방송 토론 프로그램을 구성하는 인물은 주로 한 명의 사회자, 서로 상반된 의견을 가지고 있는 양쪽의 토론자 각각 두 명씩, 그리고 방청객 및 시청자 등이다. 이 중에서 사회자는 먼저 토론의 주제를 명확히 하고 논의되어야 할 사항들을 순서대로 제시하면서, 토론자들로 하여금 적극적이고 진지한 의견 교환을 하도록 유도함으로써, 사안과 관련된 어떤 해결 방안이나 결론을 이끌어낼 수 있도록 토론을 이끌어 나가는 이라 할 수 있겠다. 이러한 사회자의 토론 진행 능력에 따라 토론의 성패가 좌우된다고 할 수 있으므로 사회자의 역할은 그 누구의 역할 못지 않게 중요하다고 할 수 있다.

따라서 사회자는 해당 주제 및 세부 전문 분야에 대해 풍부한 지식과 빠른 판단력을 가지고 있어야 하며, 토론이라는 제도적 상황에 적절한 언

시사성 있는 문제를 중심으로, 다양한 의견 표출을 바탕으로 문제의 쟁점을 분석·평가하여 수용자들이 사회 현실을 올바로 인식하기 위한 판단 근거를 제공함으로써 올바른 여론을 형성하는 기능을 수행한다"라고 언급하고 있다.

어 구사 능력도 갖추고 있어야 한다. 특히 사회자는 경쟁 관계에 있는 양쪽 토론자들 사이의 논쟁을 진행시켜 나가는 임무를 수행해야 하므로, 사회자 개인의 소신이나 이해 관계 등을 배제하면서, 논의되어야 할 화제 및 순서교대 차원의 문제들을 양쪽의 토론자들에게 공평하게 하도록 해야 하며, 토론자들 사이에서 발생 가능한 불필요한 갈등이나 감정상의 충돌 등을 원만하게 조정하고 해결해야 한다.

다음으로 양쪽의 토론자들은 토론의 대상이 되고 있는 사안과 관련하여 자기 주장의 정당함과 상대방 주장의 부당함을 논리적으로 밝혀나가는 이라 할 수 있다. 따라서 이들은 토론의 주제와 관련하여 만반의 준비를 한 후, 논리적이고 적절한 근거를 제시해가면서 자신의 주장을 피력하고 또 상대방의 주장을 반박해나가게 된다.

그런데 앞에서 토론 대화의 제도적 특성을 설명하면서 밝힌 바와 같이, 이 토론자들은 사회자와 마찬가지로 그들의 대화 참여에 있어 제도적 맥락과 관련된 특별한 제약을 받게 된다. 즉 일상 대화와는 달리 토론 대화는, 사회자가 화제 및 발화 순서 등의 전반적인 토론 진행 양상을 적절히 조정하게 되는데, 토론자들은 이러한 사회자의 토론 진행에 적극적으로 협력하면서, 사전에 약속된 구체적인 토론의 원칙들을 준수하도록 노력해야 하는 것이다. 만약 그렇게 하지 않을 경우, 이들은 사회자로부터 특정 형태의 제재를 받을 수도 있으며, 그러한 조치는 토론이라는 제도적 맥락 안에서 충분히 정당화될 수 있는 성격의 것이라 할 수 있겠다.[20) 따라서 이들

---

20) 자료 1 '잇단 사학분규 해법은 없는가?'라는 주제의 토론에서 발췌한 다음의 대화 사례를 통해, 우리는 그러한 점을 확인해볼 수 있다. K가 계속적으로 상대방 H의 순서에 끼어들자, 사회자 Y는 K에게 경고의 화행을 실행하고 있으며, K는 Y의 그러한 경고에 순응하는 모습을 보이고 있다.
   (203) H 1)   [아니 얘기를 하고 나서 얘기를 하시라잖아요
   (204) K 1) 네 말씀하십쇼
   (205) Y 1) K선생님
          2) 아까 최초 약속한 대로 발언 끝나고 [발언하시기 바랍니다
   (206) K 1)   [알겠습니다
   (205) Y 3) 자꾸 반칙하시면 [제가 발언권 제안합니다
   (207) K 1)   [예 알겠습니다
   (208) Y 1) 말씀하시죠 H회장님 예

은 토론자로서의 지위에 관계되는 제반 제약 조건들을 성실히 준수하면서, 자신들의 주장 및 반박을 전개해 나가게 된다.

마지막으로 방청객 및 시청자들은 제3의 토론자라 할 수 있다. 그런데 이들은 최근에 방송에 있어서의 위상 및 영향력이 증대됨에 따라, 이제는 단순히 토론자들의 논의 내용을 수용하는 입장에만 머물러 있는 것이 아니라, 여러 가지의 방법을 통해 토론자들의 논의에 반응을 나타내고 있다.

먼저 방청객의 경우에는 웃음, 야유 또는 박수 등을 통해 토론자의 논의에 대해 찬성이나 반대의 입장을 나타내기도 하고, 사회자로부터 발언권을 얻게 된 일부 방청객의 경우에는 자신과 상반되는 주장을 하고 있는 토론자에게 질문을 하기도 하며, 자신의 주장을 구체적으로 개진해나가기도 한다. 또한 시청자의 경우에도 전화 연결, 인터넷 게시판 이용, 또는 팩스 등의 각종 통신 매체를 이용하여 자신의 의견을 밝힐 수 있다. 하지만 이들의 능동적인 토론 참여에는 여전히 구조적인 한계가 있으며, 아주 극소수의 방청객 및 시청자들만이 제한된 화제에 대하여 짧은 시간 동안 자신의 의견을 밝힐 수밖에 없는 실정이다.

이상에서 우리는 TV 생방송 토론 대화의 구체적인 대화 유형, 그것의 이중 목적 지향성 그리고 그 참여자들 각각의 역할 등에 대하여 살펴봄으로써, TV 생방송 토론 대화가 가지고 있는 전반적인 특성을 개괄해 보았다.

3. 연구 방법론

본 연구는 앞에서 제시한 세 편의 TV 생방송 토론 대화 전사자료를 대상으로 하여 화제 구조, 순서교대 구조, 대화이동(move) 구성 그리고 화행 실행의 네 범주에서 구사되고 있는 전략들을 귀납적이고 경험적인 방식의 사례 분석 방법을 통해 살펴보고자 한다.[21]

---

21) 실제로 대화의 전략적 운영이라는 측면에서 대화 자료들을 살펴보면, 이러한 네 가지 범주 외에 운율적 범주에서의 전략도 상당히 중요한 기능을 하고 있는 것으로 보인다.

첫째, 화제 구조 범주에서는 대화참여자들이 자신의 대화 목적을 달성하기 위하여 어떠한 화제를 도입하려 하고 또 어떠한 화제의 도입을 억제하려고 하는지에 초점을 둘 것이다. 이를 위하여 먼저 하나의 토론 대화 전체를 화제 별로 단계를 나누고 그 화제를 도입한 이가 누구인지 그리고 그 화제의 도입을 억제하려 했던 이가 누구인지를 살펴볼 것이다. 그리하여 대화참여자들의 그러한 화제 선택 양상은 그들의 대화 목적과 관련하여 볼 때, 전략적인 특성을 가지고 있음을 보이도록 하겠다. 둘째로, 순서교대 구조 범주에서는 대화참여자들이 자신의 발언 기회를 확보하기 위하여 다른 이의 순서에 끼어들려고 하는 것과, 반대로 이미 확보한 자신의 발언 기회를 계속 유지하려는 행위 등을 살펴볼 것이다. 마찬가지로 이런 순서교대 구조 범주에서의 여러 노력들도 대화참여자들의 전략적인 의도에 기반하고 있는 것임을 밝히려 할 것이다. 셋째, 대화이동 구성 범주에서는 대화참여자들이 자신의 주장 및 반박을 행하기 위해 어떤 형식의 화행 연속체를 구성하고 있는지에 대해 살펴볼 것이다. 마지막으로 화행의 실행 범주에서는, 대화참여자들이 자신이 발화한 화행의 전략적 기능을 극대화하기 위해 그 발화수반력(illocutionary force)을 증폭 또는 완화시키려고 하는 데 있어서, 어떠한 전략적인 장치들을 사용하는지에 대해 살펴볼 것이다.

그런데 우리가 이렇게 여러 범주들에서 구사되고 있는 다양한 유형의 대화 전략들을 총체적으로 살펴보기 위해서는, 마찬가지로 여러 유형의 연구 방법론을 함께 이용하지 않을 수 없다. 만약 특정의 연구 방법론만을 이용하게 된다면, 그 연구 방법론에서 주로 관심을 가지고 있는 언어 범주에서의 대화 전략만을 분석해낼 수밖에 없기 때문이다. 결국 그러한 식의 연구 결과는 우리가 목표로 하는 대화 전략 연구의 일부분에만 해당될 뿐이며, 다양한 대화 전략들을 총체적으로 살펴보지 못하는 결과를 초래하게 될 것이 분명하다.

따라서 본고에서는 화행론(speech act theory), 담화분석(discourse analysis) 그리

하지만 본고에서는 전사 방법의 한계 그리고 무엇보다도 연구자의 객관적인 연구 능력의 부족 등으로 말미암아, 이 운율적 범주에서의 전략은 연구 대상에서 제외하기로 한다.

고 대화분석(conversation analysis)의 연구 방법론을 함께 이용하려고 하며, 이
제 본 절에서는 먼저 이러한 세 가지의 연구 방법론에 대해 간략하게나마
살펴보도록 하겠다. 그리고 대화의 전략적 특성을 연구하는 데 있어서, 본
연구에서는 이 연구 방법론들 각각을 통해 어떤 언어 범주에서의 대화 전
략을 분석해내려고 하는 것인지에 대해서도 설명해보도록 하겠다.

1) 화행론(speech act theory)

영국의 철학자 Austin(1962)은 예를 들어 법정과 같은 특정 상황에서 특
별한 행위를 수행하게 되는 몇몇 발화(utterance)에 주목하였다. 그리하여 이
러한 수행문(performative)을 진술문(constative)과는 구별되어지는 것으로 보면
서, 이 진술문을 포함하는 모든 발화들 즉 언어의 모든 표현은 어떤 행위
를 수행하기 위해 사용된다는 화행 이론을 제안하였다. 그는 발화문 내에
서의 세 가지 종류의 행위를 구분해 내었는데, 그 첫째는 '발화 행위
(locution)'로써 발화문을 생성하는 육체적인 행위 자체를 말한다. 둘째는 '발
화수반 행위(illocution)'로써 발화문을 생성함으로써 이루어지는 행위이다. 그
리고 셋째 '발화효과 행위(perlocution)'는 앞의 두 행위를 통해서 어떤 효과
를 만들어내는 것으로, 예를 들자면 어떤 말할이의 명령이 청자에 의해 이
행되어지는 것을 들 수 있겠다.

Searle(1969)에서는 이러한 Austin의 발화(utterance)의 개념을 화행(speech act)
으로 확대하면서, 이러한 화행은 의사소통의 기본적인 단위라고 규정하고
있다. Searle의 관점에서 보면, 어떤 말할이가 하나의 화행을 행한다는 것
은 그 화행을 위한 적정조건들(felicity conditions)이 충족되어지는 것이다. 예
를 들어 약속 화행의 경우, 화자가 약속한 행위는 화자 자신에 의해 수행
될 미래의 행위여야 하며(명제 내용 조건, propositional content), 약속의 내용은
당연한 성질의 것이 아니면서, 청자에게 유리한 것이어야 한다(예비 조건,
preparatory condition). 또한 화자는 정말로 그 약속을 실행하고자 하는 의지
가 있어야 하며(성실성 조건, sincerity condition), 그 약속의 내용에 진술된 행
위를 수행할 책임을 지게 되는 것이다(기본 조건, essential condition).

Searle(1979)에서는 이러한 화행의 유형을 확언(assertives), 지시(directives), 언약(commisives), 정표(expressives) 그리고 선언(declaratives)의 다섯 가지로 범주화하는데, 여기에서의 분류는 결정적으로 발화수반력(illocutionary force)에 의존하게 된다. 따라서 화행 이론에서 주요 관심의 대상이 되는 것은 발화수반행위(illocutionary act)라 할 수 있겠다. 이렇게 화행 이론은 발화수반 행위 즉 언어의 행위성에 대한 통찰을 통해, 언어의 의미에 대한 논의에 새로운 관점을 제시해주었다는 점에서 매우 큰 의의를 가지고 있는 것이라 할 수 있다. 그런데 이 이론은 어떤 가정된 맥락 안에서의 발화들에만 기초하였을 뿐, 실제 대화에서 그 참여자들에 의해 생성되는 실제 발화들을 다루지는 않았다. 그 결과 이 이론에서 언급하고 있는 언어의 행위성은 상황적 맥락과는 무관하게 말할이의 발화에 내재하고 있는 발화수반력을 중심으로 파악되고 있기 때문에, 대화참여자들간의 상호행위성을 밝혀내는 데에는 한계를 보이고 있는 것이 사실이다.

따라서 본고에서는 기본적으로 이러한 화행 이론에 기초하기는 하되, 먼저 실제 언어적인 상호행위로서의 TV 생방송 토론 대화를 연구 대상으로 하여, 거기에서의 상황적 혹은 제도적 맥락을 충분히 고려해보도록 하겠다. 그리하여 대화참여자들이 화행 이론의 주요 관심 대상인 발화수반 행위를 행함에 있어, 그 발화수반력을 전략적으로 증폭 또는 완화시키려고 하는 모습을 그러한 제반 맥락 정보와 연관지어 구체적으로 살펴보고자 할 것이다.

2) 담화 분석(discourse analysis)

앞에서 살펴보았던 화행 이론은 담화 분석(discourse analysis)[22]에 의해서 실제의 대화 연구에 적용되고 있다. Levinson(1992)에 따르면, 담화분석은

---

22) 우리는 보통 담화에 대한 연구들을 모두 가리켜 '담화분석론'이라 통칭하는 경우가 많다. 따라서 본고에서 언급하고 있는 담화분석이라는 용어의 사용과는 분명히 구분되어질 필요가 있다. 본고에서 담화분석이라 함은 담화분석론의 또 다른 하나의 유형이라 할 수 있는, 대화분석(conversation analysis)과 대비되는 담화 연구의 한 방법론을 말하는 것이다.

화행 이론의 기본적인 가정을 받아들이면서, 화행은 대화의 구조를 분석해 내는 데 있어 매우 기본적인 차원의 것이라 규정하고, 그러한 화행의 연속 적 규칙들을 형식화함으로써 담화의 응집성(coherence)을 밝히려 하는 것이라 할 수 있다.[23]

Labov & Fanshel(1977)에서는 이처럼 화행 이론의 접근 방법을 심리 치료 인터뷰라는 제도적 상황에서의 대화를 분석해내는 데에 응용하고 있다. 그들은 '화행의 의무적인 연속은 발화들간에 발견되는 것이 아니라, 수행 되어지고 있는 행위들 사이에서 발견되는 것이다'라고 하면서(Labov & Fanshel 1977:70), 그러한 화행 유형들의 연속적 규칙뿐만 아니라, 실제 발화 를 하나의 행위들로 만들게 되는 변환(translation) 규칙도 제시하려 하고 있 다. 그리하여 이러한 변환 규칙을 통해 하나의 언어적 표현이 어떻게 그 의도한 행위를 수행하게 되는지를 설명하려고 노력하였다(Drew & Heritage 1992). 하지만 Levinson(1992)에서 지적하고 있는 바와 같이, 이러한 변환 규 칙이 하나의 언어적 표현이 특정 행위를 수행하게 되는 함수 관계를 설명 할 수 있기 위해서는, 먼저 언어적 표현 단위의 집합과 관련 행위의 집합 이 명확히 정의되어야 할 것이다. 그런데 하나의 언어적 표현은 한 번에 하나 이상의 행위를 수행할 수 있는 것이기 때문에, 그러한 변환 규칙의 양은 무한대의 것이 될 것이며, 따라서 그것을 규칙화한다는 것은 매우 불 가능하다고 할 수 있겠다(Drew & Heritage 1992).

담화분석의 또 다른 학파인 버밍햄학파의 Sinclair & Coulthard(1975)도 Labov & Fanshel(1977)에서와 마찬가지로, 화행들의 연속적 규칙에 관심을 가지면서 수업 담화 즉 교실에서의 상호행위를 연구하였다. 이들은 담화 응집성의 특징을 통사적인 성격의 것으로 간주하고, 규칙(rule)이나 적형성 (well-formedness)과 같은 통사적인 개념들을 사용하면서, 행위(act),[24] 대화이동

---

23) 이승희(2000:14~27)에 의하면, 담화분석은 화행적 접근 방법을 화행들의 연속으로서의 담화에 적용하려 했던 시도로써, 연속적 분석의 중요성을 인식하고 실제 수행된 화행 들 사이의 결합에 대한 사실을 발견하는 데에 공헌한 방법론이라 할 수 있다.

24) 행동(act)은 화행(speech act)과 비슷한 개념으로, 대화참여자들이 의사소통하고자 의도한 것을 표시한다. 그런데 화행이 발화의 형태에 기반을 두고 있다면, 행동은 담화에서의 발화간의 관계에 기반을 두고 있는 기능적 단위라고 할 수 있다. 따라서 하나의 행동

(move),[25] 교환(exchange), 그리고 단위 화제(transaction) 등의 개념을 통해 적형의 담화를 세우려 하였다. 그리하여 수업 담화에서의 응집력 있는 교환 (exchange) 모델로 [시작 대화이동(Initiation)-응답 대화이동(Response)-피드백 대화이동(Feedback)], 즉 세 개의 대화이동으로 이루어진 [IRF] 교환 구조를 제안하였다.[26]

이러한 Sinclair & Coulthard(1975)의 교환 모델은 기본적으로 담화에서의 발화의 연속을, 하나의 문장 안에서 통사적으로 구조화되는 구(phrase)들의 연속과 유사한 것으로 보고 있다. 따라서 만약에 어떤 담화가 그러한 적형적인 모델을 따르지 않고 있다면, 그것은 바로 비적형적인 것이며 또한 응집성이 없는 것으로 보았다. 그러나 이처럼 발화의 연속을 대상으로 하여, 문법성 즉 적형이냐 비적형이냐 하는 것을 따지는 것은 가능하지 않은 것으로 보인다. 어떤 특정 대화 맥락의 경우 매우 이상하고 비적형적인 것으로 보이는 발화의 연속들도 아주 자연스럽게 사용되는 경우가 있기 때문이다.

우리는 앞에서, 본 연구는 대화참여자들이 각자의 대화 목적을 달성하기 위하여 상호간에 구사하고 있는 대화 전략들을 살펴보고자 하는 것이라 하였다. 따라서 본고에서는 앞에서 살펴본 연구들에서와는 달리, 실제의 언어적 표현이 하나의 행위로 만들어지게 되는 변환 규칙을 세우려 하거나,

---

(act)은 하나의 문장(sentence)으로 구성될 수도 있고, 문장 속의 한 부분이 될 수도 있으며, 여러 개의 문장이 하나의 행동을 구성할 수도 있다. 이러한 하나 혹은 그 이상의 행동은 대화이동(move)을 구성하게 된다.

25) 이 move는 교환(exchange)을 시작하고, 유지하고, 끝내는, 즉 대화를 앞으로 나아가게 하는 기능적 단위라 할 수 있다. 따라서 하나 혹은 그 이상의 move는 교환을 구성하게 된다. 이 용어를 송영주 역(1993)에서는 '무브', 김상희(1995)에서는 '이동', 유동엽 (1997)에서는 '진행' 그리고 박용익(2001)에서는 '대화이동'이라고 각각 번역하고 있다. 본고에서는 이 중에서 대화이동이라는 용어를 선택하여 사용하고자 하며, 이것의 자세한 개념에 대해서는 뒤의 제4장의 1. 1) '대화이동 구성'에서 대화이동 구성상의 전략을 살펴보기 바로 이전에 언급하도록 하겠다.

26) Schegloff & Sacks(1973)에서는 이러한 교환 구조와 비교해볼 만한 것으로, '질문-대답', '인사-인사', '제의-수락'과 같은 인접쌍(adjacency pair)을 제시하고 있다. Sinclair & Coulthard(1975)의 연구가 수업 담화를 대상으로 하면서 대화이동(move)을 구조 분석의 단위로 삼은 것이라 하면, Schegloff & Sacks(1973)의 연구는 일상 대화를 대상으로 하여 순서(turn)를 구조 분석의 단위로 삼은 것이라 할 수 있다.

혹은 적법한 유형의 교환 구조를 구성해보려고 하지는 않는다. 그 대신에 TV 생방송 토론이라는 제도적 대화에서 그 참여자들이 자신의 주요 대화 목적을 달성하기 위해, 여러 가지 형식의 주장 및 반박 대화이동을 서로 주고받는다는 점에 주목할 것이다. 그리하여 그 대화참여자들이, 담화분석 에서 주로 관심을 가지고 있는 발화의 연속 중에서도 교환(exchange)의 하위 범주에 해당하는 대화이동(move), 특히 주장 및 반박 대화이동을 구성해나 가는 과정에서 보여주고 있는 전략적 특성을 살펴보고자 할 것이다.

그런데 이러한 대화이동은 기본적으로 연역적인 방법론을 취하면서 대 화의 형식적인 구조와 관련된 모형을 구축해보고자 하는 담화분석의 방법 론에서 주로 다루고 있는 연구 범주이다. 때문에 귀납적인 연구 방법을 취 하고자 하는 본고의 의도와는 전혀 다른 성격의 연구 방법론에서 관심을 두고 있는 언어 범주라는 점에서 연구 방법론상의 문제가 발생할 수도 있 겠다. 하지만 본 연구에서는 비록 그러한 대화이동을 연구 대상 범주 안에 포함시키기는 하되, 담화분석 연구 방법론의 기본적인 목적을 좇아 그 연 구 결과를 가지고 적형성을 논의하거나 또는 대화 구조상의 어떠한 모형을 구축하려고 하지는 않는다. 단지 대화이동 구성상에서 발견되는 대화 전략 의 사례들을 살펴보고 이들을 유형 분류하면서 그것들 각각의 전략적 기능 을 설명하는 데에 중점을 둘 것이다.

3) 대화 분석(conversation analysis)

화행 이론이 지니고 있는 한계가 드러난 이후, 이를 극복하면서 언어적 상호 행위와 상황적 맥락간의 관련성을 강조하는 여러 연구 방법론들이 발 생하게 되는데, 그것들 중의 대표적인 것이 바로 대화분석(conversation analy- sis)이다.[27] 대화 분석은 1970년대 초반 이후 발전하게 된 연구 방법론으로,

---

27) 이외에도 의사소통 민족지학(ehtnography of communication)과 상호작용사회언어학(interac- tional sociolingustics)을 더 들 수 있다. 전자의 연구 방법론은 언어적 상호행위 자체보 다는 그 상호행위를 가능하게 하는 사회적 맥락에 좀 더 초점을 두고 있는 연구라 할 수 있다. 여기에서는 언어적 상호행위를 포함하는 의사소통 전반의 것들이 사회문화적

사회학의 한 분야인 민족방법론(ethnomethodology)의 영향을 크게 받은 것이라 할 수 있다. 이 민족방법론은 사람들이 자신의 주변 세계를 해석하고, 또 그 세계와 상호작용하기 위해 행동하는 과정 및 기술에 관심을 갖고 있는 사회학의 한 분야이다. 여기에서는 개인이 가지고 있는 세계에 대한 지식과 그들의 사회적 행위 사이에는 매우 깊은 관련이 있다는 데에 주목하고 있다. 그리하여 Leiter(1980:5)에서 언급하고 있는 바와 같이, 민족방법론자들은 사람들이 그들의 지식을 이용하여 그들 주변의 세계를 해석하고 또 구조화해 나가는 방법을 연구하고자 하였다.

대화 분석은 그 이론적 배경이라는 측면에서 볼 때, 바로 이러한 민족방법론으로부터 많은 영향을 받았다고 할 수 있다. 대화분석론자들은 개인들이 자신의 주변 세계를 해석하고 구조화하는 데 사용하는 지식을 연구하기 위하여, 일상의 실제 대화들에서 발견되는 반복적인 패턴을 찾아내려고 하였던 것이다.28) 따라서 이들은 서투른 이론적 범주화 또는 일반화를 피하

체계를 그대로 드러내는 것으로 보고, 이를 질적으로 기술하는 방법을 통해 사회문화적 맥락을 이해하고자 한다. 이와 관련된 대표적인 논의는 Hymes(1972)를 들 수 있다. 후자의 연구 방법론은 인류학과 사회학을 이론적 배경으로 하여 시작된 언어학의 한 분야로서, 상호행위를 언어에 의한 사람들간의 사회적인 관계 맺음 그리고 협력의 과정으로 보고, 당면한 상호행위에서의 목표가 상호행위자들 사이에서 벌어지는 의미와 기능에 대한 타협적 성취를 통해 어떻게 이루어지고 있는가를 설명하고자 한다. 이에 대한 대표적인 논의로는 Gumperz(1982)를 들 수 있는데, 여기에서는 상호행위 과정에서의 해석은 다양한 언어 자질들의 사용으로부터 얻어질 수 있다는 점을 지적하면서, 다양한 사회문화적 특징을 갖는 참여자의 전략적 언어 사용을 밝히고 있다.

28) 이승희(2000:14~27)에 의하면, 대화분석에서는 상호행위에서의 발화와 행위들은 구조적으로 조직화되고 맥락에서 기인하는 것이라는 점을 가정하고, 자연적으로 발생하는 대화에서 상호행위의 반복적인 패턴과 구조적인 조직을 연구하는 방법을 취한다고 할 수 있다. 이두헌(1994:183)에서는, 담화분석은 구조주의적 입장에 충실하고 있으며 대화분석은 상호작용의 메카니즘에 중점을 두고 있다고 하면서, 이 두 방법론을 다음과 같이 서로 비교 설명하고 있다.
① 담화분석은 대화를 언어학적 단위로서 접근하려는 반면에 대화분석은 대화를 상호작용의 시각에서 파악한다.
② 담화분석은 대화를 구조적 측면에서 파악하는 반면에, 대화분석은 대화에 주어진 현상들을 대화규칙이라는 관점에서 파악한다.
③ 담화분석의 목적은 대화의 형식적인 모형을 구축하려는 데 있지만, 대화분석은 귀납적이고 경험론적인 전략을 구사한다.

면서, 일상의 대화들을 녹음 및 전사하여 이들을 철저하게 귀납적인 방법을 통해 분석함으로써, 대화에서 개인의 일반적인 지식이 실현되는 방법을 밝히려고 하였다. 이러한 대화 분석의 시도는 민족방법론 연구자라 할 수 있는 Sacks, Schegloff & Jefferson(1974)에게서 그 뿌리를 찾아볼 수 있는데, 이 대화 분석은 다음과 같은 기본적인 입장을 취하고 있다.

첫째, 대화 분석은 하나의 문장이나 발화 이상의 단위에 초점을 두는 한편 상호행위적 수행으로서의 언어 행위에 주요 관심을 두면서, 연속적으로 조직화되어 있는 발화들의 구조에 관심을 갖는다.

둘째, 대화 분석에서는 상황적 맥락이라는 개념을 중요히 여기는데, 여기에서의 맥락은 어떤 발화나 행위에 영향을 주게 되며 이 발화 및 행위는 다시 새로운 맥락을 재생산하게 되는 것으로 본다.

따라서 대화 분석은 상황적 맥락을 주요 참고 대상으로 삼아, 대화가 갖고 있는 구조적 특질을 밝히고자 하는 것이라 할 수 있겠다. 여기에서 말하는 대화의 구조적 특질이란 대화에서 보편적인 현상으로 관찰되는 말할 이와 들을이의 교체 현상이나 언어 행위의 대응 관계, 이를 통해 대화가 이어지는 모습, 즉 발화가 이어지는 모습의 체계들이 갖는 규칙적인 질서를 말한다. 그리하여 대화 분석에서는 주로 순서교대 체계(turn-taking system), 인접쌍(adjacency pair), 대화의 내용이나 화제, 그리고 의사소통상의 문제와 그 해결을 위한 일관적인 흐름이 어떻게 구조적으로 드러나고 있는지를 밝히고자 한다.

이상의 내용을 간략히 요약하면, 대화 분석은 대화참여자들의 상호 행위에서 나타나는 발화들은 구조적으로 조직화되어 있고 또 상황적 맥락에서 기인하는 것이라는 점을 가정하면서, 자연적으로 발생하는 대화에서 그 상호행위의 반복적 패턴 그리고 구조적인 특질을 밝히고자 하는 것이라 할 수 있겠다. 따라서 대화의 전략적 특성을 살피고자 하는 본고에서는, 바로 이러한 대화 분석의 연구 방법론을 이용하여, TV 생방송 토론 대화에서 그 참여자들이 서로에게 구사하고 있는 화제 및 순서교대 구조상에서의 대

---

④ 담화분석은 언어행위이론의 주된 가설을 인정하고 받아들이지만, 대화분석은 이 이론의 수용을 거부한다.

화 전략을 분석해내고자 할 것이다.

4. 대화 전략

1) 대화 전략의 정의

전략(戰略, strategy)의 개념은 원래 군사 분야, 특히 전쟁과 관련된 분야에서 사용되던 것으로, '전쟁을 전반적으로 이끌어 가는 방법이나 책략'의 의미로 주로 사용되어 왔다.[29] 하지만 오늘날 이 전략의 개념은 단순히 전쟁과 관련되어서만 사용되는 것이 아니어서 사회, 정치, 경제 그리고 교육 등의 여러 분야에서 매우 폭넓게 사용되고 있다. 그 결과 우리는 주위에서 '경영전략, 선거전략, 광고전략, 학습전략' 등과 같이, 다양한 분야에서 이러한 전략의 개념을 사용하고 있는 모습을 쉽게 발견할 수 있다. 이러한 전략 개념의 폭넓은 쓰임은 언어학의 경우에도 예외가 아니어서, 이미 이 '전략'의 개념은 매우 자주 사용하고 있는데 그 대표적인 쓰임의 예가 바로 '대화 전략'이다.

하지만 대부분의 이런 논의들에서는 대화 전략의 개념을 모호하게 사용하고 있거나, 아니면 이에 대한 정의를 아예 생략한 채 사용하고 있는 경우가 많다. 그 결과 전략이란 용어의 사용에 있어 적지 않은 혼동을 불러일으키고 있는 것이 사실이다. 그러한 혼동 중의 가장 큰 하나는 바로 전략과 전술 개념 사이의 계층적 관계를 고려하지 않음으로 인해 발생하는 것으로 보인다. 앞에서 이미 언급한 바와 같이, 애초의 전략이라는 개념은 전술의 상위 개념으로 사용된 것이었다. 그리하여 궁극적인 목적의 달성을

---

29) 이는 「표준국어대사전」에서의 정의를 인용한 것이다. 여기에서는 전략을 '전술(戰術)보다 상위의 개념'이라 덧붙이면서, 전략에 대한 또 다른 정의로 '정치, 경제 따위의 사회적 활동을 하는 데 있어서의 책략'이란 정의를 하고 있다. 이 전략에 대한 대부분의 사전적 정의는 거의 비슷하며, 「연세한국어사전」의 경우에는 전략을 '① 전쟁의 목적을 이루기 위한 수단과 방책, ② 어떤 일에 대한 목적 달성을 위한 수단과 방책'이라 정의하고 있다. 그리고 이 두 사전 모두 전략을 전술의 상위 개념으로 보고 있다.

위한 '전략'과, 그러한 전략의 원만한 진행을 위한 '전술'이라는 두 개의 개념이 명쾌하게 구분되어 사용되었던 것이다. 그런데 현재에는 이러한 전략과 전술의 개념을 구분하지 않고, 이 둘의 개념을 통틀어 '전략'이라는 하나의 어휘로 부르고 있는 것이 일반적이라 할 수 있다.

물론 전쟁이 아닌 대화의 영역에서까지 그렇게 두 가지의 개념을 서로 구분해서 사용할 필요가 있는가 하는 반론이 있을 수도 있다. 하지만 이 두 용어상의 계층적인 분류는, 우리가 살펴보고자 하는 대화의 양상을 체계적으로 설명하는 데 있어, 여전히 매우 유용한 것이라 할 수 있다. Brinker(1986)에서는 이러한 사실을 주목하여 대화의 전략에 대해 다음과 같이 언급하고 있다.

> 전략은 사용된 언어적 수단과 동일하지 않다. 즉 주장이나 충고 그리고 근거
> 제시나 질문 등은 그 자체로 전략이 아니라 전략이라는 틀 안에서 전략적 행위
> 수행을 위한 수단으로 이용되는 것이다(Brinker(1986)/박용익(2001:221)에서 재인용).

위에서 언급되고 있는 언어적 수단이란 바로 전술을 의미하는 것으로써, Brinker(1986)에서는 그러한 전략과 전술 사이의 계층적 관계를 고려하고 있는 것이라 할 수 있겠다. 그 외에도 이러한 계층적 관점은 강길호(1995)에서도 찾아볼 수 있는데, 여기에서는 "우리가 상호작용 중에 실제로 활용하는 공손한 언어 표현들은 엄격히 말하면 공손 책략들이며 비슷한 성격의 책략들이 모여 하나의 공손 전략을 만든다"라고 하고 있다. 여기에서는 단지 전술이란 용어 대신에 책략(策略)이라는 용어를 사용하고 있는 점만이 다를 뿐, 그 두 용어 사이의 계층적 분류가 갖고 있는 유용성에 대해서는 긍정적인 태도를 보이고 있는 것이라 할 수 있다.30)

본고는 Brinker(1986)나 강길호(1995)에서의 논의와 마찬가지로, 전략과 전술 사이의 계층적 관계를 고려하여 이 두 개념을 서로 구분하여 사용하고자 한다. 왜냐하면 대화참여자가 자신의 궁극적인 대화 목적을 달성하기

---

30) 강길호(1995:140)에서는 "야간 기습 공격, 정면 돌파, 해상 침투라는 책략(tactic)들이 모여서 상륙 작전이라는 전략(strategy)이 수립되는 이치와 같다"라는 예를 들면서 전략과 책략 사이의 계층성을 설명하고 있다.

위하여 구상한 전반적인 대화 진행 계획(plan)과, 그러한 계획의 원만한 진행을 위해 구사하는 세부적인 발화 기술(skill)은 그 성격상 당연히 구분되어야 하는 것들이기 때문이다. 또한 대화의 전략적 운영 양상을 살펴보고자 하는 본 연구로서는, 먼저 이 두 개념의 계층적 차이를 주목하여 이들 각각의 기능 그리고 그 둘 사이의 영향 관계 등을 밝힘으로써, 대화의 전략적인 진행 과정을 더욱 체계적이면서 명확하게 설명해낼 수 있다고 보기 때문이다.

하지만 우리는 여기에서 단 한 가지, 이 두 개념을 지칭하는 용어상의 문제만은 짚고 넘어가고자 한다. 전략과 전술의 두 개념이 그 성격상 서로 구분되어져야 할 필요가 있음은 이미 언급한 바 있지만, 특히 '전술'이란 용어는 군대 혹은 전쟁 관련 용어라는 인상이 너무나 짙은 나머지, 대화 현상을 설명하는 데에서 사용하기에는 좀 어색한 점이 있는 게 사실이다. 따라서 대화 연구를 목적으로 하고 있는 본고에서는 전략과 전술의 계층적 개념을 그대로 받아들이기는 하되, 강길호(1995)에서와 같이 전술을 책략이라는 용어로 대신하여, '대화 전략'과 '대화 책략'의 두 용어를 사용하기로 한다.31)

이상의 논의를 바탕으로 하여, 본고에서는 '대화 전략'을 '대화참여자가 현재 참여하고 있는 대화에서 자신의 **대화 목적**을 달성하기 위하여 수립한 **대화 진행 계획**(plan)', 그리고 '대화 책략'을 '대화참여자가 자신이 수립한 **대화 전략**을 원활하게 수행하기 위하여 구사하는 세부적인 **발화 기술**(skill)'이라 각각 정의하기로 한다.32) 그리고 어떤 유형의 대화이든지, 그

---

31) '전술'이라는 용어의 쓰임에 문제가 있다면, 전략과 전술을 '전략'이라는 하나의 용어로 사용해왔던 기존의 실태를 고려하여, '상위 대화 전략(upper conversation strategy)'과 '하위 대화 전략(lower conversation strategy)'이라는 용어를 사용하는 것도 용어 사용의 한 방법이 될 수 있을 것이다. 하지만 '전술'의 개념에 해당하는 부분을 '전략'이라는 용어로 지칭한다는 점에서는 여전히 문제가 남게 되며, 또한 편의성이라는 측면에서 보더라도 그와 같은 용어 사용은 다소 불편한 점이 있을 것으로 생각된다.

32) 그렇다면 또한, 이러한 대화 전략 및 대화 책략은 우리가 흔히 말하는 '대화 스타일'(conversational style)과는 어떠한 관계가 있는 것일까? Tannen(1984)에서는 바로 이 대화 스타일을 "한 개인이 어떤 특정 맥락에서 특정 대화 전략을 습관적으로 사용하는 것은 그만의 특징적인 스타일을 만들어 내게 되는데, 바로 그것이 대화 스타일이

것이 전략적으로 운영된다고 하는 것은 '대화참여자들이 자신의 대화 목적을 달성하기 위한 전반적인 대화 진행 계획을 수립하고, 이것의 원활한 진행을 위해 여러 가지 구체적인 발화 기술을 사용한다는 것'을 의미하는 것으로 보고자 한다.

2) 전략 운영의 과정

우리는 앞의 제2장의 1. '대화의 일반적 특성'에서 대화는 그것을 이루고 있는 두 가지 최소 자질들의 구성적 차원에서 볼 때, 전략적인 특성을 가지게 된다고 보았다. 그리고 제2장의 4. 1) '대화 전략의 정의'에서는 이러한 전략적 특성들을 체계적으로 살펴보기 위하여 '대화 전략'과 '대화 책략'이라는 두 개의 계층적 개념을 서로 구분하여 정의해보았다.

이제 본 절에서는, 먼저 대화참여자들이 대화를 전략적으로 운영해나가는 과정을 이론적인 측면에서 살펴보고자 한다. 그리고 그러한 이론적인 전략 운영의 과정 중, 본고에서 주로 다루게 되는 부분을 명확히 한 후, 그 과정을 구체적이고 실증적인 측면에서 연구하기 위하여 어떠한 연구 절차를 거치게 되는가에 대해서 기술하도록 하겠다.

일반적으로 대화참여자들은 자신이 참여하게 되는 대화에서의 여러 가지 상황적 맥락(situational context)과 자신의 대화 목적(goal)을 고려하여, 가장 효과적일 것이라고 판단하는 대화 전략 및 책략을 선택적으로 구사하게 된다. 그렇다면 우선, 대화참여자들이 대화를 전략적으로 운영하는 데 있어서 고려하게 되는 상황적 맥락에는 과연 어떠한 것들이 있는 것일까?

의사소통 민족지학(ethnography of communication)에서의 대표적인 연구인 Hymes(1972)는 특정한 의사소통 사건이 어떻게 그 목적을 성취하게 되는가

다"라고 주장하고 있다. 이러한 Tannen(1984)의 개념 정의에 기초해볼 때, 대화 스타일이란 어떤 한 개인이 특정 대화 유형에서 자신의 대화 목적을 가지고 대화에 참여하게 될 경우, 거기에서 구사할 수 있는 여러 가지의 대화 전략 및 대화 책략들 중에서 특정한 것을 습관적 또는 반복적으로 사용하게 됨으로써, 그 자신에게 내재화되어버린 것이라 할 수 있겠다.

를 이해하는 데에 필요한 많은 요소들, 즉 '대화 정황(speech event)'의 여러 가지 구성 성분들을 기술하고 있어 우리의 주목을 끌고 있다. Hymes(1972)는 'SPEAKING'이라는 단어를 사용하여 그 구성 성분들을 다음의 여덟 가지로 분류하고 있다.

첫째, S는 배경(setting)과 장면(scene)을 가리키는 것으로써, 배경은 시간과 공간 즉 의사소통이 이루어지고 있는 구체적이고 물리적인 환경을, 장면은 문화적인 한계 안에서 일어나는 대화 정황의 심리적 배경을 말한다. 둘째, P는 참여자(participants)로써, 화자와 청자, 연설자와 청취자 또는 발송인과 수취인 등의 다양한 결합을 포괄하는 것이다. 셋째, E는 의사소통의 목표(ends)를 나타내는 것인데, 대화참여자들이 성취하려고 하는 개인의 목적뿐만 아니라 의사소통에서 관습적으로 인식되고 기대되는 결과까지를 말한다. 넷째, A는 행위 연속(act sequence)으로, 이야기의 실제 형식(form)과 내용(content), 즉 사용된 낱말의 정확성, 낱말이 사용된 방식 그리고 실제 화제들간의 관계 등을 말하는 것이다. 다섯째, K는 어조(key)로서 어떤 특정 내용이 전달되는 논조(tone) 등을 말한다. 여섯째, I는 수단(instrument)으로, 대화가 전달되는 경로(말, 글, 전보 등)의 선택과, 사용되는 말의 실제 형태(표준어, 방언 등)를 말한다. 일곱째, N은 상호작용과 해석의 규범(norm of interaction and interpretation)으로, 말에 수반된 특정한 행동 및 성질들(시끄러움, 침묵 등)과 이를 사용하지 않는 사람들에 의해 이것들이 이해되는 방식을 말한다. 마지막으로, G는 유형(genre)을 말하는 것으로 시, 격언, 설교, 강연과 같이 분명하게 구분되는 발화의 유형을 가리키는 것이다.

물론 이러한 Hymes(1972)의 분류는 그것이 대화 정황의 모든 구성 성분들을 완전하게 기술하고 있는 것이라고 볼 수는 없다. 하지만 우리는 이를 통해서, 앞에서 살펴보고자 했던 상황적 맥락을 확인해볼 수가 있다. 즉 위의 여덟 가지 구성 성분 중 배경(S), 참여자(P) 그리고 규범(N)의 구성 성분으로부터 알 수 있는 여러 가지 요소들의 확인을 통해 해당 대화의 상황적 맥락을 정의할 수 있는 것이다(이원표 역 1997:75). 따라서 '배경'으로부터 알 수 있는 '의사소통이 발생한 장소', '참여자'로부터 알 수 있는 '그들의 사회적 역할', 그리고 '규범'으로부터 알 수 있는 '장소에 의해 제한 받는 것' 등과 같은 요소들이 상황적 맥락을 이루게 되는 것이라 할 수 있겠다.

다음으로 대화참여자들이 대화 전략 및 책략을 구사하는 데 있어 고려하게 되는 두 번째 요소는 대화 목적이다. 대화 목적은 앞에서 대화의 유형을 설명하는 과정에서 잠시 언급한 바와 같이, 대화참여자가 해당 대화에서 궁극적으로 이루고자 하는 과제 목적이나 관계 목적과 같은 것을 말한다. 만약 대화 전략의 연구에 관심을 두고 있다면, 우리는 그 연구 대상 대화에 참여하고 있는 이들의 대화 목적에 대해서도 살펴보지 않을 수 없다. 실제로 우리가 다른 사람들과 대화를 나누는 과정, 혹은 언어학적으로 특정 대화를 분석하고자 하는 과정에 있어서, 그 대화의 참여자들이 갖고 있는 대화 목적이 무엇인가 하는 점은 가장 먼저 그리고 가장 명확하게 파악되어야 하는 것이라 할 수 있다.[33] 왜냐하면 대화참여자들이 과연 어떠한 대화 목적을 가지고 있느냐에 따라 그가 선택하는 전략 운영의 형태는 여러 가지로 달리 나타나게 될 것이기 때문이다.

대화참여자들은 이상에서 살펴본 여러 가지의 상황적 맥락과 대화 목적을 고려하여 대화 전략을 구상하고, 또 이것의 원활한 진행을 위해 대화 책략을 구사하게 되는 것인데, Reardon(1987)에서는 이처럼 대화참여자들이 어떤 특정 전략을 선택하게 되는 과정에 대해 언급하고 있어 우리의 관심을 끌고 있다.[34] 여기에서는 이른바 ACE 모델이라고 하는 것을 제시하고 있는데, 이 모델에서는 대화참여자들이 적절성(appropriateness), 일관성(consistency), 효율성(effectiveness)이라는 세 가지 기초적인 기준을 근거로 하여 대화 전략을 선택하게 된다고 주장한다.

---

33) 이는 이미 박용익(2001:132)에서도 다음과 같이 강조되고 있는 바이다.
"의사소통 목적은 언어적 의사소통 행위의 과정을 조정하고 의사소통의 전체 과정을 일관되게 유지시켜주는 등의 중심 역할을 한다. 또한 복잡하게 진행되는 대화 행위의 기저에 일정한 구조를 갖추게 하고 목적 달성을 위해서 필요한 행위를 유발하게 하기도 한다. 대화 내에서 이루어지는 대화이동 연속체나 대화이동 그리고 화행과 같은 행위 모두가 그 의사소통 목적을 중심으로 이루어지므로, 대화를 분석할 때 제일 먼저 의사소통 목적을 규명하는 것이 대단히 중요하다."

34) Reardon(1987 / 임칠성 역(1997:216~222))에서의 논의를 참고하였다.

여기에서의 적절성이란 '다른 사람들이 과연 나의 행동에 대해 어떻게 판단할 것인가' 하는 문제와 관련된 것이다. 즉 다른 사람들의 잠정적인 평가가 나의 행동의 한 가지 기준이 되고 있음을 말해 주는 것이다. 둘째로 일관성은 '나의 행동이 나의 가치 체계나 이미지에 들어맞는 것인가' 하는 문제와 관련된 것이다. 다시 말해, 나와 같은 사람이 취해도 되는 행동인가 하는 기준을 말하는 것이다. 마지막으로 효율성은 '나의 행동이 나의 목적을 달성하는 데 있어 얼마나 효과적일 것인가' 하는 문제와 관련된 것이다. Reardon(1987)에서는, 상황에 따라서 이러한 세 가지의 기준들은 그 우선 순위가 서로 뒤바뀔 수도 있다고 본다.

그리고 이러한 ACE 이론을 따라서, 전략 선택의 과정을 다음의 【그림 2】와 같이 나타내고 있다.

【그림 2】 전략 선택의 과정

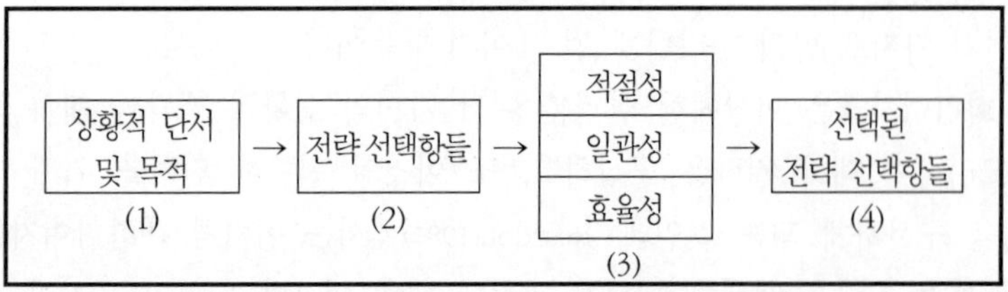

```
┌─────────────────────────────────────────────────────────────┐
│                                          ┌─────────┐          │
│  ┌─────────┐      ┌─────────┐             │  적절성  │  ┌──────────┐ │
│  │상황적 단서│ ──→ │전략 선택항들│ ──→  │  일관성  │→ │ 선택된    │ │
│  │ 및 목적  │      │         │             │  효율성  │  │전략 선택항들│ │
│  └─────────┘      └─────────┘             └─────────┘  └──────────┘ │
│     (1)              (2)                     (3)          (4)       │
└─────────────────────────────────────────────────────────────┘
```

위의 【그림 2】에서 상황적 단서(cue)라고 하는 것은 우리가 앞에서 살펴본 상황적 맥락의 개념과 일맥상통하는 것이다. 따라서 (1)의 단계는 대화 전략의 선택에 영향을 주는 여러 가지의 상황적 맥락과 대화 목적에 해당하는 부분이라 할 수 있겠다. (2)는 (1)의 여건에서 대화참여자가 선택할 수 있는 전략들의 총 목록이며, (3)은 (2)의 목록들 중에서 대화참여자가 자신이 사용할 전략을 선택해내는 데 있어서 고려하게 되는 세 가지의 판단 기준을 나타낸 것이다. 그리고 (4)는 (3)의 단계를 거쳐 (2)의 목록으로부터 선택되어진 전략들이다.

Reardon(1987)에서 제시한 【그림 2】의 전략 선택 과정을 기초로 하여, 먼저 앞에서 정의한 바 있는 대화 전략과 대화 책략의 구분을 반영하고, 또 전략 운영의 결과 부분을 보충하면, 우리는 전략 운영의 전반적인 과정을 다음의 【그림 3】과 같이 세 단계로 나누어 제시할 수 있다.

【그림 3】 전략 운영의 과정

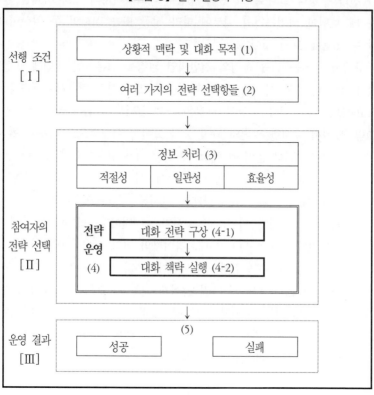

여기에서 [Ⅰ]의 단계는 【그림 2】에서의 (1)과 (2)에 해당하는 것으로, 대화참여자가 자신이 사용할 전략을 선택하는 데 있어 참고 자료로 삼는 것들이다. 그리고 [Ⅱ]의 단계는 대화참여자의 정보 처리에 의해 그가 사용하게 될 대화 전략의 구상과 대화 책략의 실행이 이루어지는 과정이다. 여기에서 계획으로서의 대화 전략은 대화참여자에 의해 구상되어지며, 기술로서의 대화 책략은 실제의 언어적 표현으로 실행되어지는 것이라 할 수 있겠다. 또한 이 과정에서의 판단 및 선택은 전적으로 대화참여자에 의해 이루어지게 된다. 즉 대화참여자는 자기 나름대로 적절성, 일관성 그리고 효율성의 세 가지 기준을 고려하여, 대화 전략을 구상하고 그에 따른 대화 책략을 실행하게 되는 것이다. 마지막으로 [III]의 단계는 대화참여자가 선택한 전략 운영의 결과로, 그 전략 운영이 대화참여자의 대화 목적을 달성하는 데 보탬이 되었는가의 여부에 따라 성공 또는 실패의 두 양상이 나타날 수 있음을 보인 것이다.

이상에서 우리는 전략 운영의 전반적인 과정을 이론적인 측면에서 살펴보았다. 본고의 주된 목적은 대화참여자들이 대화 전략 및 대화 책략을 구상하고 실행하는, 전략 운영의 과정을 구체적으로 살피는 것이므로, 앞의 【그림 3】에서 제시한 일련의 과정 중 본고에서 핵심적으로 다루게 될 부분은 바로 (4)의 '전략 운영'에 해당되는 과정이라 할 수 있다.

그리고 그 전략 운영의 순서상으로 볼 때, 이 과정을 설명하기 위해서는 먼저 (4-1)의 '대화 전략 구상' 단계를 살펴본 후 (4-2)의 '대화 책략 실행' 단계를 살피는 것이 자연스런 순서가 될 것이다. 하지만 (4-1)에 해당하는 대화 전략의 구상 단계는 대화참여자의 머리 속에서 이루어지는 판단과 선택의 과정 혹은 그 결과이기 때문에, 우리가 이를 직접적으로 분석해내기란 쉽지가 않다. 따라서 우리는 실제 대화 자료에 그 실행의 결과들을 나타내 보이게 되는 (4-2)의 대화 책략들을 먼저 분석하고, 이들을 유형별로 정리한 결과를 바탕으로 해서 (4-1)의 대화 전략 구상 단계를 역으로 살펴보는 방법을 취하도록 하겠다.

대화 구조 지배 전략 ─── 제3장

앞에서 언급한 화제 구조, 순서교대 구조, 대화이동 구성 그리고 화행 실행의 네 가지 언어 범주에서 확인된 대화 책략들 중, 화제 및 순서교대 구조 범주에서의 대화 책략들은 다른 것들과는 다르게, 그 대화참여자들 사이의 상호 경쟁적인 구도(構圖)[35] 속에서 구사되는 책략들이라 할 수 있다. 여기에서 말하는 '상호 경쟁'이란 대화의 일반적 특성인 '상호 작용'과는 약간 다른 개념으로, 예를 들면 양쪽의 대화참여자들이 목표로 하는 어떤 대상을 더욱 많이 확보하기 위하여 상대방의 것을 뺏거나, 또는 상대방에게 자신의 것을 빼앗기지 않으려고 서로 경쟁하는 행위 구도를 말하는 것이다.[36]

---

[35] 구현정(2000)에서는 대화의 구도를 가리켜, '대화의 구조가 어떻게 진행될 것이라고 미리 예상하는 틀'이라 정의하고 있다. 그리고 사람들은 다른 이들과 대화를 함에 있어, 먼저 그 대화가 어떤 유형의 대화에 속하는지를 파악하고 그 안에서의 구도를 마련한 다음에 대화를 시작한다고 보았다. 이러한 개념과는 약간 다르게, 본고에서는 구도의 개념을 '대화참여자들간에 벌어지는 상호작용의 전반적인 양상'을 뜻하는 것으로 사용하고자 한다. 그리하여 그러한 상호작용의 양상을 상호 경쟁적인 것과 상호 비경쟁적인 것의 둘로 나누어 보기로 한다.

먼저 화제 구조상의 대화 책략의 경우, 대화참여자들은 자신에게 유리한 화제를 도입하려 하는 반면 상대방에게 유리한 화제는 억제하기 위해 서로 경쟁하는 모습을 보인다. 그리고 순서교대 구조상의 대화 책략의 경우에서도, 대화참여자들은 자신의 대화 목적 달성에 보탬이 되는 자신의 순서를 계속 유지하려고 하는 반면, 상대방의 대화 목적 달성에 보탬이 되는 상대방의 순서에는 끼어들려고 하는 경쟁적인 모습을 보인다. 따라서 이러한 화제 구조 및 순서교대 구조 범주에서의 책략들은 공통적으로 상호 경쟁적 구도에서 구사되는 것들이라 할 수 있는 것이다.

그런데 이렇게 화제 구조와 순서교대 구조상의 대화 책략들이 상호 경쟁적 구도에서 구사되는 하나의 대화 전략 유형에 포함될 수 있는 더 큰 이유는 그러한 상호 경쟁성에 있는 것이 아니라, 그 각각의 책략들이 결국 이루어내고자 하는 것이 같은 성격의 것이라는 데에 있다고 할 수 있다. 즉 화제 구조와 순서교대 구조상의 대화 책략들은, 대화참여자들이 자신들의 궁극적인 대화 목적을 달성하는 데 있어서, 대화의 흐름을 자신에게 유리한 방향으로 진행시켜나가려는 의도 하에, 대화에서의 화제 및 순서교대 구조 체계 전반을 주도적으로 이끌어나가려고 하는 과정에서 구사하는 책략들이라 할 수 있는 것이다.

따라서 대화의 궁극적인 목적 달성이라는 측면에서 보았을 때, 이 두 범주와 관련된 대화 전략은 대화참여자들이 대화의 구조를 전반적으로 지배하고자 하는 목적에서 구사하는 이른바 '대화 구조 지배 전략'으로, 대화의 전체적인 틀을 구획짓는 바탕 전략이라 할 수 있겠다. 본 장에서는 이처럼 대화참여자들이, 상호 경쟁적인 구도에서 구사되는 '대화 구조 지배 전략'을 원활하게 진행시키기 위해 구사하고 있는 여러 가지 대화 책략의 사례들을 확인하고 이를 유형 분류하면서 그 각각의 전략적 기능들에 대해 살펴보도록 하겠다.

---

36) 이 둘의 개념을 상대적으로 비교하면, 상호경쟁이란 것은 상호작용의 여러 가지 가능한 현상들 중 하나에 속하는 것으로 볼 수 있기 때문에, 상호경쟁은 상호작용의 하위 개념이라 할 수 있겠다.

1. 화제 구조(topic structure) 상의 책략

화제(話題, topic)란, 대화참여자들이 자신들의 발화에서 언급하고 있는 대상을 가리키는 것으로, 이것은 문장 수준에서의 것과 담화 수준에서의 것 두 가지로 나누어볼 수 있다.[37] 본고에서는 이 화제 구조상의 책략을 살펴봄에 있어, 문장 수준에서의 것이 아닌 담화 수준에서의 화제를 연구 대상으로 하는데, 이러한 담화 화제의 구조라는 차원에서 볼 때, 일반적으로 대화참여자들은 자신의 대화 목적 달성에 유리하다고 판단되는 화제는 적극적으로 도입하여 그에 대한 논의의 진행을 계속 유지하려고 하는 모습을 보인다. 반면에 자신에게 불리하다고 판단되는 화제는 그것이 화제로 부상하는 것을 처음부터 억제하려고 하며, 이미 그것이 하나의 화제로 부상한 이후라 하더라도 그에 대한 논의의 진행을 억제하려고 노력하게 된다.

따라서 대화참여자들이 이러한 화제 구조의 범주에서 구사하게 되는 대화 책략들은 첫째 자신에게 유리한 화제만을 도입하려고 하는 '화제 도입하기' 책략, 둘째 자신에게 불리한 화제의 부상을 억제하려는 '화제 억제하기' 책략의 두 가지 유형으로 크게 분류해볼 수 있다.[38]

이러한 화제 구조상의 대화 책략들을 살펴보기 위해서는, 우선 연구 대상으로 하는 대화에서의 전반적인 화제 구조를 정확하게 파악하는 것이 무엇보다 필요할 것이다. 이를 파악하기 위한 사전 작업으로, 자료 1(잇단 사학분규 해법은 없는가?)의 토론 대화를 대상으로 하여, 그 토론의 전반적인 진행 단계를 살펴보면 다음의 【표 4】와 같다.[39]

---

37) 이삼형(1999:209)에 따르면, 문장 수준에서의 화제는 문장의 구조를 기술하는 문법적인 개념으로, 여기에서 문장은 현재 이야기되는 것을 나타내는 부분 즉 화제와 그것에 대하여 말하는 부분 즉 논평으로 나누어지게 된다.

38) 바로 이 화제 구조상의 대화 책략에 대한 이해는 우리로 하여금 대화의 전반적인 구조를 확인할 수 있도록 해줌으로써, 나머지 범주들에서의 책략들을 확인하고 이해하는 데에도 큰 도움을 줄 수 있다는 점에서 매우 중요하다.

39) 본 연구는 TV 생방송 토론 대화 3회분을 그 연구 대상으로 한다. 하지만 화제 구조상에서의 대화 책략을 살펴보는 데 있어서는, 그것들 중 1회분에 속하는 자료 1(잇단 사학분규 해법은 없는가?)만을 연구 대상으로 하였다.

【표 4】 토론의 전반적인 진행 단계 분석

토론의 진행	부 분 단 계
시작 단계 (001)-(002)	사회자 도입 (001)
	VTR 시청 (002)
중간 단계 **(003)-(466)**	사학 비리 여부와 그 해결 방안 (003)-(149)
	법안 개정의 필요성과 문제점 (150)-(383)
	사학 재단의 기능과 성격 (384)-(466)
마무리 단계 (467)-(480)	마지막 발언 (467)-(479)
	사회자 마무리 (480)

먼저 TV 생방송 토론 대화의 일반적인 진행 과정은 크게 시작 단계, 중간 단계, 마무리 단계의 세 가지로 나누어지는데, 이 세 개의 단계는 다시 여러 개의 부분 단계로 나누어지게 된다. 이 중에서 시작 단계와 마무리 단계는 사회자의 발언이 그 대부분을 차지하며, 혹시 다른 참여자들의 발언이 있다 하더라도 사회자에 의해 많은 조정을 받게 된다. 그 결과 이 두 단계에서는 사회자가 토론의 시작 그리고 마무리를 위해서 행하게 되는 대화 전략 및 책략들이 주로 나타난다.

그런데 본 연구는 서로 다른 대화 목적을 가지고 있는 이들이 서로 각자의 목적을 달성하기 위하여 상대방에게 어떠한 대화 전략 및 책략들을 구사하는지를 살펴보려는 것이다. 따라서 본고에서는 이 두 단계를 제외한 중간 단계만을 연구의 대상으로 하고자 한다. 중간 단계는 토론 대화의 중심부에 해당되는 단계로, 여기에서는 토론자들에 의해 대화 전략의 운영 양상이 매우 복잡하게 나타난다. 본 연구 자료의 경우, 이 중간 단계는 다시 세 개의 부분 단계로 나누어볼 수 있는데, 바로 이 각각의 부분 단계들에서 여러 개의 화제들이 논의되어진다. 이러한 중간 단계의 전반적인 구조를 살펴보면 다음의 【표 5】와 같다.

【표 5】 중간 단계에서의 부분 단계 및 논의된 화제 분석

부분 단계	논의된 화제
Ⅰ. 사학 비리 여부와 그 해결 방안 (003)~(149)	1. 사학 비리 존재 여부 (003)~(050) 2. 사학 분규의 책임 (051)~(085) 3. 분규 해결 방안 (086)~(149) 　* 방청객과의 대화 1 (100)~(127)
Ⅱ. 법안 개정의 필요성과 문제점 (150)~(383)	1. 법 개정의 필요성 (150)~(189) 2. 개정 법안의 문제 1 (190)~(255) 3. 사학 재단의 전문성 (256)~(272:7) 4. 개정 법안의 문제 2 (272:8)~(293) 5. 개정 법안의 문제 3 (294)~(383) 　* 방청객과의 대화 2 (327)~(352)
Ⅲ. 사학 재단의 구조와 성격 (384)~(466)	1. 사학 재단의 구조 (384)~(411) 2. 사학 재단의 성격 (412)~(466) 　* 시청자와의 전화 (431)~(466)

이처럼 세 개의 부분 단계 및 거기에서 논의된 화제들은 서로간에 연쇄적 관계와 계층적 관계를 동시에 맺고 있다. 그런데 토론의 양측 참여자들은 그들의 궁극적인 대화 목적을 지향하면서, 이러한 부분 단계들에서도 해당 화제와 관련된 부분 목적을 갖고 있기 때문에, 각 단계에서의 발화들은 그러한 부분 목적의 달성을 염두에 두고 이루어지는 것이라 할 수 있다. 따라서 본 장에서는 이러한 사실을 주목하면서, 화제 도입 및 화제 억제와 같은 화제 구조상의 책략들을 누가, 왜 그리고 어떻게 구사하고 있는지에 대해 살펴보도록 할 것이다.

1) 화제 도입하기(topic-introduction)

앞에서 이미 언급한 바대로, 대화참여자들은 자신의 대화 목적을 달성하는 데에 있어 유리하다고 판단하는 화제에 대한 논의를 적극적으로 유도하게 된다. 이렇게 특정 화제에 대한 논의를 의도적으로 유도하려는 것을 '화제 도입하기' 책략이라 하는데, 여기에는 화제 전이(topic-transition)와 화

제 바꿈(topic-change)의 두 가지 유형이 있다.

먼저 화제 전이는 일단 확립되어진 화제에 대하여 대화를 나누다가, 그 것을 중심으로 하여 다른 화제로 조금씩 이동해 가는 것을 뜻하는 반면, 화제 바꿈은 화제 전이에서와 마찬가지로 기존의 화제에 대하여 대화를 나 누다가, 그것과는 전혀 관련이 없는 것으로 화제를 바꾸는 것을 말한다.[40] 화제 도입하기의 책략을 화제의 연쇄성과 계층성을 기준으로 볼 때, 화제 전이는 그 앞뒤의 화제들간에 연쇄적 관계와 계층적 관계의 둘 중 적어도 하나의 관계는 유지되는 것인 반면, 화제 바꿈은 그러한 두 관계를 모두 상실하는 것이라 할 수 있겠다.

그런데 본 연구의 대상은 과제 중심의 경쟁 양상을 띠는 제도대화이기 때문에, 여기에서는 일반적으로 화제 바꿈은 불가능하다고 할 수 있다.[41] 이런 유형의 대화에 참여하는 양쪽의 참여자들은 특정의 과제 수행을 목적 으로 하고 있어서, 그 대화의 주제와 전혀 관련이 없는 화제를 도입하려고 하지도 않을뿐더러, 만약 그렇게 한다고 하더라도 상대방으로부터 그러한 화제 도입 자체가 거부당할 가능성이 매우 크기 때문이다. 본 연구 자료의 경우를 살펴보더라도, 여기에서는 모두 10개의 화제가 논의되었는데, 그들 모두는 오직 화제 전이의 방법에 의해 도입된 화제들이었다. 이제 이 10개

---

40) 일반적으로 이러한 새로운 화제의 도입 전에는 화제 마무리(topic-closing)의 과정이 있 는 것이 보통이다. Schegloff & Sacks(1973)에서는, "화제는 대체로 하강 억양에 의해 발음되는 '좋아(good)', '됐어(okay)', '그래(well)'와 같은 표현들로 마무리되며, 그 후에 는 화자들이 새로운 화제를 시작한다는 것을 발견하였다. 그들의 분석은 이런 유형의 화제 마무리가 대화를 끝낼 것을 제안하는 방법으로도 사용된다는 것을 보여 주었 다."(이원표 역(1997:185)에서 인용) 그런데 TV 토론 대화의 경우에, 이런 화제 마무리의 과정은 주로 사회자인 Y에 의해 주도적으로 이루어지게 된다. 따라서 본고에서는 화 제 구조상의 책략을 살펴봄에 있어, 이 화제 마무리의 과정은 논의에서 제외하기로 한 다.

41) 이주행(1996:70)에서는 이러한 화제 바꿈의 요건으로 ① 화제에 대하여 이미 충분히 이야기를 나누었을 경우, ② 화제를 지속해갈 만한 새로운 내용이 더 없을 경우, ③ 진행 중인 화제에 대해 더 이상 관심이 없을 경우, ④ 진행 중인 화제를 회피하고 싶을 경우의 네 가지를 제시하고 있다. 관계 중심적 대화의 경우, 그 대화참여자들은 위의 경우들에서 화제 바꿈을 통해 전혀 다른 성격의 화제들을 도입할 수 있을 것으 로 보인다.

의 화제들을 누가 그리고 왜 도입하였는지에 대해 간단히 살펴보면 다음의
【표 6】과 같이 정리해볼 수 있다.

【표 6】 화제 도입자 및 도입자의 주장 내용

번호	화 제	도입자 (위치)	도 입 자 의 주 장 내 용
I.1	사학 비리 존재 여부	K (008)	사학에는 많은 비리가 존재하고 있음
I.2	사학 분규의 책임	Y (051)	사학 분규의 책임은 어디에 있는가?
I.3	분규 해결 방안	S (086)	사학 분규는 법적으로 해결해야 함
II.1	법 개정의 필요성	Y (166)	법 개정이 필요한 이유는 무엇인가?
II.2	개정 법안의 문제 1	H (195)	개정 법안은 건전 사학을 과잉규제하는 것임
II.3	사학 재단의 전문성	K (256)	사학 재단은 교육적 전문성이 부족함
II.4	개정 법안의 문제 2	H (272)	법 개정시 건학이념의 구현이 불가능함
II.5	개정 법안의 문제 3	H (294)	개정 법안은 형평성에 문제가 있음
III.1	사학 재단의 구조	S (386)	사학 재단은 구조적으로 문제가 있음
III.2	사학 재단의 성격	S (412)	사학 재단은 사유재산이 아닌 공공기관임

【표 6】에서 제시하고 있는 10개의 화제 중, Y가 사회자의 입장에서 토
론의 진행을 위해 도입한 I.2와 II.1의 화제 도입을 제외하면, 나머지 8
회의 화제 도입은 모두 그 도입자가 자신에게 유리한 화제를 도입한 것이
라 할 수 있다. 즉 현재의 사립학교법 개정을 대화 목적으로 하는 K와 S
는 사학의 비리, 사학 분규의 법적 해결 가능성, 사학 재단의 교육적 전문
성 부족, 사학 재단의 구조적 문제 그리고 사학 재단의 공공기관적 속성과
같은 화제들을 도입하였으며, 이들과 반대의 목적을 갖는 H와 A는 현재
추진 중인 개정 법안이 안고 있는 여러 가지 문제들을 화제로 도입하고
있다.

이제는 양쪽 대화참여자들이 구사하고 있는 화제 도입하기 책략을 실제
대화 사례들을 들어가면서 살펴보도록 하겠다. 먼저 사립학교법 개정을 주
장하는 K에 의한 'I.1 사학 비리 존재 여부'의 화제 도입 사례이다.[42]

---

42) 대화 사례를 제시함에 있어, 그 사례를 이해하는 데 별로 중요하지 않다고 생각되는

대화 사례 1

(003) Y　2) 우선 H○○ 회장님께 제가 첫 발언을 청하겠습니다

　　　　3) <u>우리 사립학교가 지금까지 우리 교육에서 해왔던 역할, 어떻게</u>
　　　　　 <u>스스로 평가하십니까?</u>

(004) H　1) 에(:) 우리의 사립학교에 그 동안 공적을 좀 잠깐 제 입으로 말
　　　　　 씀드리기가 조금 죄송합니다마는,

　　　　【2-7) 부분 생략 】

　　　　8) 물론 물론 오늘과 같은 국가 발전도 도저히 기대할 수 없었지 않
　　　　　 느냐↗

　　　　9) <u>이렇게 보고 있습니다</u>

　　　　10) 어(:)[

(005) Y　1)　　　　[끝까지 일단 공적을 말씀을 하셨는데요

(006) H　1) 네

(005) Y　2) <u>이 점에 관해서는 이 사립학교법 개정을 추진하는 시민단체나 전</u>
　　　　　 <u>교조에서 동의하십니까?</u>

(007) S　1) 네

(008) K　1) 초기에 저희 나라의 그 법을 만들고[

(009) Y　1)　　　　　　　　　　　　　　[네 우리 나라의↗

(008) K　1) <u>예 아 학교를 짓고 이랬을 때는 저는 일정 부분은 그런 공이 있</u>
　　　　　 <u>었다고 인정합니다</u>

　　　　2) 그러나 어 실제로 최근에 학교가 우후죽순으로 생기면서 한 재단
　　　　　 이 여러 개의 학교를 마구 짓고,

　　　　3) 그 학교를 짓는 것이 정말 민족적인 어떤 목표라든지 확실한 건
　　　　　 학 이념이나 철학이 있어서가 아니라 치부의 수단이나 또는 출세
　　　　　 나 명예 그리고 세금이 감면되는 재단 증식수단 이런 것들로 사
　　　　　 립학교가 굉장히 많이 생겼습니다

　　　　4) 그래서 그런 것들을 효율적으로 관리할 수 있는 이런 법이나 제
　　　　　 도적 장치가 미흡하자, <u>이제 수많은 학교들에서 분규가 터져 나</u>

부분은 【부분 생략】을 하였다. 그리고 구사되고 있는 대화 책략의 측면에서 볼 때, 핵심적이라고 생각되는 부분은 밑줄을 그어, 전체 전사 자료에서 부분 발췌된 대화 사례들을 쉽고 빠르게 이해할 수 있도록 돕고자 하였다. 생략되기 이전의 대화 사례 전체는 본고의 뒷 부분에서 제시하고 있는 부록을 참고하기 바란다. 단, 여기에서는 '잇단 사학분규 해법은 없는가?'라는 주제로 이루어진 토론 대화 1회분의 전사 자료만을 실었다.

오고 그런 것들이 이제 완전히 사회문제로 지금 대두가 돼 있는
겁니다
(010) Y 1) 네(:)
(011) H 1) 아 그 여러 가지 말씀 중에 다 대답할 순 없고
         2) 치부 말씀을 하셨는데
         3) 스으(:) 얘기가 너무나 갑자기 구체적으로 들어가네요

대화 **사례**1은 토론 중간 단계의 첫 부분으로, 토론의 10가지 화제 중
첫 번째의 것이 도입되고 있는 부분에 해당된다. Y가 (003)에서 H에게 발
언 요청을 하자, H는 (004)에서 그에 대한 답변으로 그 동안의 사학의 공
적에 대해 언급을 하였다. 그러자 K는 (008)에서, 일단 H의 발언 중 일정
부분에 대해서는 인정을 한 후에, 그 동안에 이루어져 왔던 사학의 비리와
그로 인한 분규 사태가 매우 심각하다는 점을 거론한다. 기존의 사학 시스
템은 많은 비리가 발생할 수 있는 가능성이 농후하기 때문에, 이 사학에
대한 법률을 개정해야 한다는 주장을 하려고 하는 K는, 그러한 법 개정의
필요성을 주장하기 위하여, 지금까지 사학 내부에서 이루어져 왔던 여러
가지 비리 문제를 부각시킴으로써 사학의 비리에 관한 화제를 도입하려 하
고 있는 것이다.

이러한 K와는 반대의 대화 목적을 갖고 있는 H로서는, K의 그런 발언
에 대해 반박을 하지 않을 수 없는 실정이다. 따라서 H는 (011)에서와 같
이 앞서 K가 말한 비리 문제에 대해 반박을 시작하게 되는데, 바로 이 때
부터 사학 비리의 존재 여부를 화제로 하여 첫 번째 논의가 이루어지게
된다. 그리하여 결국 H가 뒤에서 몇몇 학교의 경우에는 비리가 부분적으
로 존재하고 있음을 시인하게 될 때까지, 이 첫 번째 화제에 대한 논의는
계속 이어지게 된다. 그런데 K의 입장에서 본다면, 그러한 첫 번째 화제의
도입은 '그렇다면 그 비리로 인한 분규의 책임은 누구에게 있는 것인가'
하는 내용의 다음 화제 'Ⅰ.2 사학 분규의 책임'가 사회자 Y에 의해 도입
되어질 수 있는 바탕을 마련하는 성과까지도 거두고 있는 것이라 할 수
있겠다.

다음은 사립학교법 개정을 반대하는 H에 의한 'Ⅱ.4 개정 법안의 문제

2'의 화제 도입 사례이다.

대화 사례 2

(256) K 1) <u>설립자들은 자기가 교육의 전문가라고 생각해서</u>

     2) 지금 모든 그 경영에서부터 뭐 교사의 임명이라든지 또는 또 교
        수의 임명까지 다 가지고 휘두르고 있는데요

     【3-9) 부분 생략】

    10) 법으로 엄격하게 그러한 것들을[공정성을 규정하기 위한 그런
        법률을 가지고 있습니다

(258) A 1)   [그 저 미안하지만 내가 이런 이
        야기를 좀 해야되겠어요 이런 얘기

(256) K 11) 외국[

(259) Y 1)   [잠깐만요

(256) K 11) 외국의 예를

(260) Y 1) 맺어주시죠 이제 예

     2) 네 A교수께서 이 문제에 관해서 말씀해 주십시오

(261) A 1) <u>아까 그 전문성 얘기 하셨는데요</u>

     2) <u>최근의 경향은 모든 교사가 전문성이 아니다 이겁니다</u>

【(261:3)~(270) 부분 생략】

(271) Y 1) 자 K선생님

     2) 두 분 다 두 분 다 조용히 해주시구요

     3) 지금 H회장께서[

(272) H 1)   [저(:) 아까 저 [S교수님 말씀에

(273) Y 1)   [제가 그 말씀을 청하겠습니다

     2) 네 그 문제에 관해서

(272) H 2) <u>이 학교장한테는 전문성이 있고 법인한테 없다 말씀하셨는데</u>

     3) 이 학교법의 이사 구성을 알죠?

     4) 이사 중에 삼분의 일 이상은 교육경력자여야 한다고 돼 있어요

     5) 그리고 이사장이든 누구든 다(:) 나 나 나 수학 전공했습니다

     6) <u>그리고 어 이사장이 중심이 되어 가지고 결국은 뭐냐하면은 이사
        회가 중심이 돼서 선생을 뭐냐면 임명을 하면은 전문성이 결여되고</u>

     7) <u>또 뭐냐하면은 결국 교장이 중심이 됐으면 전문성이 뭐냐하면 저
        거 된다는 얘기는 그건 맞지 않는 얘기고</u>

8) 또 하나는, 이 대학이 그러니까 대학이 그런 문제에 있으니까 중고등학교도 따라서 그렇게 하라 한다던가 또 중고등학교가 그러니까 대학에서도 한다는 것은 그것은 이 대학하고 중고등학교는 설립목적도 다르고 교육내용도 다르고, 어 그런 건데

9) 그것을 싸잡아서 한다는 생각도 나는 뭔가 좀 생각이 필요가 있지 않나 보고 있구요

10) 그리고 뭐냐하면은 아무 문제가 없다, 뭐냐하면 본인이 임명했으니까 임명한 사람이 뭐 임명권자 이사장말 잘 들을 거다,

11) 그러면 굳이 그러면 교장한테 임면권 줄려고 뭐 할 거 뭐 있어요 마찬가지인데

12) <u>몇 가지 묻겠어요</u>

13) 임면권에 관해서 묻겠습니다 제가요

14) <u>우선요 이 사학의 생명이 건학 이념입니다</u>

15) <u>그러면 교장하고 선생님들한테 인사권을 주었을 때 건학 이념이 구현된다고 봅니까?</u>

16) 몇 가지 문제 이따 오늘 대답하셔도 좋고, 이 다음에 나중에 끝나고 대답해도 좋습니다 이

(274) S 1) 하나씩 하십시다 [하나씩 (???)

(275) H 1)   [아이 아니 아니 아 들어보세요

대화 사례 2는 'Ⅱ.3 사학 재단의 전문성'에 대한 화제가 논의된 후, 'Ⅱ.4 개정 법안의 문제 2'로 화제가 옮겨가는 부분에 해당된다. K가 (256)에서 사학 재단이 교육에 관한 한 전문성이 결여되고 있음을 언급하고, A가 (261)에서 그에 대한 반박을 함으로써, (272:7)에 이르기까지 K와 A 및 H 사이에서 화제 '사학 재단의 전문성'에 대한 논의가 계속된다. 그러자 H는 (272)에서 K의 주장에 대해 반박을 하고 난 후, 새로운 화제인 '개정 법안의 문제 2'를 질문의 형식을 통하여 도입하려 하고, 이 화제는 (274)에서의 S의 수용 반응에 따라 이후의 화제로 논의되게 된다. 결국 H는 사학 재단이 교육적인 전문성이 있는가 없는가 하는 화제에 대해서는 마지막으로 상대의 의견을 반박하면서 자신의 의견이 옳은 것으로 나름대로 마무리하고, 자신에게 유리한 새로운 화제 '개정 법안의 문제 2'를 도입하는 데 성공하고 있음을 알 수 있다.

이상에서 제시한 【표 6】과 **대화 사례** 1, 2의 경우를 통해 살펴볼 때, 우리는 대화참여자들이 자신의 대화 목적을 달성하는 데 있어 유리하다고 판단하는 화제들을 적극적으로 도입하고 있다는 사실을 확인할 수 있다. 그런데 이러한 화제 도입하기 책략이 언제나 성공하는 것은 아니다. 다음 의 **대화 사례** 3의 경우를 보도록 하자.

대화 사례 3

(063) K   5) <u>○○고등학교의 경우는 아주 전형적인 부패 시스템을 가지고 있</u>
<u>는데요</u>

【6-17) 부분 생략】

18) 과연 관료들이 구십 사 년에[비리가 났을 때[이것과 연루된 사
람들이 교육청 관료들이 삼십 육 명이나 됐답니다

(066) A   1)   [그런데요 어 저(:)

(067) Y   1)   [네 맺어주시구요
거기까지 맺어주시고 네 좋습니다

2) <u>거기까지 하시고 A교수께서</u>

(068) A   1) 내가 저 대학에서 ○○고 출신의 우리 학교에 입학해서 지금 박
사학위까지 하고 교수로 성장하는 아주 어 거에 대해서 그 학교
에 대해서 잘 알고 있고 그런데 매우 좋은 학교입니다

2) 근데 그 좋은 학교가 왜 갑자기 무슨 일로 저렇게 됐는지 난 굉
장히 안타깝게 생각하는 중에 하나예요

3) 그래서 나는 이 지금도 그 학교에 종사하는 분들하고 학생들이
그런 서로 의기화합해서 자꾸 분규를 해결하는 쪽으로 돼야 될
텐데,

4) <u>난 요새 왜 그 분규를 밖에서 부추기는 사람들이 있다, 이런 것</u>
<u>에 내가 매우 분격하고 있습니다</u>

【5-8) 부분 생략】

9) [그렇기 때문에

(069) Y   1) [어 A선생님 근데(:)

(070) A   1) 예

(069) Y   2) <u>조금 전에 말씀에[외부에서 자꾸 분규를 부추기는 [세력이 있다</u>
<u>고 말씀하셨는데요</u>↗

(071) A   1)   [예 예

              2)   [그런 세력
          이 있다고 하는 것 들었어요
(069) Y 3) 거 뭘 말하는 겁니까?
(072) A 1) 에 그 그게 저(:) 오랜 기록이 있어요
          2) 예 오랜 기록이 있습니다
          3) 그래서 그런 어떤 저 [그런 것들을 뭐 이를 테면[
(073) Y 1)   [기왕 말씀을
(074) K 1)   [정말 교육학과
          출신의 교수님 맞습니까?
(075) Y 1) 아 잠깐만요
(072) A 4) 좋은 명분을 가지고 있습니다마는,
(076) Y 1) 네
(072) A 5) 어 저 이 그 이 어떻게 보면 학원을 정화한다든지 깨끗한 명분을
          가지고 음해를 음해를 했다고 하는[기록이 있습니다마는
(077) Y 1)   [네
(072) A 6) 그런 것들을 좀 이렇게 적극적으로 해서 하자
          7) 근데 나는 한 가지 [학교 문제가
(078) Y 1)   [아니 A교수님 잠깐만요
(079) A 1) 예
(080) Y 1) 말씀을 꺼내신 김에[그렇게 학교를 혼란으로 몰아넣는 그런 세
          력이 있다면
(081) A 1)   [예
(080) Y 2) 구체적으로 말씀을 하시고[비판을 하시죠
(082) A 1)   [왜 그런가 하면 지금요
          2) 지금 이제 학교에서 분규를 이렇게 보면은 대개 조직의 멤버들이
          있다고 우리가 알고 있어요
          3) [어떻게 보면은
(083) K 1) [교수님으로서 그런 말은 [부끄러운 말씀인 줄 아셔야 됩니다
(082) A 4)   [예 예 예 왜냐하면은 왜냐 하면 지금
          옛날에 우리 저 나도 나도 중학교 선생을 해 봤습니다마는,
          【5-7) 부분 생략】
          8) 왜 어린 학생들을 그런 걸 같이 해야 되느냐 하는 것에 늘 내가
          [우리 사회가
(084) S 1) [에(:)
(082) A 8) 앞으로 미래가 없다는 [생각을 해요

(085) Y   1)   [네 S교수께서
(086) S   1) 선생님께서는 이해하시기 어렵다는 것을 저는 이해 할 수 있습니
          다
          2) 근데 문제는요/↗

대화 사례 3은 두 번째 화제인 '사학 분규의 책임'에 대한 논의가 한창 진행 중인 부분에 해당된다. K가 (063)에서 사학 분규의 책임은 사학 재단에 있음을 주장하자, A는 (068)에서 이런 분규를 부추기는 세력이 있다는 데에 분격하고 있다면서, 그러한 세력들에게도 분규의 책임이 있음을 언급한다. 하지만 A는 그 세력의 구체적인 실체가 무엇인지를 묻는 Y의 질문 (069), (080)에 대해서는 구체적인 답변을 하지 못하고 (072)와 (082)에서 계속적으로 미흡한 답변만을 하고 있다. 그러자 대화 상대방인 K는 A를 상대로 하여 (074), (083)에서와 같이 다소 강도가 높은 체면위협행위(face threatening acts)를 행하게 되는 것이다.[43] 이런 상황에 처한 A는, 먼저 (072:7)에서 '근데 나는 한 가지 학교 문제가'라고 언급하면서, 현재 논의되고 있는 화제를 벗어나기 위해 다른 화제를 도입하려 노력한다.[44] 그러나 Y의 (078)에 의해서 그러한 노력이 저지 당하고, (080)에 의해서 다시 한 번 그 실체가 무엇인지에 대해 밝힐 것을 종용받는다. 하지만 여전히 그에 대한 적절한 대답을 찾지 못한 A는 (082:2)에서 앞의 말을 되풀이하는 한편, (082:8)에서는 '우리 사회의 미래'에 대한 염려의 말을 함으로써 계속적으로 화제를 바꾸고자 노력한다. 이에 Y는 더 이상의 대답 요구를

---

43) 본 절에서는 화제 구조상의 책략들을 살펴보고 있기 때문에, 여기에서는 체면과 관련된 자세한 언급을 하지 않도록 하겠다. 대신 뒤의 5장에서 '이미지 관리 전략'을 살펴보는 과정 중에, 그러한 K의 체면위협행위들을 '상대 이미지 손상을 위한 책략'의 하나인 '비난하기' 책략으로 분류하여 좀 더 자세히 설명하도록 하겠다.

44) 박성현(1996)에서는, 대부분의 화제 바꿈은 화자가 갑작스럽게 새로운 화제를 도입함으로써 일어난다고 하면서, 그 화자는 자신 스스로도 그 화제를 갑작스럽게 생각해냈음을 표시하고, 상대방의 주의를 끌 수 있는 언어적 표현을 사용하여야 하는데, 우리말에서 그러한 것에 해당하는 것으로는 "맞아, 아니, 그러나 저러나, 그나저나, 하여튼, 어쨌든" 등이 있다고 하였다. **대화 사례 3**의 (072:7)에서 보이는 '근데'의 쓰임도 위의 표현들과 같은 기능을 하는 것이며, 바로 이러한 기능을 간파한 Y가 (078)에서 A의 발화 중에 끼어들기를 행하면서까지 A의 화제 바꿈을 저지하고 있는 것이다.

하지 않고 (085)에서 이후의 발언권을 S에게 넘겨버리게 된다. 그러자 S는 (086)에서 A의 이전 발언에 대한 자신의 의견을 간략히 밝힌 후, 자신에게 유리한 또 다른 화제 'Ⅰ.3 분규 해결 방안'을 다음의 화제로 도입하게 되는 것이다.

우리는 이미 대화참여자들이 자신의 대화 목적을 달성하는 데 있어 유리하다고 판단하는 화제들을 적극적으로 도입하려 한다는 사실을 대화 사례를 통해 확인한 바 있다. 하지만 그러한 모든 화제가 양쪽 대화참여자들에 의해 하나의 화제로 인정받게 되느냐 하는 것은 전혀 다른 차원의 문제라 할 수 있겠다. 어느 한 쪽이 특정 화제를 도입하려 하더라도, 상대방이 그 화제에 대해 논의의 필요성을 느끼고 반박이나 질문 등을 통해 그화제 도입을 받아들일 때만이 그 화제의 도입은 성사되는 것이다.

대화 사례 3의 경우, A는 자신에게 불리한 현재의 화제를 벗어나고자다른 화제의 도입을 꾀했던 것인데, 이것은 기존의 것과는 전혀 다른 성격의 화제를 도입하려는 '화제 바꿈'의 경우에 해당하는 것이었기에, 그 시도는 먼저 사회자 Y에 의해 저지 당하고, 대화 상대방으로부터는 자신의체면이 큰 손상을 입게 되는 말까지 듣게 되며, 결국 자신이 의도했던 화제의 도입은 실패를 겪게 되고 마는 것이다.

지금까지 이러한 세 개의 대화 사례를 화제 도입의 측면에서 살펴봄으로써, 우리는 대화참여자들이 화제 도입하기 책략을 구사하는 이유와 그러한 책략이 실패를 겪게 되는 경우의 이유에 대하여 살펴보았다.

2) 화제 억제하기(topic-suppression)

대화참여자들 중 어느 한 쪽이 위에서 살펴본 책략을 통해 특정 화제를 의도적으로 도입하려 할 경우에, 그의 대화 상대방이 취할 수 있는 행동의 유형은 크게 두 가지로 나누어볼 수 있다. 첫째는 그 화제에 대한 논의에 적극적으로 참여하여 상대를 반박함으로써, 그 화제에서도 자신의 의견이 정당하고 상대의 의견이 그릇된 것임을 밝혀내는 것이다. 둘째는 그 화제에 대한 더 이상의 논의를 저지하면서 대신에 자신에게 유리한 다른 화제를 도입하려고 하는 것이다.

만약 대화 상대방이 이런 두 가지 유형 중에서, 첫 번째 유형의 반응을 보인다면 화제 도입하기 책략을 구사한 이는 그 화제의 도입 및 유지를 위하여 별도의 노력을 할 필요가 없다. 도리어 그 화제는 대화 상대방에 의해 적극적으로 유지될 것이며, 경우에 따라서 그 화제 도입자는 자신이 도입한 화제에 대한 논의를 회피하고자 노력해야 하는 상황까지도 발생할 수 있다. 그런데 우리가 여기에서 주목하고자 하는 것은, 대화 상대방이 두 번째 유형의 반응을 보이는 경우이다. 일반적으로 어느 한 쪽이 전략적으로 도입하고자 하는 화제는, 그 대화 상대방의 입장에서 보면 자신에게는 상대적으로 불리한 화제이기 때문에, 그는 그러한 화제가 도입되는 것을 저지하면서 자신에게 유리한 또 다른 화제를 도입하려고 노력하게 된다.

이처럼 어느 한 쪽의 대화참여자가 자신에게 유리한 화제를 도입하려고 하는 노력에 반하여, 그러한 화제가 도입되는 것을 저지하려고 하는 것이 바로 '화제 억제하기' 책략이다. 화제 도입하기 책략은 대화참여자가 특정 화제를 능동적으로 부상시키고자 하는 것이어서 적극적인 책략이라 할 수 있는 반면, 여기에서의 화제 억제하기 책략은 그러한 화제의 부상을 저지하려는 것으로, 화제 도입하기 책략과 비교해볼 때 상대적으로 소극적인 성격의 책략이라 할 수 있겠다. 여기에서도 앞의 절에서와 마찬가지로, 양쪽 대화참여자들이 구사하고 있는 화제 억제하기 책략들을 각각 하나씩의 대화 사례를 들어가면서 설명해보도록 하겠다. 먼저 사립학교법 개정을 주장하는 K가 구사하는 화제 억제하기 책략의 사례이다.

대화 사례 4

```
(051) Y   1)        [자(:) 거기까지 말씀 하시구요
          2) 지금 ○○고 이야기가 자꾸 나오는데,
          【3-4) 부분 생략】
          5) 실제 학교를 운영하시는 입장에서[ 이 ○○고 사태를 보실 때
             [이 사태의 주된 책임이 어디에 있다고 보십니까?
(053) H   1)                              [네
          [네
```

(051) Y 6) 누구한테 있다고 보십니까?

(054) H 1) 저 그 말씀은 제가 직접 대답하기 전에요 한 말씀 드리고 싶은것은

2) 오늘 제가 이 토론 제목을 보면서 좀 죄송하지만은 미국의 사립 고등학교에 왜 분규가 없는가, 왜 거기는 교실 붕괴가 없고 학교 붕괴가 없단 말인가, 한번 생각해 봤어요

【3-9) 부분 생략】

10) 그런 법이 없는 그 시절에 있어서도 학교 분규가 없었다 이겁니다

(055) Y 1) 네

(054) H 11) 그러면 현재 학교 분규가 왜 있느냐↗

12) 그리고 분규 원인을 제가 두 가지를 생각하고 있어요

13) 얘기 다 할까요?

(056) Y 1) 아니요

2) 우선 ○○고 경우에 그 원인이 어디 있다고 보십니까?

(057) H 1) 아니 그러니까 우리가 지금 특정한 학교를 지금 보세요

2) 지금 오늘 회의 진행에 조금 내가 불만이 있는데

3) [이게요, 이 ○○고등학교가[그래도 오랜 전통을 가진 학교 아 닙니까?

(058) Y 1) [아니요 그   [말씀하시죠

(057) H 4) 졸업생도 있고 현재 재학생도 있고 학부모도 있고 하는데,

5) 이런 특정한 학교 문제를 이 전 국민이 듣는 이 텔레비 앞에서 도마 위에 올려놓고 이렇다 저렇다 이렇게 자꾸 얘기하는 것이 그게 우리가 예의도 아니고,

【6-8) 부분 생략】

9) 대충은 제가 알고 있지만서도 그 남의 학교 문제, 그렇게 깊이 내가 얘기하고 싶지 않을 뿐입니다

10) [그러면 조금 있다 내가 분규 원인을 내가[

(061) K 1) [예 어 정말 사립학교 예

(062) Y 1)   [일반적인 원인은 있다 말씀해 주시구요

2) 이 ○○고 경우에 어떻게 보십니까?

<<K를 바라보며>>

(063) K 1) 이(:) 정말 우리 사학재단 연합회의 회장님이신데 그리고 학교를 운영하시는 분으로 알고 있는데,

2) 이 정도로 학교 문제를 그냥 지금 덮어야 된다든지 이런 개인의 문제로 돌리는 것에 대해서 참 유감스럽다고 생각이 되구요

>   3) [저는 ○○고등학교가
> (064) A 1) [아 그러면 저
> (063) K 4) 제가 얘기한 다음에[하셔요
>   <<강한 어조로>>
> (065) A 1)   [예 그럴까요? 예
> (063) K 5) ○○고등학교의 경우는 아주 전형적인 부패 시스템을 가지고 있
>   는데요

대화 사례 4는 두 번째 화제인 'Ⅰ.2 사학 분규의 책임'에 대한 논의가
시작되고 있는 부분에 해당된다. 사회자 Y가 (051)과 (056)에서 H에게 특
정 ○○고등학교에서의 분규 책임에 대해 질문하자, H는 (054)와 (057)에
서 사회자의 그러한 질문에 대한 답변에 앞서, 특정고의 사례에 대해 논의
를 하는 것에 불만을 토로하고, 사학 분규의 일반적인 원인에 대해 언급하
겠다고 한다.

H의 입장에서 볼 때, 현재 사학 분규의 책임이 어디에 있느냐 하는 문
제를 논의하는 단계에서, 사회자가 요구한 특정 고등학교의 분규 책임에
관한 질문은 H 자신으로서는 대답하고 싶지 않은 성격의 것이라 할 수 있
겠다. 거론된 그 특정 ○○고등학교의 경우는 그 사학 재단의 이사장 및
재단 운영진이 교사 임용 및 학교 운영과 관련하여 비리를 저질렀다는 법
적 판결을 이미 받았던 적이 있는 상태이다. 그렇기 때문에, 사학 법인 연
합회 명예회장이란 직책을 맡고 있는 H로서는, 그렇게 특정 고등학교의
사례를 자꾸 논의하는 것에 대해 불만을 토로하면서, 사학 분규의 일반적
인 원인 쪽으로 화제를 바꾸고자 했던 것이다.

그러자 H의 상대방인 K는 (061)을 통해 사회자로부터 다음의 발언권을
획득하고, (063)에서는 사학 분규에 대한 H의 입장에 대해 유감을 표명하
면서 H의 다른 화제 도입을 억제하고, 원래의 화제였던 특정 ○○고등학
교 경우의 분규 책임에 대해 다시 논의하기 시작하는 것이다.

다음은 반대로, 사립학교법 개정을 반대하는 H가 구사하는 화제 억제하
기 책략의 사례이다.

대화 사례 5

(181) K 22) 그것을 투명하게 할 수 있는 제도적 장치가 없다는 겁니다

　　　　23) 예를 들면 중고등학교 같은 경우 지금 학교 운영위원회가 만들어
　　　　　　져서요

　　　　24) 교사 학부모 지역인사 그리고 교장 이 분들이 모여 앉아서 예결
　　　　　　산 심의를 합니다

　　　　25) 저도 저희 학교 같은 경우도 그런 예가 있었습니다

　　　　26) 실제로 그 쪼그만 돈에서도 유용될 가능성이 있는데 요 부분 공
　　　　　　사비 뭐라 이런 부분을 다 사전에[예방할 수 있는 있다는 겁니다

(188) Y   1)　　　　　　　　　　　　　　　　　[네 좋습니다

(181) K 27) 제도적 장치만 만들면

　　　　28) [이걸 왜 막는 겁니까?

(189) Y   1) [예 좋습니다

　　　　 2) 제도적 장치가 필요하다는 말씀까지 듣고요

　　　　 3) [(???) 말씀하시죠

(190) H   1) [그러니까 이 삼천 몇 백 개 되는 사학에서 그(:) 비리부정이 하
　　　　　　나도 없다 한다면은 그것이 도리어 오히려 이상한 겁니다

　　　　 2) 있어요

　　　　 3) 어느 사회나 다 있습니다

　　　　 4) 아이 선생님들 교직 사회는 없습니까?

【(191)~(208) 부분 생략】

(209) H   1) 아니 그러니까 그 논법은 무슨 얘기냐 하면은 건전 사학의 힘을
　　　　　　다 빼버리고 가장의 힘 다 빼버리고 니가 경영 지금 니가 가장노
　　　　　　릇해라 하는 법과 똑같은 얘기란 말이에요

　　　　　 【2-13) 부분 생략】

　　　　14) 이 나라는 어떻게 돼 가지고 계속 뭐냐하면은 결국 그 비리부정
　　　　　　이 일부 비리를 전체 비리로 자꾸 해 가지고[

(210) S   1)　　　　　　　　　　　　　　　　[같은 얘기 되풀이하
　　　　　　지 말고 제개[

(211) Y   1)　　　　　　[네 아니 여기서 잠깐 H회장님[

(209) H 15)　　　　　　　　　　　　　　　　　　[이 자리에서 결국 뭐
　　　　　　냐하면은 그토록 애쓴 사학 경영자들 [잘 한 사람 다 모두 매도
　　　　　　하는 말이지,

(212) Y   1)　　　　　　　　　　　　　　[H○ ○ 회장님 잠깐만요

　　　2) 예

(209) H　16) <u>어느 학교가 얼마 횡령했다 횡령했다 이런 식이라 하면은</u>

　　　17) <u>나는 어느 학교 선생님이 [이런 일을 했다 계속 나보고 하란 애</u>
　　　　　<u>기나 이거야 결국 말야</u>

(213) K　1)　　　　　　　　　　　[왜 그런가 (???)

(214) Y　1) H회장님 잠깐만요

(209) H　18) <u>그러니까 그런 얘기 그만 좀 하세요 이제요</u>

(215) Y　1) 잠깐만요

　대화 사례 5는 네 번째 화제인 'Ⅱ.1 법 개정의 필요성'에 대한 논의로부터 다음의 화제인 'Ⅱ.2 개정 법안의 문제 1'이 도입되는 과정에 해당되는 부분이다. 바로 이전의 화제였던 'Ⅱ.1 법 개정의 필요성'에서는 S와 K에 의해 사립학교법 개정의 필요성이 강력하게 주장되고, 그 근거로 현재의 사학 안에서 이루어지고 있는 여러 비리들과 이것들을 막아야 하는 현행법의 한계점 등이 거론되었다.

　그러자 H는 (190)에서, 일부 사학에 비리가 존재하고 있는 것은 사실이나 그것은 어느 분야의 사회에서나 발생하는 일반적인 현상이라고 반박한다. 또한 (209)에서는 현재의 개정 법안이 그러한 일부 사학의 비리를 일반화하여 건전 사학까지 과잉 규제하려는 문제를 안고 있다고 지적한다. 그리고 (209:16~18)에서는 일부 사학의 비리에 대한 지적은 더 이상 하지 말 것을 강력하게 주장함으로써, '법 개정의 필요성'이라는 네 번째의 화제가 더 논의되어지는 것을 억제하려고 하고 있다.

　사립학교법 개정을 반대하는 H는 이러한 화제 억제를 통해, 지금까지 논의되었던 '사학 비리 존재 여부', '사학 분규의 책임', '분규 해결 방안', '법 개정의 필요성'과 같이 자신에게 불리할 수밖에 없는 화제들에 대한 논의를 중단시키는 데에 어느 정도 성과를 거두게 된다. 그리고 이어서는 자신에게 더 유리하다고 할 수 있는 다섯 번째 화제인 '개정 법안의 문제 1'로 화제를 돌릴 수 있는 기반을 마련하는 데에도 성공하고 있음을 알 수 있다.

　하지만 화제 도입하기의 경우에서와 마찬가지로, 화제 억제하기의 경우에도 실패를 겪게 되는 경우가 있다. 다음의 **대화 사례 6**은 사립학교법 개정을 주장하는 K가 그 대화 상대방인 A의 특정 화제 도입을 억제하려는 데 있어서 실패하는 경우를 보여주는 사례이다.

대화 사례 6

(233) S 30) 아니면, 아니면 학교 내에서 학교의 장이 한다고 하더라도

　　　　31) 학교의 장이 혼자 독단적으로 해서는 좋은 결과를 얻지 못합니다

　　　　32) 관련 분야의 교원들과 전문가들이 합의를 해서 최선을 찾아내는 방법, 이것을 했을 때 가장 좋은 선생님을 모셔올 수 있다는 겁니다

(236) Y 1) [네

(237) A 1) [저(:) 사실은 이 제가 이 땅에 교육법학회를 에 창설해서 한국의 교육법학회라는 새로운 학문 영역을 만든 장본인입니다

　　　　2) 그래서 교육법에 관한 한 어 좀 전문가로 자부해[하고 있습니다

(238) Y 1) 　　　　　　　　　　　　　　　　　[예 지금 교육 임면 교사 임면권 [문제에

(239) A 1) 　　　　　　　　　[예 예 근데 교육법 자체에 사립학교법 자체에 대해서 말씀을 드릴게요

(240) K 1) 임면권에[관한 얘기를 먼저 안 하실거면

(241) Y 1) 　　　　　[아니 지금 지금 A교수님 잠깐만요

　　　　2) [다른 (???)

(242) A 1) [이 얘기가 돼야 그 얘기가 됩니다

　　　　2) 그게 이제[

(243) Y 1) 　　　　　　[요지만 말씀해 주십시오

(242) A 2) 사립학교법, 카메라가 잡아줄 수 있으면 한 번 잡아줘도 좋습니다

　　　　3) 이게 천 구백 팔 년 융희 이 년에 나온 사립학교령입니다

　　　　【4-7) 부분 생략】

(244) Y 1) 　　　　　　　　　[A교수님, A교수님 잠깐만요

(242) A 8) 식민지 잔잽니다 [식민지 잔재

(245) Y 1) 　　　　　　　　　[A교수님 잠깐만요

　　　　2) 죄송한데요

　　　　3) 잠깐만요

　　　　4) 지금 논의가 어디까지 와 있냐 하면은요

(246) A 1) 예

(245) Y 5) 교육을 위해서 교원[교원 채용을

(247) A 1)   [그러니까 저는 저는[

(248) Y 1)   [잠깐만요

　　　　 2) 제가 더 말씀드리겠습니다

　　　　 3) 이 학생 교육을 위해서 교사를 뽑을 때[재단에서 하는 것이 좋
　　　　　　 으냐, 교장 선생님이[하시는 게 좋으냐 제가 말씀드리는 것은
　　　　　　 (???)

(249) A 1)   [예

　이상의 **대화 사례 6**은 다섯 번째 화제인 'Ⅱ.2 개정 법안의 문제 1'에
대한 논의가 한창 진행 중인 부분에 해당된다. S가 (233)에서 개정 법안에
문제가 없음을 주장하자, (237)에서 A는 화제를 바꾸어 자신이 한국에 교
육법학회라는 새로운 학문 영역을 만든 장본인이라 하면서, (239)에서는 사
립학교법 자체에 대해 이야기하겠노라고 말한다. 이에 K는 (240)에서 그러
한 화제 도입에 문제가 있음을 지적하면서 그 화제의 도입을 억제하려 한
다. 또한 그러한 화제 도입 시도는 Y에 의해서도 (241)에서 저지를 받게
된다. 하지만 A는 (242)에서 자신의 그러한 발언이 원래의 화제와 관련이
있음을 주장하고, 그 결과 사회자인 Y로부터 발언의 기회를 얻게 됨으로
써, 결국 K의 화제 억제 시도는 실패하게 되는 것이다.45)

　이러한 **대화 사례 4, 5, 6**에 대한 설명을 통해서, 우리는 대화참여자들
이 상대방에게 유리한 화제의 부상을 억제하려는 책략을 구사하고 있음을
확인할 수 있었다. 즉 대화참여자들은 자신이 도입한 화제를 자신이 목표
로 하는 만큼 충분히 논의될 수 있도록 하기 위하여, 상대방의 또 다른 화

---

45) 하지만 A의 이후의 발언들은 원래의 화제와는 너무 동떨어진 것임을 인식한 Y가
　　(245)와 (248)에서 연속적으로 A가 다루고자 하는 화제에 문제가 있음을 지적하게 됨
　　으로써, 결국 A의 화제 도입하기 책략도 결과적으로는 실패를 하게 되고 만다. 여기
　　에서 우리는 토론 대화에서의 사회자가 가지고 있는 화제 또는 순서와 관련한 조정
　　권한을 확인할 수 있다. 일반적으로 사회자는 토론의 진행이 전반적으로 별 무리 없이
　　이루어질 때에는, 자연스러운 토론의 진행을 위해 사회자로서의 조정 권한을 행사하지
　　않는다. 하지만 현재 논의되고 있는 화제가 원래 토론의 주제와는 관련이 없는 것으로
　　흘러가게 되거나, 또는 토론자들간에 현재의 발언권과 관련하여 언쟁이 벌어질 경우에
　　는 토론자들 사이에 적극적으로 개입하여 그러한 화제 및 발언권과 관련된 문제를 조
　　정하려고 하며, 대부분의 경우 토론 참여자들은 이 같은 사회자의 조정을 따르게 된다.

제 도입을 무마시키는 화제 억제하기 책략을 구사하고 있음을 확인할 수 있었다.

지금까지 여섯 개의 **대화 사례**를 들어가며 설명한 화제 구조상의 책략들을 간단히 정리하면, 대화참여자들은 자신에게 유리한 화제를 도입하려는 동시에, 상대방에게 유리한 화제의 부상은 억제하려는 책략을 구사한다고 할 수 있겠다. 그리하여 대화참여자들은 자신이 의도한 화제 도입을 성사시키기 위해서는, 상대방이 그 화제에 대해 논의의 필요성을 느끼고 반응을 보이도록 해야 하기 때문에, 이전 화제와의 연관성 측면에서 너무 동떨어지지 않은 화제를 선택하고 또 상대방이 그에 대한 논의를 하지 않을 수 없도록 적절히 자극해야 함을 알 수 있었다. 그리고 상대방이 특정 화제를 도입하려고 하는 것을 억제하기 위해서는, 상대방의 그러한 화제 도입 의도에 대해 먼저 유감의 뜻을 표명하거나, 또는 상대방이 도입하고자 하는 화제가 현재 진행 중인 논의에 적절치 못하거나 전혀 관련이 없는 것임을 주장하는 방법을 이용하고 있음을 알 수 있었다.

2. 순서교대(turn-taking) 구조상의 책략

대화참여자들이 순서교대 구조상에서 구사하는 책략들을 논의하기 위해서는, 먼저 순서교대에서의 핵심적 개념이라 할 수 있는 순서의 개념을 명확히 해야 할 필요가 있다. 박성현(1996:4)에 따르면, Sacks, Schegloff & Jefferson(1974)에서 사용하고 있는 순서의 개념은 순서 구성 성분(turn-constructional component)과 순서 할당 성분(turn-allocation com-ponent)이라는 두 가지 성분의 관점에 따라서 두 가지로 구분해 볼 수 있다. 먼저 순서-구성 성분의 관점에서 보면, 순서란 '한 화자가 말을 시작해서 자신의 말을 끝내고 다른 이의 말을 듣는 입장으로 돌아가기까지 발화된 것' 즉 말해진 언어 그 자체를 의미하는 것이다. 그리고 두 번째 성분인 순서-할당 성분의 관점에서 보면, '그 순간 말을 할 수 있는 권리'를 의미하게 된다. 하지만 우리가 보통 이 두 의미를 구분하여 사용하지 않는 이유는, '권리'로서의 순서를 가지고 있는 사람이 '한 번에 발화한 것'은 그 권리와는 분리될 수 없는 성격의 것이기 때문이라고 언급하고 있다.

본고에서는 순서교대 구조상의 책략들을 분석함에 있어 대화참여자들이 실제로 발화한 언어 그 자체를 연구 자료로 하고 있기 때문에, 앞에서 언급한 두 가지의 순서 개념 중, 전자의 개념을 적극 수용하고자 한다. 그리하여 순서의 개념을 '한 대화참여자가 말을 시작한 이후 자신의 말을 모두 끝낼 때까지 발화한 언어 그 자체'라고 정의하기로 한다.[46]

그런데 대화는 그 참여자들이 말할이와 들을이의 역할을 계속적으로 바꾸어가면서 진행시켜 나간다. 따라서 대화참여자들은 그러한 과정에서, 앞에서 정의한 순서를 서로 주고받는 반복적인 모습을 보이게 되는데, 바로 이러한 순서의 주고받음 체계를 가리켜 우리는 순서교대라 일컫는 것이다.

이 순서교대는 대화분석(CA)의 방법론을 추구하는 이들이 대화에서 나타나는 여러 특성 중에서 가장 먼저 주목한 것으로써, 대화의 상호작용적 특성을 가장 명확하게 보여주는 것이라 할 수 있다. 그리하여 이들은, 일반적으로 어떤 주어진 순간에는 오직 한 사람만이 말을 하게 됨으로써, 대화참여자들 사이의 순서교대는 매우 질서 정연하게 이루어지는 경향이 있음을 주장하였다. 이러한 순서교대의 전체적인 특징 및 이와 관련된 여러 가지 현상들을 설명하고자 한 것이 바로 Sacks, Schegloff & Jefferson(1974)이다. 여기에서는 질서 정연하게 이루어지는 순서교대의 경향을 순서교대 규칙을 통해 기술하고 있는데, 앞에서 잠시 언급한 바와 같이 대화에서의 순서교대 체계를 순서 구성 성분 및 순서 할당 성분의 두 가지 성분과, 일련의 규칙들로 기술하고 있다. 먼저 순서 구성 성분에 관한 부분에서는, 영어의 경우에 문장, 절, 구 그리고 어휘로 이루어진 단위 유형들(unit-types)의 첫 번째 완성 가능 지점이 추이적정지점(transition-relevance place)[47]을 형성하

---

46) 물론 박성현(1996)에서 지적한 바와 같이, 우리가 순서의 개념을 이와 같이 정의한다 하더라도, 그 '권리'의 개념을 완전히 배제한 것이라고는 할 수 없다. 발화된 언어적 단위 그 자체는 이미 그 순간에 말할 권리를 가지고 있는 대화참여자에 의해 행해진 것이기 때문이다.

47) 잠재적인 순서교대의 가능 지점을 말하는 것으로, 하나의 순서를 형성할 수 있는 여러

는데, 순서교대는 그러한 추이적정지점에 대한 고려에 의해서 이루어진다고 설명한다. 다음으로 순서 할당 성분에 관한 부분에서는, 첫째 현재의 화자가 다음 화자를 선택함으로써 이루어지는 순서 할당과, 둘째 다음 화자의 자기-선택에 의해 이루어지는 순서 할당의 두 가지 기술이 있음을 지적하고 있다. 그리고 이러한 순서의 구조화를 통제하는 일련의 규칙으로는 다음의 네 가지를 제시하고 있다.

(1) 첫 번째 순서 구성 단위의 최초 추이적정지점에서 일어나는 순서 교대의 경우,
　(a) 만약 지금까지 '현재 화자가 다음 화자를 선택하는 식'으로 순서가 이루어져 왔다면, 그렇게 선택된 자가 다음 순서에서 말할 수 있는 권리와 의무를 가지며, 다른 사람들에게는 그런 권리와 의무가 없다. 그리고 이 지점에서 순서교대가 일어난다.
　(b) 만약 지금까지 '현재 화자가 다음 화자를 지정하는 식'으로 순서가 이루어지지 않았다면, 다른 사람들이 다음 화자로 스스로 나설 수도 있지만, 반드시 그래야만 하는 것은 아니다. 만약 이렇게 스스로 나설 경우 가장 먼저 나선 사람이 다음 순서의 권리를 얻게 되며, 바로 그 지점에서 순서교대가 이루어진다.
　(c) 만약 지금까지 '현재 화자가 다음 화자를 지정하는 식'으로 순서가 이루어지지 않았으며 다른 사람이 스스로 나서지도 않으면, 현재 화자는 말을 계속 할 수 있다. 그러나 그래야만 하는 것은 아니다.
(2) 만약 첫 번째 순서 구성 단위의 최초 추이적정지점에서 규칙 (1)(a)나 규칙 (1)(b)가 적용되지 않았고, 현재 화자가 규칙 (1)(c)를 따라서 말을 계속 하게 될 때, (1)(a)에서 (1)(c)까지의 규칙들은 다음의 추이적정지점에서 다시 적용되며, 순서교대가 실현될 때까지 이후의 모든 추이적정지점에서 반복적으로 적용된다.

Sacks, Schegloff & Jefferson(1974)에서 주장하는 바와 같이, 보통의 대화 참여자들은 위와 같은 순서교대 체계, 즉 국부 관리 체계(local management system)를 잘 알고 있기 때문에, 적절한 추이적정지점에서 자연스럽게 순서

―――――――――

유형의 단위 유형들의 끝 부분이 이에 해당된다. 바로 이 지점에서 순서교대 규칙이 적용되는 것이다.

교대를 행하게 되며, 그 결과 일반적인 경우에 앞뒤의 두 순서 사이에는 오랜 동안의 침묵이나 혹은 순서의 중복이 매우 드물게 발생하게 된다.

그런데 이러한 순서교대 규칙은 모든 유형의 대화에서 언제나 준수되어지는 성격의 것은 아니다. 예를 들어 과제 중심적 경쟁 대화, 특히 본고의 연구 대상인 토론 대화와 같은 경우에, 그 대화참여자들은 발언의 기회를 얻기 위하여 위의 순서교대 규칙들을 위반하면서 상대방의 순서를 빼앗으려고 하는 경쟁적인 모습을 자주 보이고 있기 때문이다.

물론 경우에 따라서는 이처럼 대화참여자들이 상대방의 순서에 끼어들려고 하는 것은 그가 현재의 화제에 적극적인 관심을 가지고 있다는 것을 표현하려는 것일 수도 있겠다. 하지만 과제 중심적 경쟁 대화의 경우에는, 그 대화참여자들이 자신들의 궁극적인 대화 목적을 달성하는 데 있어 유리한 방향으로 대화의 흐름을 이끌어나가려는 의도 하에, 대화에서의 순서교대 체계 전반을 지배하기 위해 순서교대 구조상의 여러 가지 책략들을 구사하고 있는 것으로 보인다.

따라서 순서교대의 구조라는 관점에서 보면, 대화참여자들은 첫째, 상대방의 순서에 끼어들려고 하는 '순서 끼어들기' 책략, 둘째, 자신의 순서에 상대방이 끼어들려고 하는 것을 저지하면서 자신의 순서를 계속 유지해나가려고 하는 '순서 유지하기' 책략을 함께 구사하고 있음을 확인할 수 있었다. 본 절에서도 앞의 제3장의 1. 화제 구조상의 책략에서와 마찬가지로, 해당되는 여러 가지의 대화 사례들을 들어가면서 이러한 순서교대 구조상에서의 두 가지 책략들을 누가, 왜 그리고 어떻게 사용하는지에 대해서 살펴보도록 할 것이다.

1) 순서 끼어들기(turn interruption)

본고에서는 순서(turn)를 '어느 한 명의 대화참여자가 말을 시작한 이후 자신의 말을 모두 끝낼 때까지 발화한 언어 그 자체'라고 보았다. 이러한 순서의 개념과 끼어들기라는 어휘의 개념을 동시에 고려해볼 때, 순서 끼어들기란 '먼저 말하고 있는 이의 순서가 채 끝나기도 전에, 다음 사람이

그 앞 순서의 진행을 방해하면서 자신의 순서를 구성하려고 하는 행위'라 할 수 있겠다.[48]

이렇게 상대방의 말 순서에 끼어든다는 것은 대화의 예절이란 측면에서 볼 때 무례한 행동이라 할 수 있기 때문에, TV 생방송 토론 대화의 경우 상대방을 불쾌하게 함은 물론 시청자들에게도 자신에 대해 부정적인 이미지를 안겨주게 되는 행위라 할 수 있다. 그럼에도 불구하고 대화참여자들이 순서 끼어들기를 과감하게 행하는 이유는 그러한 위험을 감수하더라도 거기에 따른 어떤 성과를 거둘 수 있다고 생각하기 때문인 것으로 보인다.

그렇다면 대화참여자들이 이러한 순서 끼어들기를 통해서 얻고자 하는 바는 과연 무엇일까? 그것은 자신에게 불리한 내용의 발화를 하고 있는 상대방의 순서를 방해하면서, 반대로 상대방에게 불리한 내용을 담고 있는 자신의 순서를 구성해가고자 하는 것이 될 것이다. 이러한 끼어들기를 통해 대화참여자들은 순서교대 체계 전반을 지배함으로써, 대화의 흐름을 자신에게 더욱 유리한 방향으로 이끌어나가고자 하는 것이다.

본 연구에서는 전사 자료를 통해 확인한 순서 끼어들기의 많은 사례들을 대상으로 하여, 상대방의 순서에 끼어들려고 하는 이들이 보여주는 그 끼어들기의 양상에 따라 유형 분류를 해 본 결과, 첫째, '문제 요소 수정하기', 둘째, '미리 해석하기', 셋째, '보채기와 미리 나서기'의 세 가지 유형으로 구분해볼 수 있었다. 이제 다음에서는 그러한 세 가지 양상을 보이는 순서 끼어들기들이 행하는 구체적인 기능들에 대해 살펴보도록 하겠다.

⑴ 문제 요소 수정하기

순서 끼어들기의 첫 번째 유형은 '문제 요소 수정하기'이다. 이 문제 요

---

48) 이처럼 순서 끼어들기는 상대방으로부터 순서의 권한을 빼앗아 나의 순서를 구성해나가려고 하는 것을 전제로 하는 것이기 때문에, 애초부터 상대방의 순서를 빼앗으려는 의도가 없는 맞장구의 경우는 그것이 비록 상대방의 순서 중간에 끼어드는 모습을 보이기는 하지만, 본고에서 다루고자 하는 '순서 끼어들기'에는 해당되지 않는 것이라 할 수 있겠다.

소 수정하기는, 말할이가 자신에게는 유리한 반면 들을이에게는 불리하도록 자신의 순서를 구성해나가는 과정에서 어떠한 문제 요소를 드러낼 경우, 들을이가 그 문제 요소를 지적하면서 이를 수정(repair)하려 하는 것을 말한다.

토론 대화의 경우, 양쪽의 참여자들은 기본적으로 서로가 자신의 주장을 상대방에게 관철시키려고 하는 경쟁적인 모습을 보이기 때문에, 들을이의 입장에서 보게 되면 말할이의 순서 안에는 자신의 생각이나 의도와는 상반되는 많은 문제 요소들을 발견하게 마련이다. 그리고 토론 대화라는 제도적 상황에서 요구되고 있는 발화 순서상의 규범을 고려해 볼 때, 이러한 경우 들을이는 자신의 다음 순서가 주어지기를 기다린 다음에 앞의 순서에서 발생한 문제 요소를 수정하려고 해야 할 것이다.

하지만 들을이의 입장에서 보면, 그러한 문제 요소가 존재하고 있는 말할이의 순서는 들을이 자신의 대화 목적을 달성하는 데 크고 작은 장애가 되는 것들이라 할 수 있다. 그렇기 때문에 이러한 경우에 들을이는 그 말할이의 순서에 적극적으로 끼어들어 그 문제 요소를 즉시 수정하려고 하는 전략적인 모습을 보이게 되는 것이다.

바로 이러한 순서 끼어들기를 통한 문제 요소 수정하기는 Schegloff, Jefferson & Sacks(1977)에서 제시되고 있는 수정하기의 네 가지 유형중의 하나로, 들을이의 위치에 있는 이가 말할이의 순서에 끼어들어 그 순서에 존재하는 문제 요소를 수정하는 것이기 때문에, '타인의 제기 및 타인의 수정하기'라고 할 수 있겠다.49) Schegloff, Jefferson & Sacks(1977:377)에서는 일상적 상호행위의 경우, 문제 요소를 드러낸 이는 그 요소를 스스로 수정하고자 노력하며, 문제 요소를 발견한 이도 그것을 직접 수정하기보다는 발

---

49) Schegloff, Jefferson & Sacks(1977:364~365)에서는 상호행위의 참여자들 중에서, 수정하기의 필요성을 제기하는 이, 그리고 수정하기를 행하는 이가 누구냐에 따라 수정하기의 유형을 다음과 같이 네 가지로 구분하고 있다.
① 본인 제기, 본인 수정(self initiation, self repair)
② 본인 제기, 타인 수정(self initiation, other repair)
③ 타인 제기, 타인 수정(other initiation, other repair)
④ 타인 제기, 본인 수정(other initiation, self repair)

화자 본인이 수정할 수 있도록 수정하기의 필요성만을 제기하게 된다고 보고 있다.

하지만 본고의 연구 대상인 토론 대화와 같은 과제 중심적 경쟁 대화의 경우에는, '타인의 제기 및 타인의 수정하기'나 혹은 '타인의 제기 및 본인의 수정 유도하기'가 훨씬 더 자주 나타나게 된다. 또한 그것의 발생 위치라는 측면에서 볼 때도, 그러한 문제 요소 제기 및 수정하기는 다음에 있을 자신의 순서보다는 주로 그 문제 요소가 존재하는 상대방의 발화 순서 내에서 즉각적으로 이루어지고 있는 것으로 보인다.

다음에서는 이러한 문제 요소 수정하기를 그 문제 요소가 어떠한 범주의 것이냐 하는 것에 따라 다시 여러 가지의 유형으로 나누어 살펴보도록 하겠다.

① 어휘 선택상의 문제 요소 수정하기

문제 요소 수정하기의 첫 번째 유형은, 상대방이 선택하여 사용하고 있는 특정 어휘의 사용이 부적절한 것임을 지적하면서 이를 수정하려고 하는 것이다. 다음의 **대화사례 7**은 "공무원 노조 필요한가?"라는 주제의 토론에 참여한 대화참여자들 중, M이 상대 토론자인 C의 어휘 선택에 문제가 있음을 지적하면서 이를 수정하기 위해 끼어드는 순서 끼어들기의 사례이다.

대화 사례 7   "공무원 노조 필요한가?" 50)

(060) C 1)   [아니 그러니까 지금 말이죠
　　　 2) 구조조정이 이게 어떤 뭐가 문제냐 하면 지금 현재 아이엠에프
　　　　 상황 맞이해 가지고 십만이 나갔고 앞으로 지금 유 월 삼십일
　　　　 부로 또 천 칠백 명 정도가 나가게 돼 있습니다
　　　 3) 그 십 만이 어디에 몰려있는지 아십니까?
　　　 4) 진짜 나가야 될 사람이 안 나가고 전부 **하위직**에

---

50) 앞에서 화제 구조상의 대화 책략을 살펴보기 위해 제시하였던 대화 사례들과는 달리, 이후의 대화 사례들은 세 개의 토론 대화 자료에서 발췌한 것들이기 때문에, 이 사례들이 어느 토론 대화에서 뽑아온 것인지를 알 수 있도록 하기 위해 해당 토론 대화의 주제를 밝혀놓았다.

　　　　5) 그러니까 말하자면 몇 명을 내보내겠다, 이미 딱 목표를 정해놨
　　　　　습니다
　　　　6) 그 몇 명 목표 정해 놓은 것을 전부 **하위직**에다 집중시켰습니다
　(061) M　1) 철도 우정이죠 철도 우정이죠
　(060) C　7) 그리고[
　(061) M　2)　　　[**철도 우정이잖아요**
　　　　　3) 쉽게 말하면[하위직이 아니고
　(062) C　1)　　　　　　[아니 아니
　(061) M　4) 하위직이란 표현을 쓰지 마시구요
　　　　　5) 철도와 우정 분야에 집중돼 있습니다
　(063) D　1) 아(:) 그렇지 않습니다
　　　　　2) [(???)
　(064) C　1) [참 똑바로
　　　　　2) 지금 공무원 사정을 너무 잘 모르시고 하시는 말씀(???)
　　　　　3) [고용직 기능직이 대부분입니다

　　공무원 노조의 필요성을 주장하고 있는 C는 공무원의 권익과 생활 안정
을 보호하기 위해 공무원 노조의 창설이 반드시 필요한 것임을 주장하려
하고 있다. 그리하여 (060:1~6)에서는 그 예로 IMF 상황에서 진행되었던
공무원 사회의 구조조정 결과로, 대부분 '하위직'에 종사하는 공무원들이
무계획적이고 부당하게 해고되었음을 주장한다. 이에 공무원 노조의 설립
을 반대하는 M은 (061:1)에서, C의 주장 중에 '하위직'이란 어휘의 선택과
관련된 문제 요소를 수정하고 있다. 그러나 문제 요소의 발화자인 C가 그
러한 수정하기에 대해 반응하지 않은 채 (060:7)에서 자신의 순서를 계속
이어나가려 하자, M은 (061:2)에서 C의 순서에 끼어들면서 다시 한 번 어
휘 선택상의 문제 요소를 수정하게 되고, 뒤의 (061:3~5)에서는 이를 재차
강조하고 있다. 즉 M은 C가 사용한 '하위직'이라는 어휘의 사용이 잘못된
것임을 지적하고, 그 어휘를 사용하지 말 것을 주장하면서 '철도 우정'이
라는 어휘로 수정을 행하고 있는 것이다.
　　C와 M 모두에게 있어 구조조정의 주요 대상이 하위직이었는지 아니면
철도 우정 분야이었는지 하는 문제는 상당히 중요한 것이라 할 수 있다. C
의 입장에서 보면, 특히 하위직 공무원들이 여러 가지 면에서 억울하고 부

당한 피해를 당하고 있음을 보이기 위해 이 '하위직'이란 어휘의 사용은 절대적으로 필요한 것이다.[51] 이에 반해 M의 입장에서는, 구조조정의 대상은 공무원 사회의 여러 직별이란 관점에서 볼 때, 주로 철도와 우정 분야에 종사하는 이들이었음을 언급함으로써 구조조정에서 부당한 해고를 당한 것은 단순히 하위직 공무원이라고는 할 수 없음을 주장해야 하는 것이다.[52] 그렇기 때문에 M은 다음에 있을 자신의 순서를 기다리지 않고 C의 순서 (060:7) 내에 적극적으로 끼어들어 그 어휘 선택과 관련된 문제 요소를 지적하고 이를 수정하려 하였던 것이다.

② 발화 내용상의 문제 요소 수정하기

문제 요소 수정하기의 두 번째 유형은, 상대방의 발화 내용이 잘못되었음을 지적하면서 이를 수정하려고 하는 것이다. 다음의 **대화 사례 8**은 '공무원 노조 필요한가?'라는 주제의 토론에 참여한 또 다른 대화참여자들 중, D가 N의 발화 내용에 문제 요소가 있음을 지적하면서 이를 수정하기 위해 끼어드는 순서 끼어들기의 사례이다.

대화 사례 8　　"공무원 노조 필요한가!?"

(287) N　　【1-3】 부분 생략】
　　　　4) 그것은 기본권이라고 생각을 합니다
　　　　5) 여기서 제가 얘기하는 건 그것을 노동조합법이라는 상당히 독점

---

51) 수정하기의 전반적인 과정에서는 만약 타인에 의한 수정하기가 이루어질 경우, 그 문제 요소의 발화자는 그러한 수정하기에 대한 승인 또는 거부 등의 언급을 하게 된다. **대화 사례 7**에서는 M의 수정하기에 대해, 문제 요소 발화자인 C 그리고 M의 또 다른 토론 상대자인 D는 각각 (064)와 (063)에서, 그러한 수정하기에 대해 거부의 뜻을 나타내고 있다. C가 '하위직'이란 어휘를 사용한 이유를 고려해 볼 때, C와 D의 그러한 거부 반응은 당연한 결과라 할 수 있을 것이다.

52) 따라서 토론 대화에서 수정하기의 대상이 되는 문제 요소라는 것은 다분히 그 문제 요소를 제기하는 이 입장에서의 문제 요소이기 때문에 매우 주관적이며 상대적인 성격의 것이라 할 수 있다. 결국 들을이의 입장에서 볼 때, 자신의 대화 목적을 달성하는 데 걸림돌이 되는 상대방의 언어 사용은 그 대부분이 문제 요소에 해당되는 것이라 할 수 있겠다.

적 지위를 부여하는 법을 통해서 제가 볼 때 노동조합법의 적용
을 받을 수 없는 신분인 근로자인 공무원들이 그걸 통해서 정치
세력화 한다는 거를 제가 말하는 겁니다

6) 일반적으로 공무원들이 기본적으로 정치적으로 중립돼야 되고 그
다음에 그걸 위해서 <u>공무원들을 보호하기 위해서 공무원법에 의
해서 신분을 보장하도록 돼 있습니다</u>

7) 그래서 특수한 신분을 가지고 있는 분들이고

8) 한데 제가 여기서 경계하는 것이 노동조합활동이란 걸 통해서 특
정한 어떤 독점적 지위를 부여하는 노동조합법을 통해서 정치적
세력확대를 꾀하는 것은 매우 위험하다 하는 얘기입니다

(288) D 1) <u>공무원의 신분보장이 어디 돼 있죠 지금</u>

(287) N 9) 자 그 다음에[아까 말씀하신

(288) D 2)   **[공무원의 신분보장 문제를 제가 그렇지 않아도
준비하고 나왔는데 말이죠**

3) <u>아까부터 두 번 세 번 공무원의 신분보장이 돼 있다 그러는데</u>

(289) N 1) 네

(288) D 4) 혹시 그 관련법이라든가

(290) N 1) 네

(291) Y 1) 자 D○○ 교수님,

2) 지금 우리가 법 논의하기엔 시간이 너무 짧아서요

먼저 공무원 노조의 설립을 반대하는 N은 (287)에서 공무원들이 이미
공무원법에 의해 신분을 보장받는 이들인데, 이들에게 노동조합을 허용하
게 되면 그러한 노동조합법을 통해서 정치적 세력을 확대하고자 할 위험성
이 있음을 주장한다. 이에 반대의 입장에 있는 D는 (288:1)에서, 공무원들
이 공무원법에 의해 신분 보장을 받고 있다는 N의 발화 내용상에 문제 요
소가 있음을 지적하고 있다. 그러나 문제 요소의 발화자인 N이 그러한 지
적에 대한 반응하지 않은 채 (287:9)에서 자신의 순서를 계속 이어나가려
하자, D는 (288:2)에서 N의 순서에 끼어들면서 다시 한 번 발화 내용상의
문제 요소를 지적하고 있다. 즉 D는 (288:2~4)를 통해서, 공무원은 공무원
법에 의해 신분 보장을 받고 있다는 N의 발화 내용이 잘못된 것임을 계속
적으로 지적하면서 이를 수정하려고 하는 것이라 할 수 있다.

여기에서 공무원이 신분을 보장받고 있는지의 여부는 D에게 있어 매우 중요한 사항이라 할 수 있다. D의 (288:2)를 통해 짐작할 수 있듯이, D는 공무원 노조의 설립을 찬성하는 이유 중의 하나로, 공무원의 신분이 매우 불안정한 상태에 있기 때문임을 언급하려고 하였다. 이러한 상황에서 공무원이 신분 보장을 받고 있다는 D의 발화 내용은 자신이 알고 있는 바와 다르며, 만약 그것이 사실이라면 자신이 공무원 노조의 설립을 주장하고 있는 이유 중의 하나를 포기해야 하는 것이 된다. 따라서 D는 다음에 있을 자신의 순서를 기다리지 않고, N의 순서 (287:9) 내에 적극적으로 끼어들어 그의 발화 내용과 관련된 문제 요소를 지적하고 이를 수정하려 하였던 것이다.

③ 화제 구성상의 문제 요소 수정하기

문제 요소 수정하기의 세 번째 유형은, 상대방이 언급하고자 하는 화제가 지금 진행되고 있는 화제와는 관련이 없다라는 점을 지적하면서 이를 수정하려고 하는 것이다. 다음의 **대화 사례 9**는 '잇단 사학분규 해법은 없는가?'라는 주제의 토론에 참여한 대화참여자들 중, H가 상대 토론자 S의 화제 구성에 문제 요소가 있음을 지적하면서 이를 수정하기 위해 끼어드는 순서 끼어들기의 사례이다.

대화 사례 9　　　"잇단 사학분규 해법은 없는가?"

(374) H　【1-5) 부분 생략】

　　　6) 그러면 <u>임원 취소된</u> 것은 취소될 사유가 많은데 아까 비리로 인해서 취소된 사람은 한 십 년 정도 어렵게 만든 것도 좋다 이겁니다

　　　7) <u>그러나 아무 죄 없이 나간 사람을 왜 십 년 오 년으로 왜 묶느냐 이런 얘기예요</u>

(375) K　1) 상식적으로 말이 안되죠

(374) H　8) 그런데 그것이[그것이

(375) K　2)　　　　　　　　　[공동책임을 지고 학교를 운영하는데

(374) H　9) 그것이 잘못됐다 이런 얘기예요

                10) 그리고 또 한가지넌[

(376) Y   1)   [자 일단 거기까지 하시구요

          2) 이 문제에 관해서 다시 한 번 답변을 하시겠습니까?

(377) S   1) 예 예

          2) 근데 교사들의 경우에 예를 들어서 국공립 공무원 같으면 그런
             일이 있으면 파면입니다 이거

          3) 퇴직금도 못 받아요

          4) 영원히 추방입니다 그건 예⟋

          5) 교수들도 마찬가지예요

          6) 그런데 수백 억하고 더 큰 비리에 연루됐는데 이 년 만에 그대로
             돌아올 수 있다⟋

          7) [그리고

(378) H   1) [아니 오 년이라니까요

(379) S   1) 아니 지금 현행법은 이 년이지 않습니까?

(380) H   1) 아뇨 오 년이예요

          2) 금고 이상은 오 년입니다

(381) S   1) 금고 이상이 아닌 경우 지금 현행법에 돌아올 수는 있는 최단 기
             간이 이 년이니까 그래서 오 년으로 늘리자는 거죠

          2) 근데 지금 자 이거 너무 시간되[

(382) H   1)   [아니 지금 말씀이 딴 데로 돌아
          가는데 그 얘기가 아니지 않습니까?

(383) Y   1) H회장님 잠깐만요

대화 사례 9는 앞의 제3장의 1. 1) '화제 도입하기'에서 제시한 【표 6】 '화제 도입자 및 도입자의 주장 내용'을 통해 살펴 볼 때, H가 이미 (294) 에서 화제로 도입한 'Ⅱ.5 개정 법안의 문제 3'을 다루고 있는 부분에 해 당된다. H는 화제 도입 목적에 따라, 여전히 (374:7)에서도 개정 법안의 문제점을 지적하고 있다. 그러자 사회자 Y는 (376)에서 H의 토론 상대자 S에게 답변의 기회를 제공한다. 이에 순서의 권한을 얻은 S는 (377)에서 H 가 제시한 임원 취소와 관련된 내용 대신에 교사의 경우를 먼저 설명하고 있다. 그 과정 중에 H는 먼저 (378:1)에서, S가 (377:6)에서 사용한 '이 년' 이란 어휘의 선택과 관련된 문제 요소를 수정하기 위해 순서 끼어들기를 행하게 되고, 결국 이 문제에 대한 논의가 (381:1)에까지 이어진다.

그런데 그 이후 (381:2)에서 S가 시간상의 문제를 들어 다른 화제를 도입하려고 하자,[53] H는 (382:1)을 통해 S의 순서에 즉각적으로 끼어들기를 행하고 있다. 그런 후, 지금 S가 논의하려고 하는 화제는 애당초 H 자신이 (374:7)에서 제시했었고 또 Y가 (376:2)에서 S에게 답변을 부탁한 화제와는 관련이 없는 것임을 지적하면서 이에 대한 수정을 요구하는 것이라 할 수 있겠다.

④ 대화 진행상의 문제 요소 수정하기

문제 요소 수정하기의 마지막 네 번째 유형은, 상대방이 이끌어가고자 하는 대화 진행 방법에 문제 요소가 있음을 지적하면서 이를 수정하려고 하는 것이다. 다음의 **대화 사례 10**은 '잇단 사학분규 해법은 없는가?'라는 주제의 토론에 참여한 대화참여자들 중, S가 상대 토론자 H의 대화 진행 방법에 문제 요소가 있음을 지적하면서 이를 수정하기 위해 끼어드는 순서 끼어들기의 사례이다.

대화 사례 10   "잇단 사학분규 해법은 없는가?"

(272) H   【1-11】 부분 생략】
　　　12) 몇 가지 묻겠어요
　　　13) 임면권에 관해서 묻겠습니다 제가요
　　　14) 우선요 이 사학의 생명이 건학 이념입니다
　　　15) 그러면 교장하고 선생님들한테 인사권을 주었을 때 건학 이념이 구현된다고 봅니까?
　　　16) 몇 가지 문제 이따 오늘 대답하셔도 좋고, 이 다음에 나중에 끝나고 대답해도 좋습니다이
(274) S   1) 하나씩 하십시다 [하나씩 (???)
(275) H   1)　　　　　　　　　[아이 아니 아니 아 들어보세요
(274) S   2) 너무 한꺼번에 다 하면
(276) H   1) 예를 들어보면 이런 얘기입니다

---

53) 여기에서 S가 다른 화제의 도입을 시도하고 있다는 것은 (381:2)에서 사용된 '근데'라는 표현을 통해 알 수 있다. 이 표현의 기능에 대해서는 앞의 **대화 사례 3**에서 A가 사용한 '근데'의 기능을 설명하는 과정에서 이미 살펴본 바 있다.

(277) S   1) 아이 예를 안 들어도 좋고[

(276) H   2)   [기독교 학교[

(277) S   2)   **[제가 지금 대답을 하겠**

습니다

(276) H   2) 기독교 [학교가

(278) Y   1)   [무슨 말씀인지 아시는 것 같으니까

(279) H   1) 왜냐면 충분히 알아야 하니까[충분히 알아야 하니까 이

(280) Y   1)   [네 네

(281) H   1) 기독교 학교가 어떻게 인사권 재정권 다 또 뭐냐면 심지어 학사
            권까지 전부다 다 넘겨놓고 보니까 어느 세월이 지나고 보니까

대화 사례 10은 H에 의해 'Ⅱ.4 개정 법안의 문제 2'가 화제로 도입되기 시작하는 부분에 해당된다. H는 (272:12)에서 몇 개의 질문을 하겠다고 말하고 (272:15)에서 그 첫 번째 질문을 한 후, (272:16)에서 또 다른 질문을 하려고 한다. 그러자 S는 (274:1~2) 및 (277:1)에서 질문과 대답을 한 가지씩 차례대로 진행해나갈 것을 주장하지만, H는 그러한 S의 주장을 무시하면서 (275)에서부터 (276:2)에 이르기까지, 자신의 순서를 이어나가고자 노력한다. 이에 S는 (277:2)에서, 그러한 H의 순서에 즉각적으로 끼어들기를 행하면서, H의 질문에 대해 지금 대답을 하겠다고 말하게 된다. 또한 사회자인 Y마저 (278:1)에서 S의 요구대로 하는 것이 좋겠다는 식의 발언을 하니까, H는 (279:1)에서 자신이 예를 들고자 하는 이유까지를 언급하기에 이른다. 여기에서 S의 (277:2) 및 Y의 (278:1)에서 행해진 끼어들기들은 H가 이끌어가고자 하는 대화의 진행 방법에 문제가 있음을 지적하면서 그것을 수정하기 위해 행하는 순서 끼어들기라 할 수 있겠다.

이상에서 우리는 순서 끼어들기의 첫 번째 유형인 '문제 요소 수정하기'에 해당되는 것으로써, 어휘 선택, 발화 내용, 화제 구성 그리고 대화 진행의 네 차원에서 발생하는 문제 요소를 수정하기 위해 행하는 순서 끼어들기들을 대화 사례를 들어가며 살펴보았다.

(2) 미리 해석하기

순서 끼어들기의 두 번째 유형은 '미리 해석하기'이다. 이 유형은 상대방이 자신의 순서를 완전히 구성하기 전인 순서 중간에 끼어들어, 상대방이 궁극적으로 말하고자 하는 바를 듣는이가 나름대로 미리 해석하여 이를 제시하면서, 그 내용이 정확한 것인지를 상대방에게 확인하는 형식을 취한다. 그런데 이런 해석의 과정에서 대화참여자들은 상대방의 발화 내용을 자신에게는 유리하고 상대방에게는 불리하도록 단순화 혹은 과장 해석하는 경향을 띤다. 따라서 미리 해석하기를 행한 이가 하는 확인 질문은, 만약 상대방이 그러한 해석이 정확한 것이라고 인정하게 된다면, 그 상대방은 자신의 주장이 잘못된 것임을 스스로 인정하게 되고 마는 성격의 질문이라 할 수 있겠다. 따라서 대개는, 어느 한 쪽의 대화참여자가 행한 미리 해석하기 이후에, 그 대화 상대방이 주장하게 되는 것은 그 해석 내용이 잘못되었다거나, 심지어 자신이 말하고자 하는 바는 그 해석 내용과 정반대의 것임을 주장하는 것이 대부분이다. 다음의 **대화사례 11**은 이러한 미리 해석하기의 양상을 보이는 순서 끼어들기의 첫 번째 사례이다.

대화 사례 11   "잇단 사학분규 해법은 없는가?"

(016) S 2) 쉽게 우리 국민들이 피부로 느끼는 얘기를 하죠

3) 뭐냐하면 지역마다 학원재벌이라 불리는 사람들이 반드시 있습니다

4) 옛날에 처음 할 때는 조그맣게 시작한 학교가 지금 수십 개의 학교를 거느리고 재벌이 돼 있는 그런 경우들이 그런 경우를 보는 게 그렇게 어렵지 않아요

5) 그럼 어떻게 해서 그렇게 돈도 없는데 그렇게 가능했는가↗

6) 다 이유가 있는 거 아니겠습니까?

7) 그런 경우에 그걸 치부의 수단으로 썼다고 얘기할 수밖에 없죠

8) 물론[모든 사학이 다 그렇다는 얘기는 아닙니다만

(018) A 1)   [학교의 시설이 늘고 하는 거를 개인의 치부로 이해하신다는 말씀이죠?

(019) S 1) 그런 거 학교의[재산이든 법인의 재산이든[그것을 가지고[개인이 마음대로[활용을 할 수 있다면 그건[

(020) A 1)　　　　　　　　　[에　　　　　　　　[예(:)　　　　　[그거
　　　　　는　　　[예(:)

　　　　　2)　　　　　　　　　　　　　　　　[**학교의 시설이 확대가**
　　　　　되고 좋아지면 이건 학생들이 보고 또 거기에 종사하는 선생
　　　　　님들이 누리게 되는 하나의 환경인데

　　　　　3) 치부를 했기 때문에 만약에 그것이 치부라고 생각한다면 그건 나
　　　　　쁜 것이다/

　　　　　4) [그런 말씀이신가요?

(021) S 1) [아니 아니 그게 아니죠

　　　　　2) 아까 얘기 나왔습니다마는

　　　　　3) 시설이 좋아지고 하면 괜찮은데 사립[학교의

(022) A 1)　　　　　　　　　　　　　　[그리고 나는 한가지 문제는,
　　　　　전체 사학을 대상으로 해서 그 말씀을 할 수 있다 그러면은 그
　　　　　말씀을 책임을 지셔야 되기 때문에[

(023) S 1)　　　　　　　　　　　　　　[전체 사학이 아니고 그런 경
　　　　　우가 많다는 것이죠

(024) H 1) 저기 말씀이죠

　　　　　2) 지금 아까 일 년에 토탈해서 한 이삼천만 원, 규모가 우리 학교
　　　　　가 삼십육 클라스인데 이거 공과금하고 이 저 인건비 다 빼고 나
　　　　　면은 선생 월급 안 드릴 수 없잖아요

S는 (016)에서 예전에는 조그마한 학교로 시작한 사립 재단이 현재에는 큰 재벌이 되어 있는데, 바로 이러한 성장 과정에서 사학 재단들이 학교를 치부의 수단으로 사용했다고 볼 수밖에 없음을 주장하려 하고 있다. 그러자 A는 (018)에서 순서 끼어들기를 행하면서, 학교의 시설이 느는 것을 개인의 치부로 이해하느냐는 식으로 상대방의 발화 내용을 축소 해석하여 확인 질문을 하고 있다. 또한 그 질문에 대하여 S가 (019)에서 대답을 하려고 하자, A는 (020:1~2)에서와 같이 다시 한 번 끼어들기를 행하여 미리 해석하기를 반복적으로 행하고 있다. 그 결과 S는 (021)에서 자신이 말하고자 하는 바는 그러한 해석 내용과는 다른 것임을 언급하며, 다시 자신의 주장을 하려 하지만, 여기에서도 A는 (022)에서와 같이 끼어들기를 행하고 있다. 그러면서 A는 S가 언급한 어휘 '사학'의 개념을 '전체 사학'의 범주

로 확대 해석하면서 그러한 식의 발언에 따르는 책임은 상대방에게 있음을 주장한다. 그리하여 S는 (023)에서 그러한 A의 확대 해석이 잘못된 것임을 주장하려 하지만, 이미 S는 A의 순서 끼어들기를 통한 미리 해석하기에 의해 자신이 주장하고자 하는 바를 발화하는 데 있어서 적지 않은 방해를 받은 상태에 있게 되는 것이라 할 수 있다. 반대로 A의 입장에서는, 자신의 다음 발화 순서를 기다리지 않고 상대의 순서에 적극적으로 끼어들어 미리 해석하기를 행함으로써, 자신에게 불리한 내용의 발화를 하고 있는 상대방 S의 주장을 효과적으로 방해하는 성과를 거두고 있는 것이라 할 수 있겠다.

대화 사례 12 "공무원 노조 필요한가?"

(201) M 1)   [제가 말씀드리면은요
(202) D 1) 잠깐요
(201) M 2) 다시 말씀드리면은 그런 것이 기업이 생각하기에 어 기업활동 하는데 여러 가지 어려움이 있다↗
         3) 그러면 에 공무원들이 좀 어 지금 그 어떤 그 자기가 가지고 있는 힘을 놓지 않으려고 한단[말이죠
(203) D 1)   [(???)
(201) M 4) <u>그러니까 그런 것이 좀 놓아진 다음에 그리고 자기 스스로 공무원이 자의적으로 판단해서 뭐 세금도 멕이고 소방서 뭐 뭐 잘못됐다 이런 거를 하는 어떤 그런 그 기업이나 국민들의 불편이 좀 [덜어진 다음에</u>
(204) D 1) **[그러니까 M교수님은[모든 부정부패가 다 척결되고 누가 척결해 주고 말이죠**
(201) M 5)   [안전 장치가 생기고 난 다음에 하시면 어떻겠느냐↗
(204) D 2) <u>그 다음에[그 다음에[이기적인 욕심이 다 없어지고[그런 후에 노조를 하란 얘기십니까?</u>
(205) M 1)   [거꾸롭니다[아니   [제 말씀은
         2) <u>제 말씀은 거꾸로입니다 거꾸로입니다</u>
         3) 노조가 되면은 부패가 없어지는 게 아니고
         4) 이런 공무원 스스로 일부 공무원이든지 다수인지는 모르겠습니다

　　　　만 공무원 스스로 그런 노력이 된 다음에야 국민들의 정서가 아
　　　　바뀌지 않을까 이렇게 생각해 보신 적은[없으십니까?
(206) N　1)　　　　　　　　　　　　　　　　　[정황적으로[보면
(207) D　1)　　　　　　　　　　　　　　　　　　　　　　　[아 국민의
　　　　정서 얘기는 다음에 하도록 하구요
　　　　2) 제가 얘기를 마저 하겠습니다

대화 사례 12는 D가 미리 해석하기의 형식으로 상대방 M의 순서에 끼
어들기를 행하고 있는 사례이다. 공무원 노조의 설립을 반대하는 M은
(201)에서, 공무원 노조의 적절한 설립 시기는 공무원 사회의 몇 가지 병
폐들이 수정된 후 그리고 기업이나 국민들의 불편이 좀 덜어진 다음이어야
함을 주장하려 한다. 이에 D는 (204:1)에서 상대방의 순서 (201:4)에 끼어
들면서, '그렇다면 공무원 사회의 모든 부정 부패가 척결되고 또 공무원
개인의 이기적인 욕심이 모두 없어진 다음에 공무원 노조를 설립하라는 것
이냐'라는 내용의 다소 과장된 미리 해석하기를 행하고 있다. M의 입장에
서 볼 때, 이러한 D의 미리 해석하기가 가지고 있는 해석 내용은 당연히
인정할 수가 없는 과장된 성격의 것이라 할 수 있다. 따라서 M은 (205)에
서와 같이, 자신이 주장하고자 하는 바는 D가 미리 해석한 내용과는 정반
대의 것임을 주장하고 있는 것이다.

　지금까지 순서 끼어들기의 두 번째 유형인 '미리 해석하기'에 해당되는
대화 사례들을 살펴보았다. 앞에서 우리는 상대방의 순서를 방해하면서 자
신의 순서를 구성하고자 하는 것을 순서 끼어들기라고 정의한 바 있다. 그
런데 방금 살펴본 '미리 해석하기'의 경우는 상대의 발화를 완전히 듣지도
않은 상태에서 상대방이 장차 하고자 하는 말을 미리 짐작하여 해석하고
또 그것이 맞는지를 상대에게 확인하는 형식을 띠는 끼어들기로써, 매우
적극적인 순서 끼어들기의 한 유형이라 할 수 있겠다.

(3) 보채기와 미리 나서기

순서 끼어들기의 마지막 유형은 '보채기와 미리 나서기'이다. 이것은 자신의 질문에 대해 상대방이 대답을 하려함에도 불구하고 상대방의 순서에 끼어들면서 대답을 보채거나, 또는 나에 대한 상대방의 질문을 끝까지 듣지 않은 채 미리 대답에 나서는 것을 말한다. 이러한 순서 끼어들기들은 비록 두 가지 유형의 것으로 나누어볼 수 있겠지만, 대화참여자들이 이런 끼어들기를 통해 얻고자 하는 것은 자신의 질문 혹은 대답과 관련하여 매우 자신감이 있음을 나타내려는 것이라는 점에서, 서로 동일한 기능을 하고 있는 것이기 때문에 본고에서는 하나의 순서 끼어들기 유형으로 통합하여 언급하고자 한다. 다음의 **대화 사례 13**은 대답 보채기의 사례이다.

대화 사례 13　"공무원 노조 필요한가?"

(069) C 　【1-2】 부분 생략】
　　　　3) 그런데 힘없는 사람만 전부 무리수를 채워 가지고 십만 정도를 내보냈습니다
　　　　4) 그게 전부 그 하위직들입니다
　　　　5) <u>기능직 가(:)장, 그리고 혹시 두 교수님들 어 국장급 이상 되는 이런 사람들이 구조조정에 나갔다는 소리 들어봤습니까?</u>
　　　　6) 예를 한 번 한 사람만 들어보십시오
【(070)~(073:21) 부분 생략】
(073) N 22) 그랬 그랬던 것이고
　　　　23) 아까 지금 C대표님께서 말씀하신 경우에 삼 급 이상에 한 사람도 없냐↗
　　　　24) 삼 급 이상에서 이 급 이상에서 백[사십 사 명 줄었습니다
(075) C 　1) 　　　　　　　　　　　　　 **[아니 그러니까 백 사십 사명
이 나갔는데**
(076) N 　1) 예
(075) C 　2) 그 사람들이 하위직처럼 그냥 내보낸 게 아니고 정부투자기관에 전부 자리 마련해 가지고
(077) N 　1) 　　　　　　　　　　　　[그러니깨
(075) C 　3) 　　　　　　　　　　　　　 **[아니 [정보투자기관 정보투**

**자기관에 자리를 마련하지 않은 상태에서 하위직처럼 일방적
으로 내보낸 사람 예를 한 사람만 들어보세요**

(078) N 1)   [백 사십 사명 나갔죠?에

　　　　 2) 으 근데 그[

(075) C 4)   **[예를 한 사람만 대보라니까요**

　　　　 5) 전부 하위직들은 자리를 마련하지 않고 일방적으로 내보냈는데

　　　　 6) 어 국장급 이상들은 전부 정보투자기관에 미리 자리를 마련해놓
　　　　　 고 거기로 가라 하고 했지,

　　　　 7) 그렇지 않고 아예 자리 가정으로 내보낸 사람 한 사람만 예를 들
　　　　　 어보십시오

(079) D 1) N교수님 N교수님[됐습니다

(080) N 1)   [네

　　　　 2) 네

(081) D 1) 그 숫자가[중요한 게 아니고 말이죠

　　공무원 노조의 설립을 주장하는 C는 (069)에서, 지난 구조조정의 문제를
지적하기 위해, 국장급 이상의 공무원들 중 부당하게 해고를 당한 사람이
있으면 이름을 한 사람만 대보라고 상대방에게 요구한다. 이에 N은(073:1
~22)에서 많은 내용의 발화를 하고 있지만 정작 C가 (069)에서 요구한 대
답은 하지 않았다. 그리고 (073:23~24)에 이르러서야 C의 요구에 응답하
려 하는데, 여기에서 C는 (075:1)에서와 같이, 상대방 N의 순서에 끼어들
면서 자신의 질문에 대답해줄 것을 보채고 있다. 또한 뒤에서도 N이
(077:1) 및 (078:2)에서 C의 질문과 관련된 대답을 하려고 하는데도 불구하
고, C는 (075:3) 및 (075:4)에서도 반복적으로 상대방의 순서에 끼어들면서
상대방의 대답을 보채고 있다. 이는 결국 N의 대답을 방해하면서, C는 자
신의 질문에 상당한 자신감이 있음을, 즉 N은 결코 자신의 질문과 관련하
여 대답을 할 수 없을 것이라는 자신감을 강하게 표명하고 있는 것이라
할 수 있다. 이러한 보채기를 통해서, C는 지난 구조조정 과정에서 분명히
어떠한 잘못이 있었음을 시청자들에게 강력하게 호소하는 성과를 얻어내려
하고 있는 것이라 할 수 있겠다.

다음의 **대화 사례 14**는 상대방의 주장 혹은 질문이 채 끝나기도 전에 미리 나서면서 그에 대한 반박 또는 대답을 하겠다고 함으로써, 다음 순서에서 행하게 될 자신의 반박 또는 답변에 대한 강한 자신감을 표명하는 사례이다.

대화 사례 14 "국가보안법 존속돼야 하는가?"

(100) J 1) 이건 저희가 지금 이 개정안을 내놓은 그 국회의원 입장에서 다시 설명을 드리겠습니다
2) 지금 정부를 참칭하거나 국가를 변란할 목적으로 이렇게 돼 있거든요
3) 그러면 어 정부를 참칭하자는 것을 저희가 삭제하자는 것은 뭐냐 하면 북한 이 지금 우리에게 두 가지 얼굴을 다 가지고 있습니다
4) 하나는 그 남북대화 교류협력의 대상이기도 하고
5) 다른 하나는 휴전선에서 군사적으로 대치하고 있는 존재입니다
6) 만약에 북한이 대남 그 무력통일을 강화하겠다는 의도를 분명히 하고 이렇게 되면 이거는 그 우리 국가를 변란할 목적을 갖는 그 이적단체 반국가 단체 성격이 분명해 집니다
7) <u>그러나 정부를 참칭한 것만으로도 이미 반국가 단체로 된다라고 한다면 이것은 남북교류 현실을 완전히 무시하는</u>[

(101) T 1)   [**어 답변하죠**
거기에 대해서 답변하죠
2) 뭐냐하면은 북한이 말이죠 양측을 지금 다 갖고 있어요
3) 어 남한이 하는 꼴을 봐 가지고 내가 이것도 적용하고 저것도 적용하겠다 이거예요

국가보안법 개정을 주장하는 J는 (100)에서, 국가보안법상의 참칭에 관한 조항을 삭제하자는 주장을 하기 위하여, 북한이 단순히 정부를 참칭한 것만으로 반국가 단체로 몰아세우는 것은 현재의 남북 교류 현실을 완전히 무시하는 것이라는 주장을 하려 하고 있다. 그러자 T는 (101:1)에서 상대방 J의 순서 (100:7)에 끼어들면서, J의 그러한 주장에 대해 답변을 하겠다고 미리 나서고 있다. 이러한 순서 끼어들기도 결국은 J의 주장을 방해하면서, J의 그 주장은 잘못된 것이고 자신은 그에 대한 이유를 충분히 설명

할 수 있다라는 자신감을 표명하는 것이라 할 수 있다. 물론 정말로 T가 J의 주장에 대해 논리적으로 답변할 수 있는지는 그가 그 이후에 이야기하는 내용을 더 들어보아야만 알 수 있는 것이다. 하지만 이렇게 순서 끼어들기를 통해 미리 나섬으로써, T는 방청객 및 시청자들에게 J의 이전 주장에는 어떠한 잘못이 있음을 강력하게 호소하는 성과까지도 거두게 되는 것이라 할 수 있겠다.

지금까지 우리는 대화참여자들이 순서교대 구조상에서 구사하는 첫 번째 대화 책략으로 순서 끼어들기 책략을 제시하고, 이것을 그 끼어들기의 양상에 따라 '문제 요소 수정하기', '미리 해석하기' 그리고 '보채기와 미리 나서기'의 세 가지 유형들로 구분하여 그에 해당하는 대화 사례를 들어가며 함께 살펴보았다. 이제 다음에서는 순서교대 구조상에서 행하는 두 번째 책략으로, 자신의 순서를 유지하기 위해 구사하게 되는 '순서 유지하기' 책략에 대해 살펴보도록 하겠다.

2) 순서 유지하기(turn maintenance)

우리는 앞의 제3장의 2. 1) '순서 끼어들기'에서, 대화참여자들은 자신이 생각하고 있는 어떤 대화상의 성과를 거두기 위해 상대방의 순서에 끼어드는 것으로 보았다. 그런데 이렇게 상대방의 순서에 끼어들려고 하는 이의 상대인 또 다른 대화참여자의 입장에서 볼 때, 우선 현재의 순서에 대한 권한은 당연히 자신에게 주어져 있는 상태라고 할 수 있다. 또한 그러한 끼어들기가 상대방에게 어떠한 성과를 가져다 줄 것이라면 자신의 대화 목적을 달성하기 위해 그것을 필연적으로 막아야 하는 입장이기 때문에, 그는 현재의 자기 순서를 유지하기 위한 대화 책략을 구사하게 된다.

이렇게 대화참여자들이 자신의 현재 순서를 유지하기 위해 구사하는 순서 유지하기 책략은 크게 보아 '무시하기', '원칙 호소하기' 그리고 '짧게 대응하기'의 세 가지 양상을 띠는 것으로 분류해 볼 수 있다. 다음에서는 이러한 세 가지 유형의 순서 유지하기 책략들을 대화 사례를 제시해가며 차례대로 살펴보도록 하겠다.

(1) 무시하기

순서 유지하기의 첫 번째 유형은 '무시하기'이다. 이것은 상대방이 나의 순서에 끼어드려 하는 것에 대해 구체적인 대응을 하지 않은 채, 애당초 자기가 하고자 했던 순서 구성을 계속적으로 실행해 나가는 것이다.

앞에서 이미 살펴본 Sacks, Schegloff & Jefferson(1974)에서의 순서교대 규칙을 통해 알 수 있듯이, 현재 말하고 있는 이가 다른 이에게 순서를 넘기지 않은 이상, 원칙적으로 현재의 순서에 대한 권한은 지금 말하고 있는 이에게 있는 것이다. 이러한 점을 알고 있는 대화참여자는 자신의 순서를 유지하기 위하여, 일단은 다른 이의 순서 끼어들기를 무시한 채 자신의 순서를 계속적으로 구성해나가려 하는 것으로 보인다.

대화 상대방이 나의 순서에 끼어든다고 하는 것은 현재 진행중인 나의 발화 내용이 자신에게 불리한 것이기 때문에 이를 저지하거나 혹은 거기에 문제가 있음을 지적하려 하는 것이라 할 수 있다. 따라서 나는 애당초 계획했던 모든 발화를 나의 순서 내에서 행하기 위해 일단은 상대방의 끼어들기를 무시한 채 내 자신의 순서 구성에 더 초점을 맞추게 되는 것이다. 물론 그러한 상대방의 순서 끼어들기가 집요하게 계속되거나 또는 내 자신이 발화를 하는 데 있어 큰 장애가 된다고 판단할 경우에는 그러한 끼어들기에 대해 비난을 가할 수도 있다. 이에 대해서는 다음의 '원칙 호소하기'에서 자세히 다룰 것이고, 여기에서는 우선 무시하기의 경우만을 살펴보도록 하겠다. 다음의 두 가지 대화 사례들은 모두 '무시하기'의 사례를 보여주는 것들이다.

대화 사례 15 "잇단 사흑분규 해법은 없는가!?"

(261) A 【4-5) 부분 생략】
6) 그리고 또 이거 과학입니다
7) 이 조직 과학이라는 게 있어서 이렇게 조직이 있으면 이게 제일 위에 있는 톱 제일 윗사람에게 그 그 모든 책임과 권한을 같이 줘야 됩니다
(263) Y 1) 네 [좋습니다

(261) A 8)   [이걸 두 사람으로 나누면[

(264) K 1)   [일인 독재 체제 [(???)

(261) A 9)   **[쉬운 예를 [들면**

    예를 들면

(265) Y 1)   [잠깐

만요

(261) A 10) [아니 이건 아주 쉬운 얘기예요

(266) Y 1) [잠깐만요 A교수님 잠깐만요

    2) 아까부터 H회장님[

(261) A 11)   **쉬운 얘기 [이건 이해할 수 있을 거예요**

(267) Y 1)   [잠깐만요 잠깐만 잠깐만

(268) K 1) 절대 권한은 부패하게 돼 있습니다.

(261) A 12) [우리가 벌을 키워보면[여왕벌이 두 개면 분열이 생겨요

(269) Y 1) [A교수님 A교수님

(270) K 1)   [사회자 말씀에 따라주세요

(271) Y 1) 자 K선생님

    2) 두 분 다 두 분 다 조용히 해주시구요

    3) 지금 H회장께서[

(272) H 1)   [저(:) 아까 저 [S교수님 말씀에

(273) Y 1)   [제가 그 말씀을 청하겠습니다

대화 사례 15에서는 A가 사회자인 Y와 대화 상대방인 K의 계속적인 끼어들기를 무시한 채 자신의 순서를 구성해나가고 있는 모습을 보여주고 있다. (261)에서 A는 사립 학교의 경영권은 재단만이 갖고 있어야 함을 주장하려 한다. 그런데 상대방인 K가 (264)에서, (261:7)에서의 A의 발화 내용에 문제 요소가 있음을 지적하면서 순서 끼어들기를 행해오자, A는 이 것을 무시하면서 자신의 순서를 계속 유지해나가려 하고 있다. 더구나 사회자인 Y마저도, 화제가 다소 다른 성격의 것으로 흐르려 하자, (263:1)에 서는 A가 더 이상의 발언을 하는 것을 막으려 하고, 이후에도 (265), (266), (267), (269)에서 계속적으로 발언의 중단을 요구하는 끼어들기를 행하지만, A는 그러한 Y의 순서 끼어들기마저 완전히 무시한 채, (261:8~12)에서 자신의 순서를 계속 유지해나가려 하고 있다. 결국 A의 이러한 순서

유지 노력은 Y의 (271:1~3)을 거친 후에야 그 끝을 맺게 된다.

다음의 **대화 사례 16**은 이러한 무시하기의 양상을 보여주는 또 하나의 대화 사례이다.

대화 사례 16 "국가보안법 존속돼야 하나?"

(079) J 9) 근데 지금 남북관계에서 이 문제가 지금 국가보안법이 존재하고
있는 한은 법을 무시한 초법적 행위가 계속 이어지고 있는 게
문제라는 점을 지적하고 싶습니다

(080) P 1) <u>아닙니다</u>

(081) L 1) <u>그리고 법은 말이죠[보편성이[있어야 됩니다</u>

(080) P 2)   [왜냐면요

       3)   [아니

(081) L 2) **아니, 법은 누구한테든지 공평하게 적용이 돼야 되지**

       3) 어떤 사람은 괜찮고[정주영씨는 가도 되고 학생은 가면[안되고
그건[법의 가장 기본입니다

(082) P 1)   [그렇지 않습니다

       2)   [우리 헌
법에[아까 이야기 했지만

(083) L 1) <u>그거를[</u>

(082) P 3)   [이 지금 그 보안법만 가지고 이야기할 것이 아니라

       4) 헌법의 대통령의 헌법 육십 육 조 보면은 이렇게 나와 있습니다

(079)에서 J가 국가보안법의 문제점을 지적하고 나자, 같은 편에 있는 L은 (081:1)에서 그러한 J의 (079) 발언에 이어서 국가보안법의 또 다른 문제를 계속해서 제기하려고 나선다. 이러한 상황에서 상대방인 P가 (080:2~3)에서 계속적으로 순서 끼어들기를 행해 오지만, L은 (081:2~3)에서 확인할 수 있는 바와 같이, 상대방 P의 그러한 끼어들기를 무시하면서 자신의 순서를 계속 유지해나가려 하고 있다. 마찬가지로 (083:1)에서도 상대방의 (082:1~2)에서의 끼어들기를 무시하려고 하지만, 여기에서는 그러한 무시하기가 실패하면서, (082:3) 이후로는 순서의 권한을 상대방 P에게 넘겨주게 되고 만다.

위의 **대화 사례 16**과 같은 경우는, J의 (079:9) 이후의 발언 권한을 누

가 가지고 있는지가 다소 불분명한 상태라고 할 수 있다. P는 J의 (079) 발언 이후에 자신이 다음의 순서에 대한 권한을 가진 것으로 보았을 것인 반면, L은 자신이 J의 발언과 연속선상에서 언급을 하고 있는 것으로 보았을 것이기 때문에, 아직까지 다음 순서에 대한 권한은 명백히 가려지지 않은 상황이라고 볼 수 있다.[54] 이처럼 다음 순서의 권한이 애매하게 설정되어져 있는 경우에, 서로 다음 순서의 권한을 주장하는 경쟁자들은 자신의 순서 권한을 확보하고 또 이를 유지하기 위하여, 서로에게 순서 끼어들기 및 유지하기 책략을 일정 시간 동안 매우 적극적으로 구사하는 것이라 할 수 있겠다.[55]

(2) 원칙 호소하기

순서 유지하기의 두 번째 유형은 '원칙 호소하기'이다. 바로 앞에서 살펴보았던 '무시하기'는 상대방의 끼어들기를 의도적으로 외면하는 것이라 할 수 있는 반면에, 이 '원칙 호소하기'는 현재의 순서에 대한 권한이 자신에게 있음을 상대방에게 강력하게 주장하는 것이라 할 수 있다. 때문에 순서 끼어들기를 행한 이는 그 상대방이 이 원칙 호소하기 책략을 구사할 경우에 대부분은 그러한 호소에 수긍하는 자세를 보이게 마련이다.[56] 토론

---

54) Sacks, Schegloff & Jefferson(1974)에서의 순서교대 규칙을 통해 볼 때, J가 자신의 순서를 마치면서 다음의 순서에서 말하게 될 이를 지정하지 않았으며, 또 그런 상황하에서 P가 (080:1)과 같이 제일 먼저 발언을 하며 나섰기 때문에, 다음의 순서 권한은 P에게 있는 것이라 할 수 있다. 하지만 L은 P의 권한을 인정하지 않으면서 자신의 이후 발언을 J의 발언과 연속선상에서 이어가려고 하기 때문에, 결과적으로 P와 L 사이에서는 다음 순서의 권한과 관련하여 여러 가지의 책략들이 구사되게 되는 것이다.

55) 이런 대화 사례를 통해서도 알 수 있듯이, 선거를 전제로 한 후보자들간의 정책 토론 회와는 달리, 보통의 TV 토론 대화에서는 발언의 순서나 시간 그리고 내용 등에 관한 조정이 상대적으로 훨씬 덜 하여, 그러한 문제들이 어느 정도는 토론자들에 의해 자율적으로 이루어지고 있다고 할 수 있다. 단 발언 순서, 시간, 내용 등과 관련하여 토론자들간에 심한 언쟁이 벌어질 경우, 그런 사태를 원만하게 해결하는 것이 바로 사회자 역할 중의 하나라고 할 수 있다.

56) 바로 이러한 점에서 우리는 제도 대화의 두 번째 특성인 '대화참여자들의 대화 참여와

대화의 경우에는 사회자가 있기 때문에, 어느 한 쪽이 상대방의 부당한 순서 끼어들기와 관련하여 순서교대 원칙을 호소해 올 경우, 사회자가 그 다음 순서에서의 권한에 관한 다툼을 정리해 주는 역할을 하는 것이 일반적이다.

대화 사례 17 　　"잇단 사학분규 해법은 없는가!?"

　　　1)　　　　　　　[그러니까, 그러니까 뭐냐하면은 여기서 이 자리에서 특수한 예 이런 예들을 가지고 오는 겁니다.

　　　2) 여기는 비리집단이고 비리사학이고, 이것은 건전한 사학이다 이겁니다

　　　3) 이 비리사학만을 딱 꼬집어서 처벌할 수 있는, 무법 처리할 수 있는 법이 있다면은 저 절(:)대 같이 협조해서 만들자고 합니다

　　　4) 그러나 요것을 규제할라고 처벌할라고 하다보니까 건전 사학까지 함께 몰아쳐 싸잡아서 규제할 수밖에 없던[

(196) K　1)　　　　　　　　　　　　　[건전 사학이 앞장서서 이 법을 만드셔야죠

(197) H　1) **아니 왜 [지금 내 애기를 끝나고 애기를 하세요**

(198) K　1)　　　　　[건전하게 한다면서 왜 못해요 (???)

(199) H　1) **왜 자꾸 애기를 중간에서[**

(200) Y　1)　　　　　　　　　　[예 선생님 잠깐만요

　　　2) 말씀 끝나시고 하십쇼

　　　3) 제가 발언권 드립니다

(201) K　1) 마치 건전 사학인 투명하게

(202) Y　1)　　　　　[네 K선생님

(203) H　1)　　　　　　**[아니 애기를 하고 나서 애기를 하시라잖아요**

(204) K　1) 네 말씀하십쇼

(205) Y　1) K선생님

　　　2) 아까 최초 약속한 대로 발언 끝나고 [발언하시기 바랍니다

(206) K　1)　　　　　　　　　　　　　[알겠습니다

관련된 특별한 제약'의 존재를 확인해볼 수 있다. 즉 토론자들은 토론이라는 제도 상황에서 부여받는 자신들의 지위나 역할 등을 고려하여, 발언의 순서 권한과 관련하여서는 사회자의 순서 조정에 따라야 한다는 제약 조건의 영향을 받게 되며 대체로 이에 순응하는 모습을 보이게 되는 것이다.

(205) Y   3) 자꾸 반칙하시면 [제가 발언권 제안합니다
(207) K   1)   [예 알겠습니다
(208) Y   1) 말씀하시죠 H회장님 예

위의 **대화 사례 17**은 사립학교법 개정을 반대하는 H가 화제 'Ⅱ.2 개정 법안의 문제 1'을 도입하려는, 즉 개정 법안은 건전 사학까지도 과잉 규제하려는 문제점이 있음을 주장하기 시작하는 부분에 해당된다. H가 (195)에서 그러한 문제점을 주장하고 있는 중간에 상대방인 K가 (196)에서 순서 끼어들기를 행하자, H는 (197)에서 자신의 이야기가 끝난 다음에 발언할 것을 주장하고 있다. 그럼에도 불구하고 K는 (198)과 (201)에서 계속적으로 순서 끼어들기를 행하자, H는 (199)와 (203)에서 왜 자신의 순서에 끼어드냐고 하면서 상대방을 비난하기도 하고, 또 자신의 순서가 끝난 다음에 발언할 것을 더욱 강하게 주장하고 나선다. 또한 사회자 Y도 (200)에서 K에게 다음의 순서에서 이야기 할 것을 요구하고, (205)에서는 순서교대와 관련한 애초의 약속을 지킬 것과, 만약 그렇게 하지 않을 경우에 이후에는 K의 순서를 제안하겠다는 내용의 경고까지 하게 된다.

바로 이러한 사회자의 강도 높은 경고 발언은 토론이라는 제도 대화 내에서 그가 행하게 되는 제도적 역할 그리고 그의 권한 중의 일부를 보여주는 것이라 할 수 있다. 즉 이러한 발언은 사회자로서의 토론 진행 역할 및 순서 할당(turn-allotment) 권한으로 인해 가능한 것이라 할 수 있는 것이다. 그 결과 K는 (206) 및 (207)에서와 같이, Y의 경고에 순순히 응하게 되는 것이다.

이처럼 순서의 권한을 가지고 있는 이는 상대방의 순서 끼어들기를 우선 무시할 수도 있으나, 그것이 자신의 주장을 내세우는 데 있어 큰 방해가 되거나 아니면 애초에 그러한 끼어들기의 가능성을 확실히 제거하고자 한다면, '원칙 호소하기' 책략을 구사함으로써 상대방에게 강력한 경고의 메시지를 전할 수 있으며, 이것은 결국 상당한 효과를 얻게 된다.

다음의 **대화 사례 18**은 매우 집요하게 계속적으로 행해지고 있는 순서 끼어들기에 대응하여 '원칙 호소하기'를 통해 자신의 순서를 유지해나가려고 노력하는 모습을 구체적으로 보여주고 있다.

대화 사례 18 "국가보안법 존속돼야 하나?"

(109) T 1) [아 설명 안 해도 그건 당연히 참칭한거예요[참칭한거예요
(110) P 1)   [참칭한거지
(111) J 1) 그러면은[
(112) T 1)   [우리는 그 좋은 의도가 있는 한에는 적용을 안 시키겠
            다 이거예요
(113) L 1) 자 좋습니다
         2) 북한이 과연 반국가 단체이냐 여기에 대해서는 저는
(114) T 1)   [그럼 (???) 반국가 단체지 아닙니까?
(113) L 3) **아이 좀 들어보십시오**
         4) 저는 북한은 지금 그 스스로가 반국가 단체를 할 의지도 없고 영
            향도 없다고 봅니다
(115) T 1) 그건[누구 판단이에요?
(113) L 5)   [첫째
         6) **아 글쎄 들어보세요**
         7) **성급하게 그러시지 마시고**
         8) **듣고 나서 이야기를 하세요**
         9) **판단을[하고**
(116) T 1)   [아니 엉뚱한 얘기를 하니까 제가 지금 질문하는 거예요
(113) L 10) **글쎄 내가 이야기 내가 이야기하기도 전에[어 그렇게**
(117) T 1)   [그거는 L교수의 얘기지
         2) L교수의 얘기지
         3) 어디서 객관적으로 그런,[입증을 하시라고 입증을
(118) Y 1)   [근거가 있는지[한번 들어보죠
(113) L 11)   [자 첫째, 북한이 그런 의
            지도 없다는 것은 이미 육일오 공동선언에서 이야기 됐습니다
         12) 육일오 공동선언 일 항과 그 다음에 사 항에 보면은 통일의 동
            반자로서 남북을 규정을 하고 있습니다
(119) T 1) 애[거기에 대해서 바로 짚고 넘어갑시다
(113) L 13) [그 다음에
         14) **좀 기다려보세요**
         15) [그 다음에 사 항은 뭐라고 했나하면은
(120) T 1) (???) 아무 의미가 없어요
(113) L 16) 사항[사항은 뭐냐 하면은

(120) T   2)   [실행으로써 입증이 되야 돼요 실행으로서

3) 거기에 지금 약속이 말이야 실행이 된 게 있습니까?

(113) L 17) **글쎄 좀 기다려 보세요**

18) **성급하게 그러시지 말고**

19) 그 다음에[

(121) T   1)   [엉뚱한 얘기 자꾸 하고 그러니까[

(122) Y   1)   [T교수님 잠깐만요

2) 들어보시고 하시죠 예

(113) L 20) 사 항은 민족경제를 발전시킨다,

대화 사례 18의 처음 부분은 L이 순서의 권한을 가지고 있는 상황이다. 다만 L은 자신의 본격적인 발언에 앞서 몇 가지 확인 질문을 하였기 때문에 (109)에서 (112)에 이르기까지 그에 대한 확인 과정을 거치게 된다. 그리고 난 후 이제 L은 (113:1)에서 확인을 완료했음을 나타낸 후 자신의 본격적인 발언을 하려고 한다. 그런데 (114)에서 T에 의해 첫 번째로 순서 끼어들기를 당한 후, (113:3)에서 '원칙 호소하기'를 통해 자신의 순서 권한을 주장한다. 하지만 T의 순서 끼어들기는 여기에서 그치지 않고, 그 이후에 L이 발언을 할 때마다 (115), (116), (117), (119), (120:1~2) 그리고 (121)에서 매우 집요하게 계속되면서, L의 발언을 방해하고 있다. 이에 L은 그 때마다 (113:6~9), (113:10), (113:14) 그리고 (113:17~18)에서 계속적으로 '원칙 호소하기'를 통해 자신의 순서를 유지하려고 노력한다. 이러한 L의 '원칙 호소하기'에 의한 순서 유지 노력과 사회자 Y의 발언 (118) 및 (122)를 거친 후에야, 비로소 L은 T의 계속적인 순서 끼어들기에서 벗어나 자신의 순서를 구성해나갈 수 있게 된다.

이상에서는 대화참여자들이 자신의 순서를 유지하기 위해 행하고 있는 '무시하기' 및 '원칙 호소하기' 책략을 살펴보았다. 그런데 이 두 책략은 상대방의 발언을 무시하거나 아니면 순서교대 원칙을 호소함으로써, 결국은 상대방이 끼어들면서 행하고 있는 발언의 내용에는 전혀 대응하지 않는다는 점에 있어서, 서로 유사한 성격의 책략이라 할 수 있다. 대화참여자들이 상대방의 순서 끼어들기에 대응하여 이러한 책략들을 구사하는 것은 아마도 그 나름대로의 이유가 있을 것이다. 즉 상대방이 끼어들기를 행하

면서 발언한 내용에 대응을 하는 것 자체가 결코 자신에게 유리하게 작용하지 않을 것이라는 판단을 하였기 때문일 것이다.

하지만 대화참여자들은 경우에 따라서는, 상대방이 순서 끼어들기에서 행한 발언의 내용에 대해 짧게 대응을 해주면서 자신의 순서를 유지하려고 하는 책략을 구사하는 경우도 있다. 다음에서는 그러한 책략에 대해 살펴보도록 하겠다.

(3) 짧게 대응하기

순서 유지하기의 마지막 세 번째 유형은 '짧게 대응하기'이다. 앞에서 살핀 바와 같이, 대화 상대방이 나의 순서에 무리하게 끼어들 경우에는 우선 그러한 끼어들기 자체를 무시하거나, 아니면 순서교대의 원칙에 호소하여 더 이상의 끼어들기를 차단하려는 책략을 구사하는 것이 일반적이다. 아마도 이렇게 하는 것이 현재의 순서 권한을 가지고 있는 발화자의 입장으로서는 가장 효과적인 선택일 것이다. 하지만 경우에 따라서는 대화 상대방이 끼어들기를 하면서 주장하는 내용에 대해 어떤 식으로든 대응을 하는 것이 유리할 수도 있다. 이런 경우에 현재 말하고 있는 이가 대화 상대방의 끼어들기 발언 내용에 대해 짧게 대응하면서, 자신의 순서를 계속 유지해나가려는 책략이 바로 '짧게 대응하기' 책략이다.

하지만 이러한 짧게 대응하기의 책략을 구사하는 경우라 하더라도, 현재의 순서에 대한 권한을 가지고 있는 이는 비교적 간단하게만 대응을 하고 지나칠 뿐이지, 상대방의 끼어들기에 대해 진지하게 대응함으로써 화제를 바꾸거나 아니면 자기가 이야기하고자 했던 바를 포기하는 경우까지 가지는 않는다. 즉 자신에게 유리한 방향으로 최소한의 대응만을 한 후, 자신의 순서를 계속해서 유지해나가려고 하는 모습을 보인다.

대화 사례 19   "잇단 사학분규 해법은 없는가?"

(374) H 1) [아 아니 그러니까 법인의 경우 어때요

2) 자꾸 보세요

3) 내 말 이해고 못하고 하시는 말씀인데

4) 법에는 지금 어떻게 개정이 나와 있냐하면은

5) 임원승인취소가 된 사람은 사람은 다시 복귀할려면 오 년 ○○ 당 안은 오 년이고 국회의원들 안은 십 년으로 돼 있다 이겁니다

6) 그러면 임원 취소된 것은 취소될 사유가 많은데 아까 비리로 인해서 취소된 사람은 한 십 년 정도 어렵게 만든 것도 좋다 이겁니다

7) 그러나 아무 죄 없이 나간 사람을 왜 십 년 오 년으로 왜 묶느냐 이런 얘기예요

(375) K 1) 상식적으로 말이 안되죠

(374) H 8) 그런데 그것이[그것이

(375) K 2)   [공동책임을 지고 학교를 운영하는데

(374) H 9) 그것이 잘못됐다 이런 얘기예요

10) 그리고 또 한가지는[

(376) Y 1)   [자 일단 거기까지 하시구요

위의 **대화 사례 19**에서, H는 (374:1~7)을 통해 사립학교법 개정 법안이 억울한 임원 취소 결과를 초래할 수 있음을 주장하고 있다. 그러자 K는 일단 (375:1)에서 그러한 H의 주장 내용에 문제가 있음을 지적하고 나선다. 이에 대해 H는 일단 그러한 K의 발언을 무시하면서, (374:8)에서와 같이 자신의 순서를 계속적으로 구성해나가려 한다. 하지만 K는 (375:2)에서 '그들은 공동 책임을 지고 학교를 운영하고 있는 것'이라고 하면서 H의 순서에 끼어들고 있다. 그러자 H는 이 부분에서 (374:9)에서와 같이 K의 (375:2) 발언 내용을 받아들이면서, '자신이 현재 주장하고자 하는 것은 바로 그 부분이 잘못되었다는 것'이라며 짧게 대응을 하고 (374:10)에서는 다시 자신이 이야기하고자 했던 바로 돌아가려 하고 있다.

여기에서 H는 K의 (375:2) 발언 내용에 대해 어떤 형태로든 대응을 해야하는 상황에 처했다고 볼 수 있다. K가, 사학의 임원들은 공동 책임을 지고 학교를 운영하는 것이기 때문에 H의 주장에는 문제가 있다라고 반박

하는 내용에 대해서, 만약 아무런 대응을 하지 않게 되면 H 자신의 주장은 그 설득력에 있어서 상당한 손상을 입게 될 것이기 때문이다. 따라서 H는 그러한 K의 발언 내용에 대해서, 자신에게 유리한 방향으로 구체적이지 않은 약간의 대응만을 행한 후, 자신이 이전에 이야기하고자 했던 바로 곧장 되돌아가려고 하는 것이다.

대화 사례 20 "공무원 노조 필요한가?"

(053) Y 1) 잠깐요
       2) 자연스럽게 지금 구조조정 문제가 나왔는데요
(054) C 1) 예 제가[
(053) Y 3)   [잠깐만요 예
       4) 사실 공무원 노동조합이 만들어졌을 때 이것이 좀 부작용이 있지
          않겠느냐, 이렇게 걱정하시는 분들이 첫손 꼽는 것이 아마 그렇지
          않아도 구조조정이 어려운데 노동조합까지 있으면 더 어려워 질
          것 아니냐 이런[말씀인데
(055) C 1)   [예 그 문제를 말씀[
(053) Y 5)   [예 말씀해 주시고 M교수님께
          제가 발언을
(056) C 1) 지금 저기(:)[
(057) M 1)   [이 질문을 한 번 답변하시고 같이[
(056) C 2)   [그러니까 아니 그
          러니까[
(057) M 2)   [제가 한 번 기업하구요 기업하고 공기업, 그 다음에 공무
          원 이중에서 구조조정이 가장 안되고 있는 데가 어딘지,
       3) 그리고 오히려 기구가 확대되고 인원이 늘고 승격이 되고 이런
          데넌[
(058) C 1) **[아니 그러니까 그 문제를 말씀드리겠습니다**
(057) M 3) 한 군데 밖에 없는데[
(058) C 2)   [아니 그러니까
(059) M 1) 그럼 답변을 한번 명쾌하게[해주십시오
(060) C 1)   [아니 그러니까 지금 말이죠
       2) 구조조정이 이게 어떤 뭐가 문제냐 하면 지금 현재 아이엠에프
          상황 맞이해 가지고 십만이 나갔고 앞으로 지금 유 월 삼십일

부로 또 천 칠백 명 정도가 나가게 돼 있습니다

위의 **대화 사례 20**의 경우에, C는 (054)와 (055)의 발언을 통해 다음 순서의 권한을 그리고 M은 그 다음 순서의 권한을 Y로부터 각각 얻게 된다. 그리하여 C는 (056)에서 자신의 순서를 구성하려 하는데, M은 (057:1)에서 대화 진행상의 문제 요소를 지적하면서 순서 끼어들기를 행한 후, (057:2~3)에서도 계속적으로 순서 끼어들기를 행하고 있다. C가 발언을 하기 이전에 자신이 내세운 질문에 대해 먼저 답변을 하고 대화를 진행해 나가자는 것이다. 그러자 C는 (058:1)에서 그러한 순서 끼어들기에 대해, 자신은 지금 그 문제에 대해 말을 하려는 것이라고 짧게 대응함으로써, 자신의 순서를 계속 유지해나가려 한다.[57] 그 결과 (059)에서와 같이, 결국 M으로부터 자신의 순서에 대한 권한을 인정받게 되는 것이다.[58]

이상에서 우리는 대화참여자들이 순서교대 구조상에서 구사하는 두 번째 대화 책략으로, 상대방의 순서 끼어들기에 대항하여 자신의 순서를 유지하려고 하는 '순서 유지하기' 책략을 제시하였다. 그리고 이에 해당하는 세부 책략들로 '무시하기', '원칙 호소하기', '짧게 대응하기'의 세 가지 유형의 것들이 있음을 대화 사례를 통해 확인해보았다. 결과적으로 이제까지 제3장의 2. '순서교대 구조상의 책략'에서 살펴본 내용을 종합해볼 때, 토론 대화와 같은 과제 중심적 경쟁 대화의 참여자들은 상대방의 순서에는 적극적으로 끼어들면서 자신의 순서는 계속적으로 유지하려고 함으로써, 순서교대 차원에서의 대화 진행을 자신이 좀 더 주도적으로 이끌어나가려 하고 있음을 알 수 있게 되었다.

지금까지 3장에서는 대화참여자들이 구사하는 대화 구조 지배 전략 및

---

57) 안주호(1992)에서는 한국어에서의 담화 표지를 부름, 시발, 전환 그리고 결말 기능의 네가지로 분류하여 제시하고 있다. (056:2), (058:1~2), (060:1)에서 C가 계속적으로 사용하고 있는 '그러니까, 아니 그러니까'는 일단 상대방의 끼어들기를 저지시키는 기능의 담화 표지라 할 수 있겠다.

58) 결국 C는 짧게 대응하기의 책략을 통해 자신의 순서 권한을 계속 유지할 수 있게는 되었지만, 반대의 입장에서 볼 때 M도 상대방인 C의 순서에 끼어들어 자신이 이야기하고자 하는 바를 거의 이야기함으로써 자신의 부분적인 목적을 달성한 것이라 할 수 있겠다.

그 세부 대화 책략들의 여러 가지 유형들을 대화 사례를 들어가며 살펴보았다. 그 내용들을 간단히 정리하면 다음과 같다.

※ 대화 구조 지배 전략
　　대화의 전반적인 흐름을 자신에게 유리한 방향으로 진행시켜나갈 수 있도록, 대화에서의 화제 및 순서교대 구조 체계 전반을 주도적으로 이끌어나가라.

Ⅰ. 화제 구조상의 대화 책략
　　화제 구조 체계 전반을 주도적으로 이끌어나가라.

　1. 화제 도입하기
　　나에게 유리한 반면 상대방에게는 불리한 내용의 화제를, 화제 전이(topic-transition)의 방법을 통해 적극적으로 도입하라.

　2. 화제 억제하기
　　상대방이 자신에게 유리한 반면 나에게는 불리한 내용의 화제를 도입하려 할 경우, 그것이 가지고 있는 화제로서의 적절성을 부정함으로써, 그것이 다음의 화제로 도입되는 것을 억제하라.

Ⅱ. 순서교대 구조상의 대화 책략
　　순서교대 구조 체계 전반을 주도적으로 이끌어나가라.

　1. 순서 끼어들기
　　상대방의 대화 목적 달성에 보탬이 되는 상대방의 순서에는 적극적으로 끼어들어 방해하면서, 나의 대화 목적 달성에 보탬이 되는 나의 순서를 구성하라.
　　-세부 유형 : 문제 요소 수정하기, 미리 해석하기, 보채기와 미리 나서기

　2. 순서 유지하기
　　상대방의 순서 끼어들기에 대응하여, 나의 대화 목적 달성에 보탬이 되는 나의 순서를 계속적으로 유지하라.
　　-세부 유형 : 무시하기, 원칙 호소하기, 짧게 대응하기

이러한 화제 구조 및 순서교대 구조상의 대화 책략들은 대화참여자들

사이에서 상호 경쟁적인 구도를 통해 이루어지는 책략이라 할 수 있다. 즉 대화참여자들 중, 어느 한 쪽(A)이 한 화제를 도입하려 하거나 혹은 상대방(B)의 순서에 끼어들려고 하면, 그 상대방(B)은 그러한 화제의 도입을 억제하려 하거나 혹은 자신(B)의 순서를 유지하려고 서로 경쟁하는 구도 속에서 행해지는 책략들인 것이다.

따라서 본고에서는 이러한 책략들을 모두 상호 경쟁적 구도에서 구사되는 '대화 구조 지배 전략'의 하위 책략들이라 보고 있는 것이다. 그런데 이러한 대화 구조 지배 전략은 과제 중심적 경쟁 대화에서의 일차 목표라 할 수 있는 '과제 수행'을 직접적으로 꾀하는 것이라고는 할 수 없다. 즉 이 전략은 다음에서 살펴볼 '과제 목적 성취 전략' 및 '이미지 관리 전략'을 구사하기 위한 바탕을 마련하는 성격의 전략이라 할 수 있겠다.

과제 목적 성취 전략 ——— 제4장

앞의 3장에서는 상호 경쟁적 구도에서 구사되는 대화 구조 지배 전략에 대해 살펴보았다. 이제 4장과 5장에서 살펴볼, '과제 목적 성취 전략' 및 '이미지 관리 전략'은 모두 상호 경쟁적 구도가 아닌, 말할이 일인에 의해 일방적으로 구사되는 상호 비경쟁적 구도에서 구사되는 전략이라 할 수 있다.

먼저 본 장에서 살펴볼 상호 비경쟁적 구도에서의 첫 번째 전략인 '과제 목적 성취 전략'은 말 그대로, 대화참여자들이 다름 아닌 자신들의 '과제 목적'59)을 성취하기 위해 구사하는 전략이다. 이 전략은 주로 대화이동 구성 및 화행 실행 범주에서의 대화 책략들에 의해 구사되고 있다. 즉 대화참여자들은 특정 대화이동을 구성하거나 혹은 특정 화행을 실행하는 과정에서, 과제 목적을 달성하려 하고 있다. 따라서 이 전략은 앞의 대화 구

---

59) TV 생방송 토론 대화와 같은 과제 중심적 경쟁 대화에서 대화참여자들이 갖게 되는 '과제 목적'은, 먼저 자기 의견의 정당함과 상대방 의견의 부당함을 밝힘으로써 상대방을 설득시키는 것과 동시에, 제3자인 방청객 및 시청자들을 대상으로 해서도 그와 같은 내용의 주장을 통해 자기의 의견과 일치하는 여론을 형성하는 것이라 할 수 있다. 이러한 이중 목적 지향성에 대해서는 앞의 제2장 2. 2) '이중 목적 지향성'에서 이미 언급한 바 있다.

조 지배 전략과는 달리, 어떤 대상을 가지고 서로 뺏고 빼앗기는 행위 구도 속에서 이루어지는 것이 아니라, 말할이 일인에 의해서 들을이에게 일방적으로 구사되는 성격의 전략이기 때문에 상호 비경쟁적 구도에서의 전략이라 할 수 있는 것이다. 또한 대화 구조 지배 전략이 과제 중심적 경쟁 대화에서의 일차 목표인 '과제 목적'을 성취하기 위한 바탕을 마련하는 성격의 전략이라 한다면, 과제 목적 성취 전략은 그러한 '과제 목적' 성취와 직접적으로 관계되는 주 전략이라고 할 수 있겠다.[60]

그렇다면 대화참여자들이 이 과제 목적 성취 전략의 원활한 구사를 위해 사용하는 책략들에는 어떠한 유형들이 있을까? 전사 자료를 통해 살펴본 결과, 본 연구의 주요 대상인 토론 대화의 경우, 대화참여자들은 자신들의 과제 목적을 달성하기 위하여 주로 '논증'(論證, argumentation)과 '호소'(呼訴, appeal)의 두 가지를 행하는 과정에서 여러 가지의 대화 책략들을 구사하고 있음을 알 수 있었다. 다음에서는 바로 이 두 과정에서의 대화 책략들에 대하여 살펴보기로 하겠다.

1. 논증 과정에서의 책략

TV 생방송 토론 대화의 궁극적 목적을 간단히 말한다면 상대방과 시청자를 설득시키는 것이라 할 수 있다. 이 과정에서 토론 참여자들은 일반적으로 자기 의견의 정당함과 상대방 의견의 부당함을 역설하게 되는데, 바로 이러한 행위를 가리켜 우리는 보통 논증이라 말한다. 즉 논증은 어떤 논제와 관련하여 자신과 상대방의 의견 중 어느 것이 옳고 어느 것이 그른 것인지를 여러 가지 근거나 이유를 들어 논리적으로 밝히는 것이라 할 수 있겠다.

---

60) 따라서 과제 중심적 경쟁 대화의 경우, 본고에서 제시하는 세 가지의 전략 중 가장 핵심적이고 중요한 전략은 이 '과제 목적 성취 전략'이 된다. 반대로 관계 중심적 협력 대화의 경우에는, 다음의 제5장에서 살펴볼 '이미지 관리 전략'이 가장 핵심적인 전략일 것으로 예상해볼 수 있겠다.

이러한 논증은 주로 대화이동을 구성하거나 혹은 화행을 실행하는 범주에서 구사되고 있다. 이러한 두 범주에서의 대화 책략들을 그 하위 유형들로 나누어 살펴보면 다음과 같다.

1) 대화이동(move) 구성

앞의 제3장에서 살펴본 바 있는 순서교대(turn-taking)가 대화 분석(CA)에서 주로 다루어 온 연구 범주라 한다면, 이 대화이동은 담화 분석(DA)의 여러 갈래 중 특히 대화문법론61)의 방법론을 취하는 이들이 주로 다루어 온 연구 범주라 할 수 있겠다. 그런데 전사 자료를 통해 살펴본 결과, 대화가 전략적으로 운영되고 있는 모습은 이 두 방법론 각각의 주요 연구 대상인 순서교대 구조와 대화이동 구성 범주의 모두에서 발견되고 있음을 알 수 있었다. 따라서 우리는 앞의 제2장의 3. '연구 방법론'에서 이미 밝힌 바와 같이, 대화가 전략적으로 운영되고 있는 모습을 총체적으로 연구하기 위하여 이 두 범주에서의 대화 전략 및 책략들을 함께 연구하기로 하였던 것이다.

우선, 이 대화이동 구성 범주에서 구사되고 있는 대화 책략들을 살펴보기 위해서는, 과연 대화이동이란 개념은 어떠한 것인지를 먼저 살펴보는 것이 올바른 순서일 것이다. 우리가 이 대화이동의 개념을 보다 명확하게 이해하기 위해선, 이것과 관련된 또 다른 대화 구성 요소인 대화기여 및 화행의 개념과 비교하여보는 것이 효과적인 방법이라 할 수 있다.62)

먼저 대화기여란 대화분석(CA)에서의 순서의 개념과 거의 동일한 것으로, 대화참여자 한 명이 자신에게 주어진 발화의 기회에서 수행한 발화의 총체

---

61) 대화문법론은 담화분석(DA)의 한 분파로써, 독일의 뮌스터 대학교를 중심으로 연구 활동을 전개하고 있는 훈츠누르셔, 바이칸트, 프랑케, 힌델랑 등의 연구에 의해서 대표된다. 화행론과 통사이론인 변형생성문법을 이론의 배경으로 삼으며, 연역적 및 이론적인 연구 방법을 취하고 있다(박용익 2001:353).

62) 본고에서의 대화이동에 대한 개념 설명은 박용익(2001:161~162)을 참고로 한 것이다. 이것의 이해를 돕기 위해 본고에서 제시하고 있는 다음의 예문도 여기에 있는 것을 그대로 인용해온 것이다.

를 말한다. 우리는 앞의 제3장의 2. '순서 교대 구조상의 책략'에서 순서의 개념을 정의하면서, 순서 구성 성분의 관점에서는 '한 화자가 말을 시작해서 자신의 말을 끝내고 다른 이의 말을 듣는 입장으로 돌아가기까지 발화된 것'을 의미하는 것이라고 하였으며, 순서 할당 성분의 관점에서는 '그 순간 말을 할 권리'를 의미하는 것이라 한 바 있다. 담화분석(DA)에서의 대화기여란 바로 그러한 두 가지의 순서 개념 중에서 전자의 것과 동일한 것으로, 한 대화참여자에게 주어진 한 번의 발화 기회에서 말해진 언어의 총체를 의미하는 것이라 할 수 있겠다.

이와는 달리 대화이동은 "대화를 이루는 '기능적' 구성요소로써 대화이동 연속체의 의사소통 기능을 발휘하게 하는 대화 진행 과정의 한 단계"를 말한다. 결과적으로 대화기여는 우리가 대화참여자들간의 순서교대를 통해 인식할 수 있는 형태적인 단위인 반면, 대화이동은 의사소통 목적을 달성하기 위해 진행되는 대화에서의 기능적 단위라고 볼 수 있겠다. 이러한 대화이동은 그 하위의 단위인 화행으로 구성되는데, 이상의 대화기여, 대화이동 그리고 화행들 사이의 관계는 다음의 예를 통해서 보다 쉽게 이해할 수 있다.

(1) 말할이1 : 1) 실례합니다.
2) 길을 잘 몰라서 그런데요.
3) 명동성당으로 어떻게 가야 합니까?
(2) 말할이2 : 1) 오른쪽으로 돌아서 한 100미터 쯤 가다가 다시 오른쪽으로
가시면 됩니다.
2) 제가 일러드린 대로 가시면 쉽게 찾을 수 있습니다.
3) 거기는 무슨 일로 가세요?

위의 예에서 말할이 1이 수행한 발화의 총체 1-3)과 말할이 2가 행한 발화의 총체 1-3)은 말할이 1과 2 각각의 대화기여에 해당된다. 그리고 이들은 모두 3개씩의 화행을 각각 행하고 있는 것이다. 그러나 대화이동의 경우에는, 말할이 1은 질문 대화이동 1개(화행 1-3)를 구성하고 있는 반면, 말할이 2는 대답 대화이동 1개(화행 1-2)와 질문 대화이동 1개(화행 3)를 차례대로 구성하고 있는 것이 된다. 이상에서 알 수 있듯이 하나의 대화기여

는 하나 혹은 그 이상의 대화이동으로 구성되며, 마찬가지로 하나의 대화이동은 하나 혹은 그 이상의 화행으로 구성되는 것이라 할 수 있다.[63] 따라서 이 세 가지의 개념들을 그 수적인 측면에서만 정리해 본다면, "대화기여 ≤ 대화이동 ≤ 화행"의 관계가 성립된다고 할 수 있다.

이상에서 살핀 바와 같이 대화이동이란 어떤 대화기여 내에서 발현되는 의사소통 진행상의 기능 단위라고 할 수 있는데, 대화참여자들은 하나 혹은 그 이상의 화행들로 이루어진 이 단위를 구성하는 데 있어서도 전략적인 특성을 나타내고 있다.

본 연구의 대상인 TV 생방송 토론 대화의 경우, 양쪽의 대화참여자들은 자신의 의견을 보다 효율적으로 피력하고 상대방의 의견을 적절하게 비판하기 위해 전략적으로 짜여진 '주장 대화이동'을 구성하려 하는 한편, 자신에게 행해지는 상대방의 주장에 대해서도 효율적으로 대응하기 위해 전략적으로 짜여진 '반박 대화이동'을 구성하려 한다. 따라서 본 절에서는 대화참여자들이 이렇게 전략적으로 구성하고 있는 주장 대화이동과 반박 대화이동들을 형식별로 유형 분류하면서 그 각각의 전략적 기능에 대해 살펴보도록 하겠다.

(1) 주장 대화이동

토론 대화에서의 대화참여자들은 자신들의 과제 목적을 성취하려는 의도 하에서, 자신의 의견을 보다 효율적으로 나타내고 또한 상대방의 의견은 적절하게 비판하기 위해, 전략적으로 짜여진 주장 대화이동을 구성하고 있다. 본 연구에서는 전사 자료를 통해 살펴본 결과, 대화참여자들이 구성

---

63) 하나의 대화이동이 두 개 이상의 화행으로 이루어질 경우, 그 화행들 중에서 대화이동의 기능을 대표적으로 나타내는 화행을 주화행이라 하고, 주화행이 효과적으로 수행될 수 있도록 보조적인 기능을 하는 화행들을 보조화행이라 한다. 위의 예에서 볼 때, 말할이 1의 질문 대화이동에서 주화행은 3)이 되고, 나머지 1)과 2)는 보조화행이다. 그리고 말할이 2의 대답 대화이동에서 주화행은 1)이 되고 나머지 2)는 보조화행이다. 말할이 2의 질문 대화이동은 하나의 화행 3)으로만 이루어져 있기 때문에, 이것 자체가 하나의 대화이동이면서 하나의 (주)화행이라 할 수 있겠다.

하는 주장 대화이동의 유형으로 모두 여섯 가지를 확인할 수 있었는데, 이 것들을 대화 사례와 함께 차례대로 살펴보면 다음과 같다.

① 자문 자답 형식 :「자문 + 자답 + 주장」

주장 대화이동의 첫 번째 형식은「자문 + 자답 + 주장」의 구성을 이루는 이른바 '자문 자답 형식'이다. 이 형식은 자신이 주장하고자 하는 바를 자문함과 동시에 스스로 직접 대답하는 형식을 통해, 자신의 주장을 전개해나가는 구성을 취한다.

대화 사례 21   "공무원 노조 필요한가?"

(018) Y 1) 예 이 문제에 관해서 마지막으로 [말씀하시고 다음 문제로 넘어
          가겠습니다
(019) M 1)   [예 마지막으로
        2) 아까 고위직, 정책결정 내리는 사람, 어 그리고 재량권을 가진
           사람, 이것이 나라마다 다릅니다
        3) 그래서 왜 우리나라는 단결권을 허용할 수 없느냐?
        4) 우리 나라에게는, 우리 일반시민에게 물어보십시오
        5) 그리고 어 그 힘이 약한 사람한테 물어보면 육 급, 칠 급 공무원
           들이 엄청난 재량권을 가지고 있습니다
        6) 그거는 여러분의 판단에 맡기겠습니다

위의 **대화 사례** 21에서 공무원 노조의 설립을 반대하고 있는 M은 (019:3~6)을 통해 우리 나라의 경우 공무원에게 단결권을 허용할 수 없음을 주장하고 있다. M은 먼저 (019:3)에서 '왜 우리나라는 단결권을 허용할 수 없는지'를 자문하고 난 뒤에 (019:5)에서는 그에 대한 대답을 스스로 하고 있다. 그리고 마지막으로 (019:6)에서, 단결권 허용의 타당성에 대해서는 상대방의 판단에 맡기겠다는 말로, '우리나라의 경우는 단결권을 허용할 수 없다'라는 자신의 주장을 간접적으로 행하고 있다.

대화 사례 22 "국가보안법 존속돼야 하나?"

(049) L 20) 그 다음에 세 번째가 이게 이 정권이 말이죠

21) 국민이나 국민이나 민족이 그 최대 과제라고 생각해야 되는 것을
해야 되는 건데 이승만 정권이 뭐했습니까?

22) 제일 첫 과제가 뭡니까?

23) 식민지 잔재청산 아니에요?

24) 친일파 숙청 아니에요?

25) 근데 남한은 어떻게 되었습니까?

26) 친일파 천지잖아요

27) 이런 점에서 남한의 정통성은 굉장히 문제가 있다.

위의 **대화 사례 22**는 「자문 + 자답 + 주장」 형식을 기본으로 하는 대화이동이지만 앞의 **대화 사례 21**과는 약간 다른 모습으로 구성되어 있다. 즉 여기에서는 **대화 사례 21**에서 살펴보았던 자문과 자답의 과정을 두 번 행하고 난 후, 그러한 자문과 자답의 내용이 뜻하는 바를 해석함으로써 자신의 주장을 행하고 있다. 이를 구체적으로 살펴보면, 국가보안법 개정에 찬성하는 L은 (049:22~27)을 통해서, 남한의 경우 국가 또는 민족의 정통성이란 측면에서 문제가 있음을 주장하려 하고 있다. L은 이를 위해, 먼저 (049:22)에서는 해방 후 남한 정권의 첫 번째 과제가 무엇이어야 했느냐고 자문한 뒤, (049:23~24)에서 반문의 형식을 빌어 스스로 대답하고 있다. 그리고 (049:25~27)에서는 논의 대상의 시점을 현재로 바꾸어서, 자문 (049:25)와 자답 (049:26)을 반복한 후에, 마지막으로 (049:27)에서는 그러므로 남한의 정통성에는 문제가 있다는 주장을 하고 있다.

이상의 대화 사례들을 살펴본 결과, 대화참여자들은 자기 주장의 근거를 제시하는 과정에서, 먼저 자문을 통해 상대방 및 제3자들의 호기심을 자연스럽게 자극한 뒤 스스로 그 대답을 제시함으로써 근거 제시의 효과를 높이고 있음을 알 수 있다. 또한 이를 통해서 그 다음에 이어지는 주장 화행의 타당성도 더욱 공고히 하려는 것이라 할 수 있겠다.

② 양보(讓步) 형식 : 「기본 원칙 인정 + 실제 문제 제기」

　주장 대화이동의 두 번째 형식은 「기본 원칙 인정 + 실제 문제 제기」의 구성을 이루는 '양보 형식'이다. 이 대화이동 구성은, 비록 현재 논의 중인 사안과 관련하여 대다수의 사람들에 의해 가장 기본적인 해결 원칙으로 여겨지는 부분에 대해서는 인정하지만, 현재의 상황은 매우 특수한 것이므로 그러한 원칙과는 다른 시각에서 사태를 바라보아야 할 것임을 주장하는 구성 형식이다. 따라서 앞의 화행에서는 '물론, 당연히, 반드시, 절대적으로' 등의 어휘가 함께 쓰여 기본적인 원칙 사항은 분명하게 인정하고 있음을 밝힌다. 그리고 뒤의 화행에서는 '하지만, 그런데, 그러나, 단' 등의 어휘를 쓰면서 현재의 실제 문제를 제기하고 있다. 이렇게 함으로써, 현재의 실제 문제는 단순히 그러한 기본적인 원칙이 지켜져야 함을 주장하는 것만으로는 쉽게 해결될 수 없는 상황임을 주장하는 것이라 할 수 있겠다.

> **대화 사례 23**　　"잇단 사학분규 해법은 없는가!?"
>
> (456) Y 1) 어떤 의견 주시겠습니까?
> (457) C2 1) 예 저는 사학의[고유 건학 이념이나 자율성은 존중되어야 합니다
> (458) Y 1) 　　　　　　　[예
> 　　　　2) 네
> (457) C2 2) 그러나 오늘의 우리 사학은 사정이 다릅니다
> 　　　　3) 일부 건전한 사학도 있습 있습니다만 대부분의 사학은 법정 전입
> 　　　　　　금조차도 내지 않고 있습니다
> (459) Y 1) 네
> (457) C2 4) 설립자가 수백 억의 재산이 있어도 수천만 원의 법정 전입금조차
> 　　　　　도 내지 않고 있습니다

　위의 **대화 사례 23**은 시청자 C2가 전화 통화를 이용하여 토론 대화에 참여하고 있는 부분이다.[64] 사립학교법 개정에 찬성하는 입장을 취하고 있

---

64) 이런 경우는, 시청자가 전화를 통해 자신의 의견을 사회자에게 말하게 되는데, 물론 이 시청자는 자신의 발언이 사회자는 물론 토론자, 방청객 및 다른 시청자들에게도 전달되고 있음을 알고 있다. 전화 통화는 주로 사회자가 이러한 시청자의 의견을 확인 및 요약하여 정리하는 형식으로 이루어진다.

는 C2는 사립학교법의 개정이 반드시 필요한 것임을 주장하려 하고 있다. 이 과정에서, C2는 먼저 (457:1)에서 사학의 고유 건학 이념이나 자율성은 존중되어야 한다는 기본적인 해결 원칙을 인정하고 난 후, (457:2~4)를 통해서는 실제로 현재의 사학이 갖고 있는 근본적인 문제점을 제기하고 있다. 그리하여 이후에 발화할 자신의 화행 (457:12) "반드시 이 부분에 대해서 제도적 장치를 강화해야 된다고 생각합니다"라는 주장의 근거를 명확히 제시하고 있다.

대화 사례 24   "국가보안법 존속돼야 하나?"

(255) B3 3) 사실 우리 저 L교수님 말씀대로 또 J의원님 말씀대로 우리 나라와 같은 그 보안법같은 악법이 세계 어느 나라에도 없다↗ 맞습니다
   4) 그건 인정하고, 또 국가보안법을 폐지하는 것도 어느 시기에 와서는 폐지해야 된다는 것도 저는 인정합니다
   5) 찬성합니다
   6) 그러나 그러나 지금 단계가 과연 세계적 세계에서도 없는 인 저 국가보안법이 우리 나라에 있는 이유가 뭐냐 하는 거를 아셔야 되는데 모두들 아실 겁니다 제가 알기 전에
   7) 아실텐데도 국가보안법을 지금 폐지하자 개정하자 하는 건 저는 뭐 일부 개정은 수정은 뭐 J의원님 말씀 마따나 맞습니다
   8) 그러나 폐지한다는[측면은 저는 결사 반대합니다

위의 **대화 사례 24**는 방청객 B3가 토론에 참여하고 있는 부분이다. 국가보안법 개정에 반대하는 입장을 취하고 있는 이 B3는 우리 나라의 경우 세계 어느 곳에도 없는 국가보안법을 반드시 가지고 있어야 할 그만한 이유가 존재하고 있음을 주장하려 하고 있다. 이를 위해 먼저 (255:4~5)를 통해서, 언젠가는 국가보안법을 폐지해야 된다는 기본적인 원칙은 인정하고 또 거기에 찬성하고 있음을 밝히고 있다. 하지만 그 다음에 (255:6)에서는, 그러한 원칙에도 불구하고 현재의 우리 나라가 왜 국가보안법이 필요한지 그 이유를 알아야 한다고 함으로써, 우리 나라의 경우는 현실적으로 국가보안법이 반드시 있어야만 하는 이유가 있음을 주장하고 있다.

이상의 대화 사례들에서 살펴볼 수 있는 것처럼, 대화참여자들은 현재의 논제와 관련된 실제 문제를 제기함에 앞서서, 가장 기본적인 해결 원칙에 해당되는 부분은 인정하고 있음을 미리 언급함으로써, 자신은 당연히 그러한 원칙에 대해서 이미 알고 있으며 또한 자신의 주장은 그러한 원칙을 이미 고려해본 결과임을 내비치고 있다. 그러면서 아무리 그러한 원칙을 신중하게 고려해본다 하더라도, 현재의 실제 문제는 그러한 원칙의 범위를 벗어나는 중대한 문제임을 나타내려 하는 것이라 할 수 있겠다.

③ 예증(例證) 형식 : 「사례 제시 + 의문 제기」

주장 대화이동의 세 번째 형식은 「사례 제시 + 의문 제기」의 구성을 이루는 '예증 형식'이다. 이 형식은 자신의 의문 제기를 뒷받침해 줄 수 있는 사례들을 먼저 제시한 후, 이것들을 근거로 해볼 때, 상대방의 견해에는 어떠한 의문이나 문제점이 있음을 언급한 후 자신의 주장을 밝히는 구성을 취하고 있다. 이 대화이동 구성은 자신의 주장을 피력하기 위한 근거를 마련하는 기능을 하는 것으로써, 대화참여자들은 의문 또는 문제가 드러나는 것으로 보이는 사례들을 먼저 제시하고 그에 따르는 의문을 제기함으로써, 이를 그 뒤에 이어질 자기 주장의 근거로 삼고 있는 것이다.

대화 사례 25   "잇단 사학분규 해법은 없는가?"

(016) S 2) 쉽게 우리 국민들이 피부로 느끼는 얘기를 하죠
　　　　 3) 뭐냐하면 지역마다 학원재벌이라 불리는 사람들이 반드시 있습니다
　　　　 4) 옛날에 처음 할 때는 조그맣게 시작한 학교가 지금 수십 개의 학교를 거느리고 재벌이 돼 있는 그런 경우들이 그런 경우를 보는 게 그렇게 어렵지 않아요
　　　　 5) 그럼 어떻게 해서 그렇게 돈도 없는데 그렇게 가능했는가↗
　　　　 6) 다 이유가 있는 거 아니겠습니까?
　　　　 7) 그런 경우에 그걸 치부의 수단으로 썼다고 얘기할 수밖에 없죠
　　　　 8) 물론 모든 사학이 다 그렇다는 얘기는 아닙니다만

위의 **대화 사례 25**에서는, 사립학교법 개정에 찬성하는 S가 지금까지

여러 사학들이 사립학교를 치부의 수단으로 사용했음을 주장하고 있다. 이를 위해 먼저 (016:3~4)에서는 그와 관련된 일반적인 사례를 제시한 후, (016:5)를 통해 사학들이 그 동안 학교를 운영해온 데에는 많은 문제점이 있었다고 볼 수밖에 없다는 내용의 의문을 제기하고 있다. 그리고 마지막으로 (016:7)에서는 앞에서의 그러한 사례 제시 및 의문 제기를 바탕으로 하여, 사학들은 그 동안 학교 자체를 치부의 수단으로 사용해왔다는 자신의 주장을 피력하고 있다.

대화 사례 26　　"잇단 사학분규 해법은 없는가?"

　(330) B2 6) 저희 대학은 이렇게 악순환이 계속되면서
　　　　 7) 그 동안 비리를 저지른 이사장이 퇴진하고 임시 이사가 파견되고 다시 아무렇지 않게 돌아와서
　　　　 8) 마치 무슨 돌아온 용팔이처럼 제일 먼저 한 일은 교사들 교수들 줄줄이 목 친 일 밖에 없습니다
　　　　 9) 이 반복되는 일을 두고서 아니, 대학이 학생들 가르치는 곳이지
　　　　 10) 무슨 잘못 저지른 사람들이 아 언제까지 잘못하면 잘하는지 한 번 보자, 이렇게 두고 보는 곳입니까?
　　　　 11) 그 말씀을 좀 여쭤보고 싶구요

　위의 **대화 사례 26**은 사립학교법 개정에 찬성하는 방청객 B2가 토론에 참여하고 있는 부분이다. B2는 기존 사학 시스템의 경우, 경영진의 임용 및 퇴진과 관련한 법적 장치가 미비하기 때문에 그에 따른 폐해가 존재하고 있음을 주장하려 하고 있다. 그리하여 먼저 (330:6~8)에서는 자신이 속해 있는 대학의 폐해 사례를 제시한 후, (330:9~10)에서는 대학의 진정한 역할이 무엇인지와 관련하여 상대방에게 질문을 하는 형식을 빌어 기존 사학의 문제점을 간접적으로 제기하고 있다.

　④ 인과 관계 설명 형식 : 「자기 주장 + 이유 제시」
　주장 대화이동의 네 번째 형식은 「자기 주장 + 이유 제시」의 구성을 이루는 '인과 관계 설명 형식'이다. 앞의 세 형식과는 달리, 이 형식은 먼

저 자신의 주장을 내세운 후에 그 주장의 이유를 뒤이어 제시하는 구성으로, 자신이 주장하고자 하는 바와 관련된 인과 관계를 설명하는 형식이라 할 수 있다. 이러한 두 가지 유형의 주장 형식이 존재한다는 사실을 통해서, 우리는 대화참여자가 자신의 주장을 그 이유와 함께 나타내는 데에는 두 가지의 방법이 있다는 사실을 알 수 있게 된다.

이를 간단히 정리해 보면, 그 첫째는 '-아서, -니까, -기 때문에' 등을 사용하여 먼저 자기 주장의 이유를 내세운 후, 자기의 주장을 뒤에서 밝히는 것이다. 그리고 두 번째는 자기의 주장을 먼저 내세운 후 그 이유를 뒤에서 밝히는 것인데, 이 후자의 유형에 해당하는 것이 바로 「자기 주장 + 이유 제시」 형식의 대화이동 구성이다. 물론 대화참여자는 자신의 주장을 표명함에 있어, 이 두 가지의 방법 중 어느 것이든 선택적으로 사용할 수가 있다. 하지만 만약 그가 「자기 주장 + 이유 제시」 형식의 대화이동을 구성한다고 하면, 그것은 그 형식만이 가지고 있는 특별한 전략적 기능의 효과를 얻고자 하는 것이라 할 수 있다.[65]

그 첫 번째 기능은 자신이 그러한 주장을 하는 이유를 제시하는 부분에 상대편 대화참여자의 관심을 유도함으로써, 그 이유에 초점이 주어지도록 하는 것이다. 본 연구 자료인 TV 생방송 토론 대화의 경우, 그 참여자들은 상대방이 주장하고자 하는 바에 대해서는 이미 충분히 알고 있다. 다만 이 대화에 참여하는 이유는 상대방이 그러한 주장을 하는 이유를 들어보고, 거기에서 부적절한 설명이나 논리적인 결함을 찾아내어 그것을 지적함

---

65) 이원표(1994)에서는, 「자기 주장 + 이유 제시」 형식의 대화이동 구성 중의 일부에 해당하는 '왜냐면-' 구문을 대상으로 하여, 그것이 가지고 있는 여러 가지의 기능을 살펴보고 있다. 여기에서는 이 구문이 담화 통제 기능, 감정 표현 기능 그리고 텍스트 기능의 세 기능을 하고 있다고 보는데, 첫 번째 담화 통제 기능은 상대방으로부터 방해를 받지 않고 자신의 발언권을 계속 확보하게 되는 기능을 말한다. 둘째 감정 표현 기능은 말해지고 있는 내용과 관련된 화자의 감정을 표현하는 기능으로, 이 구문은 상대방에 대해 도전을 한다는 느낌과 자신의 말을 강조한다는 느낌을 받게 된다고 보고 있다. 마지막으로 텍스트 기능에는 결과절의 주제성(thematicity)을 강화하는 것과 그 결과절을 직접적으로 제시하는 기능, 그리고 이유절을 전경화(foregrounding)하는 기능이 있는 것으로 보고 있다. 이원표(1994)에서 제시하고 있는 이러한 세 가지의 기능을 참고로 하여, 우리는 「자기 주장 + 이유 제시」 형식의 대화이동이 가지고 있는 전략적 기능을 언급해볼 수 있게 된다.

으로써 상대방의 주장에 문제가 있음을, 그리고 더 나아가 자신의 주장이 정당한 것임을 나타내기 위한 것이다. 그렇기 때문에 대화참여자들은 상대적으로 볼 때 덜 새로운 정보라 할 수 있는 자신의 주장 내용을 짧고 명료하게 내세운 후, '왜냐면, 그 이유는'과 같은 표현을 사용하여 자신의 주장 이유에 초점을 맞춘 후에 발화를 하는 것이라 할 수 있다.

두 번째 기능은 자신의 순서를 온전하게 유지하는 것이다. 만약 먼저 주장의 이유를 내세운 후 자기의 주장을 밝히려 할 경우, 이미 그 주장 내용을 알고 있는 상대편 대화참여자는 이유에 관한 부분을 듣고 난 후, 그 부분에서 자신이 발견한 논리적 결함이나 문제점들을 지적하기 위해, 이미 알고 있는 앞선 화자의 주장 부분은 듣지도 않은 채 순서 끼어들기를 행할 가능성이 크다. 이러한 가능성은 다음의 **대화 사례 27**을 통해서 쉽게 확인해볼 수 있다.

> **대화 사례 27**　　"공무원 노조 필요한가?"

(323) M 　1) 뭐 저 우선 아까 말씀드린 거하고 같은 맥락인데
　　　　　2) 에 육 급 칠 급 뭐 육 급 이하 공무원도 노무재량권이 많다↗
　　　　　3) 어 그 다음에 공공부분 구조조정에 굉장히 치명적으로 어 장애요인이 될 것이다↗
　　　　　4) 어 그리고 공공부분이 그 뭐 어 민영화든지 아웃쏘싱하는 데 그것도 장애요인이 된다↗
　　　　　5) 그리고 국민정서하고도 맞지 않는다↗
　　　　　6) 이런 거는 아마 다 아실 겁니다
(324) C 　1) 아니[국민 정서하고 맞지 않을 거라고 그러는데요
(323) M 　7) 　　[아시는데 아시기 때문에 아시기 때문에
(324) C 　2) 국민 정서 조사해보셨습니까?
(325) D 　1) 본질과 벗어난 이야기는 인제 [(???) 말이죠
(324) C 　3) 　　　　　　　　　　　　　　[아니 국민정서[
(326) Y 　1) 　　　　　　　　　　　　　　　　　　　　[잠깐만요
　　　　　2) 말씀하시고 D○○ 교수님께 드리겠습니다
(323) M 　7) 아시기 때문에 아마 공직사회의 민주화, 국민에게 사랑 받는 공무원상의 정립, 이걸 먼저 내 놓으신 것 같은데

　　　　8) 이런 전제조건이 되기 저 전제조건이 충족되기 전에는 어 이 논
　　　　　의 자체를 유보하는 것이 바람직스럽다고 생각합니다
　　(327) Y 　1) 좋습니다
　　　　　　　2) D교수께서

　　위의 **대화 사례 27**에서는, 공무원 노조 설립에 관한 논의 자체를 유보
하자는 주장을 하려고 하는 M이 자신의 주장에 앞서 (323:1~6)에서 그
주장의 이유들을 제시하자, 그 대화 상대방인 C와 D는 각각 (324:1~3)과
(325)에서 순서 끼어들기를 행하고 있다. 이들의 입장에서 보면, M의
(323:7~8) 발언은 들어보나 마나 한 것들이라 할 수 있다. 따라서 그 이유
제시 부분에 대해 문제점을 지적하면서 순서 끼어들기를 행하게 되는 것이
고, 결국 M은 사회자 Y의 (326)에 의한 순서 조정이 있은 후에야 자신의
주장을 마저 마칠 수 있게 되는 것이다.
　　따라서 어떤 주장을 하고자 하는 이의 입장에서는, 만약 그 이유를 먼저
내세울 경우 자신의 핵심적인 의견 즉 주장을 상대방이나 시청자들에게 분
명하게 전달하지 못하는 결과를 초래할 가능성이 크다고 할 수 있겠다. 따
라서 대화참여자들은 자신의 순서 권한을 안전하게 유지하고자 하는 의도
에서도, 먼저 자신의 주장을 명확하게 제시해 놓고 난 후 그 이유를 밝히
는, 「자기 주장 + 이유 제시」의 대화이동을 구성하는 것이라 할 수 있다.
이제 이와 관련되는 대화 사례를 가지고 그러한 전략적 기능들에 대해 설
명해보도록 하겠다.

대화 사례 28　　"공무원 노조 필요한가!?"

　　(013) N 12) 그래서 우리는 뭘 따져야 되냐하면 노동 삼권을 가질 수 있는
　　　　　　　　　　근로자와 갖기 어려운 근로자를 구분해줘야 되는데
　　　　　　　13) 우리가 그 논리로는 그걸 구분하지 않고 있다
　　　　　　　14) 따라서 저는 어 정부에서 일하는 공직자들인 근로자들은 노동
　　　　　　　　　　삼권을 가지기 어렵다.
　　　　　　　15) 왜 어렵냐
　　　　　　　16) 노동 삼권을 갖기 위해선, 기본적으로 노동 삼권이 나오게 된
　　　　　　　　　　배경은 말이죠

17) 사적이익을 추구하는 고용주의 그런 어떤 일방적인 그런 상태에
　　서 현저하게 약자의 처지에 있는 근로자들을 보호해 주고
18) 그것을 집단적인 권리를 보장해 주지 않으면 도저히 다른 방안
　　이 없을 때 그거를 위해서 나오는 것입니다
19) 잘 아실 겁니다
20) 그 부분에 있어서 우리 공무원들은 걸린다는 거죠
21) 공무원들이 어떻게 사회적 약자냐, 이런 얘기예요

위의 **대화 사례 28**에서, 공무원 노조의 설립을 반대하는 N은 먼저
(013:14)를 통해 우리 나라의 공무원들은 노동 삼권을 가지기가 어렵다는
주장을 내세우고 있다. 그리고 자신의 그러한 주장의 이유를 (013:16~18)
을 통해 제시하고 나서, 마지막으로 (013:20~21)을 통해 다시 한 번 자신
의 주장을 보충하고 있는 것이라 할 수 있겠다. 이렇게 함으로써 N은 이
원표(1994)에서 제시하고 있는 '이유절의 전경화'라는 효과를 거두게 되는
것이라 할 수 있다.[66] 또한 (013:1)에서 시작한 자신의 순서 권한을 계속
유지하면서, 자신의 주장과 그 이유를 상대방의 방해를 받지 않고 계속적
으로 발화할 수 있게 되는 것이다.

⑤ 가정(假定) 원인 부정 형식 : 「가정 원인 부정 + 실제 원인 제시」
주장 대화이동의 다섯 번째 형식은 「가정 원인 부정 + 실제 원인 제시」의
구성을 이루는 '가정 원인 부정' 형식이다. 이 형식은 현재 논의하고 있는
사태의 실제 발생 원인이 무엇인지를 주장하려는 대화참여자가 주로 사용
하는 대화이동 구성이다. 이 대화참여자는 먼저 자신이 생각하는 현 사태
의 가정 원인을 제시함과 동시에 이를 부정한다. 경우에 따라서 이 과정은
한 번일 수도 있겠지만, 다음의 대화 사례에서와 같이 두 번의 과정이 이
어질 수도 있고, 또 그 이상의 경우도 가능하다. 이러한 과정을 거친 후
마지막으로 그 대화참여자는 자신이 생각하고 있는 실제 원인을 밝히게 되

---

66) 이원표(1994:45)에서는 이러한 전경화의 정의에 의해, "이유절은 단순히 결과에 대한
　　부가적인 정보를 제공하는 그 이상으로, 언급되고 있는 여러 가지의 정보(즉 이유, 증거,
　　동기 등)의 위상을 '좀 더 중요하고, 의의가 있으며, 이야기의 내용에 중심적인 것으로
　　서(Tomlin 1985:87)' 높이는 결과를 낳게 된다"라고 설명하고 있다.

는 것이다. 대화참여자들은 이러한 대화이동 구성을 통하여, 먼저 내세운 가정의 원인들을 간단하게 부정한 뒤, 마지막으로 제시한 원인에 초점이 주어지게 함으로써, 자신이 생각하는 그 원인이 실제 원인임을 더욱 강조하려는 것이다.

대화 사례 29 "잇단 사학분규 해법은 없는가!?"

(054) H 1) 저 그 말씀은 제가 직접 대답하기 전에요 한 말씀 드리고 싶은
        것은
     2) 오늘 제가 이 토론 제목을 보면서 좀 죄송하지만은 미국의 사립
        고등학교에 왜 분규가 없는가, 왜 거기는 교실 붕괴가 없고 학
        교 붕괴가 없단 말인가, 한번 생각해 봤어요
     3) 그럼 미국의 사학경영자들이 우리 한국 사람들보다도 훨씬 교육
        적인 철학이 더 투철해서 그런가 정직해서 그런가 그거 아닙니다
     4) 그러면 또 미국의 사립고등학교가 한국의 사립고등학교보다도 훨
        씬 더 강화된 규제 속에서 통제를 받기 때문에 꼼짝 못해서 그
        러냐 그것도 아닙니다
     5) 왜냐 하면은요
     6) 미국의 주에 따라 좀 다르긴 하겠지만은 미국의 사립고 어 사립
        학교법이 있단 얘기 나 듣지 못했어요
     7) 법이 없는 걸로 알고 있습니다 대부분 주가↗
     8) 우리 한국에도요 해방 후에 육십 삼 년도 천 구백 육십 삼 년도
        까지 사립학교법이 없었습니다
     9) 규제법이 없었어요
    10) 그런 법이 없는 그 시절에 있어서도 학교 분규가 없었다 이겁
        니다
(055) Y 1) 네
(054) H 11) 그러면 현재 학교 분규가 왜 있느냐↗
    12) 그리고 분규 원인을 제가 두 가지를 생각하고 있어요
    13) 얘기 다 할까요?

위의 **대화 사례 29**에서는, 앞에서 Y의 (051)로부터 현재 특정 ○○고의 경우 분규 사태의 주된 책임이 누구에게 있다고 보느냐는 질문을 받은 H가, 그에 대한 대답 대신에 현재 발생중인 사학 분규의 일반적인 원인이

무엇인가에 대해 말하려 하고 있다. H는 먼저 (054:2)에서 스스로 그 원인
에 대한 의문을 제기하고 있다. 그리고 (054:3~4)에서는 자신이 상정한 가
정된 원인들을 각각 내세움과 동시에 그것을 부정하고 있다. 그런 후
(054:5~10)에서는 그렇게 부정하는 이유를 간략히 언급한 후, 마지막으로
(054:11~12)에서는 '그러면 현재 학교 분규가 왜 있느냐/' 라는 발언과
함께 자신이 생각하는 실제 원인을 말하고자 한다.[67] H는 이러한 대화이
동 구성을 통해, 듣는 이로 하여금 H가 무엇을 진정한 원인으로 생각하고
있는지에 대해 호기심을 유발시킴으로써, 마지막으로 자신이 제시한 원인
에 초점이 주어지게 하고, 결국은 그 마지막의 원인이 실제 원인임을 강조
하려는 것이라 할 수 있다.

⑥ 상반된 복수 해결책 제시 형식 :
「문제 제기 + 제1해결책 및 제2해결책 제시 + 제1해결책 부정」

　마지막으로 주장 대화이동의 여섯 번째 형식은 「문제 제기 + 제1해결
책 및 제2해결책 제시 + 제1해결책 부정」의 구성을 이루는 '상반된 복수
해결책 제시 형식'이다. 이 형식은 현재 문제가 되어 있는 사안에서의 진
정한 해결책은 무엇인지를 주장하려고 하는 대화참여자가 주로 사용하는
대화이동 구성이다. 이 대화참여자는 먼저, 현재 논의 중에 있는 사안과
관련하여 중요하다고 생각되는 문제를 스스로 제기한 후 그에 대한 두 개
의 해결책을 제시한다. 이 해결책들은 서로 정반대의 성격에 해당하는 것
으로, 첫 번째로 제시되는 것은 우리가 상식적으로 볼 때, 그 문제의 해결
에 전혀 도움이 안될 것으로 판단되는 해결책이 주로 오게 된다. 반대로
두 번째로 제시되는 해결책은 마찬가지로 우리가 상식적으로 볼 때에 그
문제의 해결에 진정으로 도움이 될 것으로 판단되는 해결책이 주로 오게
된다. 그리고 마지막에 가서는 그 첫 번째의 해결책이 갖고 있는 문제점을
언급하면서 그 해결책을 부정하게 된다. 이러한 대화이동 구성은 자신이

---

67) (054:5~10)은 H가 자신이 내세운 가정 원인을 부정하는 이유를 밝히고 있는 것이다.
　　이 발언은 자신의 부정 이유를 보충하는 것으로, 「가정 원인 부정 + 실제 원인 제시」
　　의 대화이동 구성에서는 수의적인 것이라 할 수 있다. 위의 (054)에서의 경우만 보더
　　라도, (054:5~10)의 발언이 없어도 H의 발언은 전혀 어색하지 않음을 알 수 있다.

주장하고자 하는 해결책과 정반대의 성격에 해당하는 해결책을 함께 언급함으로써, 자신이 주장하는 해결책이 보다 더 타당하고 합리적인 것임을 두드러지게 나타내기 위한 것이라고 할 수 있겠다.

대화 사례 30   "잇단 사학분규 해법은 없는가?"

(086) S   1) 선생님께서는 이해하시기 어렵다는 것을 저는 이해할 수 있습니다
　　　　　2) 근데 문제는요↗
　　　　　3) 학교 정상화라는 게 뭐냐↗
　　　　　4) 애들이 그냥 어떤 불이익을 받던 공부를 못하던, 교사들이 교권을 침해를 당하든 조용히만 있고 정상 수업만 돌아가면 그게 학교 정상화인지 교육의 정상화인지,
　　　　　5) 아니면 정말 진정한 교육이 행해지고 자기가 공부하고 싶고 가르치고 싶고, 그래서 그게 교육의 효과가, 극대화되는 이게 교육인지
　　　　　6) [이게 구별이 분명히 돼야 되는데,
(087) A   1) [나는 그 얘기 내가 해도[돼요?
(086) S   7) 　　　　　　　　　　　　　　　[제 얘기 아직 안 끝났습니다
　　　　　8) 아직 안 끝났습니다
(088) A   1) 고 얘긴 좀
(086) S   9) 아직 안 끝났습니다
　　　　　10) 그게 분명히 되야 되는데,
　　　　　11) 자기가 권리를 침해를 당했다고 생각하는 사람 당연히 권리를 주장할 수 있는 권리가 있습니다
　　　　　12) 그리고 그건 주장해야 되구요

위의 **대화 사례 30**에서 사립학교법 개정에 찬성하는 S는 먼저 (086:2~3)을 통해서 진정한 의미에서의 학교 정상화라는 것은 과연 무엇을 말하는 것인지를 스스로 문제 제기하고 있다. 그리고 (086:4)에서는 상식적으로 볼 때, 자신이 제기한 문제 해결에 전혀 도움이 되지 못할 성격의 제1해결책을, (086:5)에서는 그 정반대의 성격을 갖고 있는 제2해결책을 순서대로 제시하고 난 후, (086:6)에서는 그 둘 중에 하나를 분명하게 선택해야 한다고 하고 있다. 그리고 마지막으로 (086:11~12)에서는 제1해결책의 문제점을 지적함으로써, 제2해결책을 선택해야 할 것임을 간접적으로 주장하고 있다.

S는 이와 같이 자신이 주장하고자 하는 해결책과는 정반대의 성격에 해당하는 해결책을 함께 언급함으로써, 자신의 주장이 보다 더 타당하고 합리적인 것임을 두드러지게 나타내려 하는 것이라 할 수 있다.[68]

이상의 내용을 통해서 우리는, 대화참여자들은 자신의 과제 목적을 달성하기 위하여 자신의 주장을 내세우는 데 있어서, 지금까지 살펴본 여섯 가지 형식의 주장 대화이동을 전략적으로 구성하고 있음을 확인해볼 수 있었다.

(2) 반박 대화이동

앞에서 이미 언급한 바대로, TV 생방송 토론 대화는 "어떤 논제에 대하여 찬성자와 반대자가 각자 자기 의견의 정당함과 상대방 의견의 부당함을 서로에게, 그리고 제3자라 할 수 있는 방청객 및 시청자들에게 주장하는 말하기 형태"이다. 따라서 대화참여자들은 이러한 과제 목적을 달성하기 위하여 전략적으로 짜여진 '주장 대화이동' 구성에 힘쓰는 한편, 자신에게 행해진 상대방의 주장에 대해서도 적절하게 대응하기 위하여 전략적으로 짜여진 '반박 대화이동'을 구성하게 된다. 본 연구에서는 전사 자료를 통해 살펴본 결과, 대화참여자들이 구성하는 반박 대화이동의 유형으로 모두 세 가지를 확인할 수 있었는데, 이것들을 대화 사례와 함께 차례대로 살펴보면 다음과 같다.

① 자문 자답 형식 : 「자문 + 자답 + 반박」

반박 대화이동의 첫 번째 형식은 「자문 + 자답 + 반박」의 구성을 이루는 '자문 자답 형식'이다. 이 형식은 주장 대화이동의 첫 번째 형식인 「자문 + 자답 + 주장」형식과 유사한 구성으로 이루어져 있다. 단지 마지막 화행의 종류가 반박과 주장이라는 점에서만 서로 다를 뿐이다. 하지만

---

68) 이 여섯 번째 대화이동 형식은 그러한 기능 외에도, 상대방이 주장하는 것은 첫 번째 해결책과 관련된 것이며, 자신이 주장하는 것은 그 두 번째 해결책과 관련된 것이라는 점을 은연중에 간접적으로 나타내면서, 결국 자신의 주장이 상식적으로 볼 때에 더 타당한 것임을 나타내는 기능도 하고 있는 것으로 보인다.

사실 가장 중요한 차이는 '자문'의 내용이 무엇이냐에 있다.

먼저 주장 대화이동의 경우에는 상대방의 이전 발화와는 관계없이, 자신이 다음에서 주장하고자 하는 바와 관련되어 있는 사항을 자문하게 된다. 하지만 반박 대화이동의 경우에는, 상대방의 이전 발화 내용 중에서 문제점이 발견되는 부분을 지적하여 이를 자문하게 된다. 그리고 이에 대해 스스로 대답한 뒤 그러한 자문과 자답의 내용을 근거로 하여, 상대방의 이전 발화를 반박하는 구성을 취하는 것이다.

> **대화 사례 31** "잇단 사학분규 해법은 없는가!?"
>
> (233) S 9) 그리고 왜 일부 사학의 문제를 전체 건전 사학에까지 못하게 하느냐
>
> 10) 법이라는 게 그렇지 않습니까?
>
> 11) 문제가 생겨서 해결하기 위해서는 열 명중에 하나라도 문제가 생기면 그것을 해결할 수 있는 최후의 보루가 법입니다
>
> 12) 그런데 그것을 다른 데 피해가 간다 그렇기 때문에 안 된다↗
>
> 13) 그런데 저희들이 볼 때는 다른 데 피해가 가는 것이 아니라 잘못된 것을 최소한 제재할 수 있는 법을 만들자는 게 지금 개정안입니다
>
> 14) 그렇게 좀 이해를 해주셔야 되구요

위의 **대화 사례** 31에서, 사립학교법 개정에 찬성하는 S는 "왜 일부 사학의 문제를 가지고, 전체 사학에까지 영향을 미치는 법 개정을 하려 하느냐"는 H의 이전 주장을 반박하고 있다. 먼저 (233:9)에서는 그러한 H의 주장을 인용하면서 자문을 하고 있다. 그런 다음 (233:10~11)에서는 반문의 형식을 이용하여 법의 본래 기능을 설명함으로써 (233:9)에서의 자문에 대해 스스로 대답하고 있다. 그리고 이러한 발화 내용들을 근거로 해서, 마지막으로 (233:12~13)에서는 사립학교법의 개정이 건전한 사학에까지 피해를 가게 한다는 H의 이전 주장을 반박하고 있다.

대화 사례 32   "공무원 노조 필요한가?"

(110) M 1)   [저기 제가 궁금한 거는요

     2) 어 지금 네 가지를 지금 말씀하셨는데 처음에 말씀하셨으면 더 좋았을 텐데요

(111) Y 1) 우선은 권익문제부터 네

(112) M 1) <u>어 노조라는 게 뭡니까?</u>

     2) <u>노조란 노조의 목적이란 게 뭐 여러 가지로 볼 수 있는데 첫째는 근로조건의 개선입니다</u>

     3) <u>임금을 비롯한 근로조건의 개선</u>

     4) <u>그 다음에 어 해고를 시키지 당하지 않는 것</u>

     5) 이 두 가지가 노조의 기본적인 목적인데

     6) <u>앞의 두 가지는 포장을 하신 거구요</u>

     7) 이거 공식사회 민주화가 공무원 노조가 생기면 된다↗

     8) 이렇게 믿는 사람은 아마 없을 겁니다

     9) 이거 뭐 여러 가지 감사원도 있고, 여러 가지//

위의 **대화 사례 32**에서, 공무원 노조의 설립을 반대하는 M은 앞의 (105)에서 상대방인 C가 공무원 노조의 네 가지 목표는 '공직사회 민주화, 국민에게 신뢰받는 공무원상 정립, 공무원 노동기본권 쟁취, 하위직 공무원의 권익 확립'이라고 주장한 것을 반박하고 있다. 이 과정에서 M은 먼저 (112:1)에서 '어 노조라는 게 뭡니까?'라는 발화를 통해, C의 주장에서 거론되었던 '노조'의 개념을 자문한다. 그리고 곧바로 (112:2~5)에서는 자신이 생각하고 있는 일반적인 노조의 기능을 설명하고 있다. 그리고 마지막으로는 이러한 과정의 내용들을 근거로 하여, (112:6)에서 '앞의 두 가지는 포장을 하신 거구요'라고 함으로써, 공무원 노조의 네 가지 목표를 제시하였던 C의 (105) 발언 내용을 반박하고 있다.

② 상대 주장에서의 문제 제기 형식 : 「상대 주장 인용 + 문제 제기」

반박 대화이동의 두 번째 형식은 「상대 주장 인용 + 문제 제기」의 구성을 이루는 '상대 주장에서의 문제 제기 형식'이다. 이것은 대화 상대방의 주장 내용을 반박하는 데 있어 가장 간단한 형식을 취하는 대화이동

구성으로, 먼저 상대방의 주장 내용을 인용한 후에 그 주장 내용에서 발견되는 문제점을 제기하는 구성으로 되어 있는 것이다.

대화 사례 33   "공무원 노조 필요한가?"

(042) C 16) 그리고 김대중 대통령 임기 끝날 때까지 노조 허용 안 되면은 앞으로 또 십 년이 후딱 흘러버립니다

17) 그렇게 되면은 여기 교수님들 논리대로 왜 하필이면 이런 뭐 이 때냐, 경제사정이 좀 좋아지면 할 거 아니냐↗

18) 경제사정이 어느 정도 좋아지면 한다는 건지

19) 그리고 또 경제사정이 경제사정하고 공무원 노조하고 어떤 연관 관계가 있는지,

20) 그리고 공무원 노조를 허용하는 나라가 경제사정이 안 좋아졌는지 그걸 한 번 한 번 제시해주면 좋겠습니다

위의 **대화 사례 33**에서 C는, 상대방인 N과 M이 하고 있는 주장 즉 '현재 나라 사정도 안 좋은데 왜 하필이면 지금 그러한 노조를 설립하려고 하느냐'라는 내용의 주장을 반박하려 하고 있다.[69] 그리하여 C는 먼저 (042:17)에서 상대방들의 주장 내용을 인용한 후, (042:18~20)에서는 그와 관련되는 세 가지의 문제점을 제기하고 그에 대한 답변을 요구함으로써, 상대방들의 주장 내용을 반박하고 있다.

대화 사례 34   "공무원 노조 필요한가?"

(245) C 2) 지금 아까 제가 칠 백 칠십 오 개 국 아이엘오 가입한 나라가 대만과 우리나라를 제외한 모든 나라가 공무원 노조를 인정하고 있

---

69) 물론 아직까지는 상대방 토론자들이 본 토론회에서 그러한 주장을 실제로 하지는 않았다. 하지만 상대방들이 그러한 의견을 가지고 있는 것은 분명하며, 이는 Y의 발언 (027:5~6) 즉, "지금 그 말씀과 연관해서 하필 왜 이 시점이냐, 이런 질문이 나오거든요. 노사정위원회에서 더 논의도 하고 있는 사항이고 그런데 왜 내년 들어갈 때 반드시 노조를 결성하겠다 이렇게 말씀을 하시는지"라는 발언 내용을 통해서 확인할 수 있다. C는 상대방 대화참여자들이 아직까지는 구체적으로 발화하지 않은 그들의 주장 내용을 바로 이러한 Y의 발언을 근거로 해서, 요약하여 인용하고 있는 것으로 볼 수 있다.

　　는데 그 많은 나라를 한번 조사해 봤습니까?
　　3) 정치세력화 해 가지고 공무원 노조 때문에 나라가 나라가 망한
　　　 나라가 있는지
【(246)-(248) 부분 생략】
　(249) N　1)　　　　　　　　　　　　　　[정확하게 지금 얼마 전에 최근에 C대
　　　표께서 여러 가지 인터뷰를 많이 하셨는데 C대표께서 이런 말씀
　　　을 하셨어요
　　　2) 어느 신문사 기자회견에서 이 정권에서 어 이 정권 안에 우리 노
　　　조를 해 주지 않으면은 전 공무원이 협조해서 집권저지운동을 벌
　　　이겠다╱
　　　3) 지금 현 현행 공무원의 입장에서 나온 얘깁니다
　　　4) 이것이 정치적인 행위가 아니고 뭡니까?

　　위의 **대화 사례 34**에서, N은 상대방인 C가 (245:3)에서 한 주장, 즉
'공무원 노조가 정치세력화 한다고 해서 나라가 어떻게 되는 것은 아니다'
라는 내용의 주장을 반박하려 하고 있다. N은 이를 위하여 C가 본 토론이
아닌, 예전에 있었던 어느 인터뷰에서 주장한 내용을 인용하고 있다. 그리
하여 N은 먼저 (249:2)에서, '현 정권 안에 노조 설립이 허용되지 않을 경
우 집권 저지 운동을 벌이겠다'라고 한 C의 인터뷰 주장 내용을 인용하고
있다. 그리고 (249:3~4)에서는, 이런 발언이 바로 정치적인 행위이며, 바로
이러한 발언을 공무원이 했다는 점에서 문제가 있음을 지적함으로써, C의
주장 (245:3)을 반박하고 있다.

　③ 부분 인정 부분 부정 형식 : 「부분 인정 + 문제 제기」
　　상대방의 주장을 반박하기 위해서는 위의 ②에서 살펴본 것과 같이, 상
대방의 주장 내용을 인용한 후 그것에서의 문제점을 지적하는 것이 가장
간단한 방법일 것이다. 하지만 이러한 형식은 너무 직선적인 반박이라는
점에서 대화참여자들이 흔히 사용하기에는 어느 정도의 부담이 따르는 것
이라 할 수 있겠다.[70] 따라서 대화참여자들은 많은 경우에, 일단은 상대방

---

70) 반박을 하는 이의 입장에서 볼 때, 그러한 직선적인 반박을 행하기가 부담이 되는 이
　 유는, 그러한 반박은 상대방의 체면을 손상시키는 결과를 낳게 되기 때문이다. 어차피

의 주장 내용 중 일부분을 먼저 인정한 후, 그럼에도 불구하고 나머지 부분에서는 여전히 문제가 존재하고 있음을 언급함으로써, 결국 상대방의 주장을 반박하게 되는 대화이동을 자주 구성하고 있다.

대화 사례 35   "잇단 사학분규 해법은 없는가?"

(008) K 1) 예 아 학교를 짓고 이랬을 때는 저는 일정 부분은 그런 공이 있었다고 인정합니다
     2) 그러나 어 실제로 최근에 학교가 우후죽순으로 생기면서 한 재단이 여러 개의 학교를 마구 짓고
     3) 그 학교를 짓는 것이 정말 민족적인 어떤 목표라든지 확실한 건학 이념이나 철학이 있어서가 아니라 치부의 수단이나 또는 출세나 명예 그리고 세금이 감면되는 재단 증식수단 이런 것들로 사립학교가 굉장히 많이 생겼습니다
     4) 그래서 그런 것들을 효율적으로 관리할 수 있는 이런 법이나 제도적 장치가 미흡하자, 이제 수많은 학교들에서 분규가 터져 나오고 그런 것들이 이제 완전히 사회문제로 지금 대두가 돼 있는 겁니다

대화 사례 35에서 K는 H가 앞의 (004)에서 그 동안 사학이 이루어온 여러 가지의 공적들에 대해 언급하자 이에 대한 반박을 하려 하고 있다. 먼저 K는 (008:1)에서 H가 언급한 그러한 공적들이 있었다는 부분에 대해서는 인정을 하고 있다. 하지만 (008:2~4)에서는, 그럼에도 불구하고 사학이 지금처럼 성장하는 과정에서는 여러 가지의 문제점들이 분명히 존재하고 있으며, 바로 그러한 이유로 인해 현재 많은 사학들에서 각종 분규가 터져 나오고 있는 것이라고 지적하면서, H의 주장 (004)에 대해 반박을 하고 있다.

과제 중심적 경쟁 대화이기 때문에 상대방의 주장을 반박해야 하는 것은 불가피한 언어적 행위라 할 수 있다. 하지만 상대방의 체면을 고려한다면, 좀 더 간접적이고 우회적인 방법을 통해서도 반박을 행할 수 있는 것이며, 실제로도 그렇게 하는 경우가 많다.

대화 사례 36   "공무원 노조 필요한가?"

(013) N   3) 지금 두 분이 말씀하신 것을 제가 듣기로 요약을 한다면 간단하
             게 이렇게 합니다

          4) 헌법에 어 인제 공무원도 근로자이다

          5) 그 다음에 근로자는 노동 삼권을 갖는다,

          6) 고로 공무원도 노동 삼권을 갖는다,

          7) 그렇게 보시는 것이 가장 간단하게 얘기하면

          8) 근데 제가 볼 때는 약간 다르다 이런 얘기입니다

          9) <u>공무원도 근로자다, 맞습니다</u>

         10) <u>그런데 근로자는 노동 삼권을 갖는다, 그 부분이 틀려요</u>

         11) <u>모든 근로자가 다 노동 삼권을 갖는 것은 아닙니다</u>

         12) 그래서 우리는 뭘 따져야 되냐하면 노동 삼권을 가질 수 있는
             근로자와 갖기 어려운 근로자를 구분해줘야 되는데

         13) 우리가 그 논리로는 그걸 구분하지 않고 있다

대화 사례 36에서, N은 앞의 (005:6~7)에서 C가 한 주장에 대해 반박
하고 있다.[71] 먼저 N은 (013:9)에서 '공무원도 근로자다'라는 부분에 대해
서는 인정을 하고 있다. 하지만 (013:10~11)에서는, 모든 근로자가 다 노
동 삼권을 갖는다는 부분에는 문제가 있음을 주장하고 있다. 그러면서
(013:12~13)에서는 그러한 문제 제기의 근거를 보충하여 제시하고 있다.
이러한 「부분 인정 + 문제 제기」형식은 앞의 「상대 주장 인용 + 문제
제기」형식에 비해 볼 때, 상대방의 주장 내용 중에서 타당하다고 판단되는
점은 일단 인정하고 넘어가는 대화이동으로, 상대적으로 볼 때 보다 협력
적인 대화이동 구성이라 할 수 있겠다.

이상의 제4장의 1. 1) '대화이동(move) 구성'에서는 대화참여자들이 자신
의 과제 목적을 성취하기 위하여 구사하는, 대화이동 구성 범주에서의 대
화 책략들을 살펴보았다. 이들은 모두 자신의 의견을 보다 효율적으로 피

---

71) C의 주장 내용은 다음과 같다.

   (005) C 6) 그래서 공무원 근로자임에 틀림 없다면은 스으 공무원에게도 근로자로서
             의 기본권이 주어줘야 함에도 불구하고

          7) 아직도 여전히 이 정부가 공무원에게 노동조합을, 다시 말씀드려서 근로
             기본권을 주지 않고 있습니다.

력하고 또한 상대방의 의견이 잘못된 것임을 비판하기 위해 전략적으로 짜여된 '주장 대화이동'의 구성에 힘쓰는 한편, 상대방이 자신에게 행하는 그러한 주장에 대해서도 효과적으로 대응하기 위해서 '반박 대화이동'을 구성하는 데 있어서도 전략적인 모습을 보여주고 있었다. 지금까지 여기에서는, 그러한 두 가지의 대화이동 구성에서 확인되는 여러 가지의 대화이동 형식들을 유형별로 분류하면서 그 각각의 기능들을 함께 언급해 보았다.

2) 화행(speech act) 실행

대화참여자들은 앞에서 살펴본 대화이동의 구성 범주 이외에, 그 구성요소라 할 수 있는 화행을 실행하는 데 있어서도 여러 유형의 대화 책략들을 구사하고 있다. 즉 그들은 자신의 과제 목적을 염두에 두고, 그 목적 달성에 보탬이 될 수 있도록 화행을 실행하려고 하는 것이다.

이러한 화행 실행 범주에서 구사되는 대화 책략으로는 네 가지 유형의 것들을 들 수 있는데, 그 첫째는 여러 가지 선택 가능한 어휘들 중에서 주로 자기 화행의 발화수반력72)을 증폭시키는 데 보탬이 되는 특정 어휘를 선택적으로 사용하는 것이다. 그리고 둘째는 자신의 발화로 인해 향후에 발생 가능한 여러 가지 비난이나 불이익으로부터 자신을 보호하기 위해, 자기 화행의 발화수반력을 완화시켜주는 진술 유형을 선택적으로 사용하는 것이며, 셋째는 자신이 발화하는 명제 내용에 대한 자신의 태도를 명료하게 표명해주는 여러 담화 장치들을 사용하는 것이다. 마지막으로 넷째는 전반적인 대화의 진행 양상이나, 자신 또는 상대방이 발화한 화행들의 효

---

72) Holmes(1984)에서는, 대화참여자들이 자신이 발화하는 명제 내용에 대한 자신의 태도를 전달하거나 혹은 청자에 대한 화자의 태도를 표현하기 위하여 그 화행의 발화수반력을 조정하게 된다고 본다. 이러한 발화수반력의 조정이란 그 화행의 힘을 증폭시키거나 완화시키는 것인데, 청자에게 부정적인 영향을 끼치는 화행의 힘을 완화시키는 것과 긍정적인 영향을 끼치는 화행의 힘을 증폭시키는 것은 청자에 대한 화자의 긍정적인 감정을 표현하면서 그들 사이의 결속력을 높여주는 수단이 된다. 반면에 부정적인 영향을 끼치는 화행의 힘을 증폭시키고 긍정적인 영향을 끼치는 화행의 힘을 완화시키는 것은 화자와 청자 사이의 사회적 관계를 멀게 하는 수단으로 해석된다.

율성 등을 점검하는 메타 화행을 실행하는 것이다. 앞에서와 마찬가지로, 본 절에서도 이러한 네 가지의 유형들에 해당하는 대화 책략들을 그 대화 사례를 들어가며 살펴보도록 하겠다.

(1) 어휘 선택

대화참여자들은 서로 대화를 나눔에 있어 발화의 중요한 한 단위인 화행을 행하기 위해서는 그 구성 요소에 해당하는 어휘들을 반드시 선택적으로 사용하게 된다. 바로 이러한 어휘 선택은 그들이 말을 함으로써 이루고자 하는 바의 달성 여부에 큰 영향을 끼치는 중요한 과정이기 때문에, 이를 잘 알고 있는 대화참여자들은 이 과정에서 매우 전략적인 모습을 보이게 되는 것이다.[73)]

일반적으로 한 사람의 어휘 사용 모습은 다른 사람으로 하여금, 말하고 있는 이의 지식이나 교양 정도를 짐작할 수 있게 하기 때문에 매우 중요한 의미를 갖는 것이라 할 수 있다. 그런데 과제 중심적 대화의 경우, 그 어휘 사용은 말하고자 하는 명제 내용과 직결되어서, 그 말하고자 하는 바를 어떻게 전달하느냐 하는 문제에 큰 영향을 주는 것이기 때문에, 그 무엇 못지 않게 중요한 사항이라 할 수 있다.[74)] 특히 바로 다음에서 살펴보게 될 명명 어휘의 선택과 같은 경우에, 자신에게 좀 더 유리한 영향을 미치게 될 명명 어휘를 선택하여 사용하는 것은 자신이 발화한 화행의 발화수반력을 더욱 증폭시키는 것으로, 화자 자신이 그 화행을 통해 나타내고자 하는 바를 더욱 명확히 하는 데에 기여하는 것이라 할 수 있다.

---

73) 어휘 선택의 중요성에 대해서는 많은 화법 관련 교재들에서 이미 강조하고 있는 바이다. 이창덕 외(2000:144), 강태완 외(2001:198) 등에서 바로 그러한 어휘 선택의 중요성을 강조하고 있다.

74) 강태완 외(2001:198)에서는 예를 들어 이념적으로 좌파라는 대상이 존재하지만 이것을 사회주의자라고 하거나 혹은 빨갱이라고 하는 표현상의 차이는 우리의 반응과 태도를 달라지게 한다고 보고 있다. 이 밖에도 이러한 용어 사용의 예로 '가난-저소득', '감방-교도소', '청소부-미화원', '검찰-권력의 시녀', '조선족-재중 교포', '종군위안부-일본 정부 주도 집단 강간 피해자' 등을 제시하고 있다.

① 명명(命名) 어휘

대화참여자들이 자신이 발화하는 화행에서의 주요한 명제에 쓰일 일반적인 용어를 다른 이름으로 명명하는 기법, 혹은 어떤 집단이나 현상에 대한 명칭을 부여하는 방법을 가리켜 우리는 명명 기법(naming)이라 한다(강태완 외 2001:209). 그런데 특히 토론과 같은 과제 중심적 대화의 경우, 논의의 핵심에 해당되는 어떤 어휘를 언급하는 데 있어, 이 명명 기법은 토론의 주제 및 토론의 전반적인 진행 방향을 설정하거나 혹은 자신의 의견을 효과적으로 전달하는 데 있어 매우 중요한 기능을 하게 되므로, 대화참여자들은 이 명명 어휘의 사용에 많은 관심을 가지게 된다. 그리하여 경우에 따라서는 어떤 명명 어휘의 사용 자체를 두고도 적지 않은 논쟁을 벌이게 되기도 한다.

> **대화 사례 37**   "잇단 사학분규 해법은 없는가?"
>
> (012) K   3) 지금 우리 나라 사립학교의 경우는 실제로 아까 얘기한 것처럼 그 비율이 고등학교의 경우 오십 일 퍼센트, 대학의 경우는 거의 팔십 육 퍼센트에 해당됩니다
>   4) 전문대학의 경우는 아주 **장사**가 잘 돼서 구십 육 퍼센트가 지금 사립학교로 돼 있습니다
>
> (024) H 27) [거꾸로, 거꾸로 두 분이 두 분이 그런 환경에서 그런 학교를 세워 가지고 오늘을 **경영**해왔는데,

위의 **대화 사례 37**의 경우, K는 (012:4)에서 '장사가 잘 돼서'라고 함으로써 (024:27)에서 '경영'이란 어휘를 사용하고 있는 H의 어휘 사용과 대조를 이루고 있다. K는 사립학교법 개정을 주장하고 있는 대화참여자이다. 따라서 K는 H가 쓰고 있는 '경영'이라는 어휘가 의미하는 부분에 대하여, '장사'라는 어휘를 대신 사용함으로써 그 동안의 사립 학교 운영 과정에서는 부당한 이윤 추구를 목적으로 하는 어떠한 비리가 있음을 간접적으로 내비치고 있다.

대화 사례 38 "잇단 사학분규 해법은 없는가!?"

(012) K 20) 실제로 그 **족벌체제**, 친인척으로 전부다 **포진**하고 그리고 뭐 ○
　　　　　○고 예를 들면 너무나도 정말 끔찍하지만 이런 횡령의 사례가
　　　　　[이미 몇 년 사이에 거의 한 칠팔십 여 개 학교가[

(014) A 1) [저(:)　예　지금 잠깐　예　근데　저(:)
　　　　2) 　　　　　　　　　　　　　　　　　　　　[저 토론을 위
　　　　해서 조금 우리가 언어를 절약할 필요가 있고 한데
　　　　3) 저 언젠가 저 경제 쪽에서 족벌이라는 말 썼다가 혼났어요
　　　　4) 이건 **친족경영**이라 하는 아주 신사적인 용어로 고치자 하는 얘
　　　　기가 나와서 합의되는 걸 봤습니다

(015) K 1) 친족 경영이요?

위의 **대화 사례 38**은 사립학교의 운영에 이사장을 중심으로 한 그 주변의 친인척들이 참여하는 것을 일컫는 어휘의 사용에 대한 것이다. K는 앞의 **대화 사례 49**에서와 마찬가지의 이유로, (012:20)에서 '족벌체제', '포진' 등의 다소 부정적인 이미지의 어휘를 사용하고 있다. 이에 반대 입장에 있는 A는 그러한 어휘의 사용에 문제를 제기하면서 자신이 생각하기에 아주 신사적이라고 생각되는 '친족경영'이라는 어휘를 사용하자고 제안하고 있다. 하지만 K는 (015:1)에서 '친족경영이요?'라고 하면서 그 어휘의 사용 제의에 응하지 않을 것임을 내비치고 있다.

대화 사례 39 "공무원 노조 필요한가!?"

(007) N 3) 최근에는 이른바 인제 그 **기득권층**이라고 돼 있는 분들이 노동
　　　　조합법, 노동 삼법을 이용해서 그 본인들의 이익을 어(:) 늘리기
　　　　위한 그런 움직임들이 많이 있습니다.
　　　【 4-8) 부분 생략 】
　　　　9) 우리 사회가 지금 가뜩이나 어려운 때에 이와 같이 **신만능주의**
　　　　혹은 **집단 이기주의**의 선봉에 국민의 그 봉사자인 공무원이 서
　　　　있다는 거에 대해서 국민의 한 사람으로서 상당히 걱정이 되고

(011) D 16) 그 다음에요,
　　　　17) 우리 N교수님께서 좀 그 용어의 오해를 좀 불러일으켰는데 말이죠
　　　　18) 맨 처음에 **기득권층**이라는 말씀 쓰셨는데요

19) 교사, 조종사, 공무원 마찬가지로

20) 글쎄

21) <u>우리가 사회적으로 **기득권층**을 거기서 써야 되는지 말이죠</u>

22) 그 다음에 또 하나는 방법적인 면에 있어서의 어떤 폭력이라든가 불법, 불신, 그 다음에 또는 **신만능**, 그 다음에 **집단 이기주의**, 그건 나중에 뺍시다

23) 그렇다면 현재 공무원 노조의 결성 움직임이 지금 기득권층의 자기 밥그릇 챙기기고 또는 불법적이고 폭력적이었다/

24) 혹시 공무원 노조 결성 움직임 과정에서 폭력 쓰신 거 혹시 보셨는지 말이죠

위의 **대화 사례 39**에서, 공무원 노조의 설립을 반대하는 N은 (007:3)을 통해 공무원 집단을 '기득권층'이라 하고, (007:9)에서는 이들이 현재 공무원 노조의 설립을 추진하고 있는 것을 가리켜 '신만능주의'와 '집단 이기주의'의 선봉에 서는 것이라 하고 있다. 이에 반대의 주장을 하고 있는 D는 (011:17~21)에서 과연 공무원 집단을 가리켜 '기득권층'이라는 어휘를 사용해도 되는 것인지에 대해 의문을 제기하고, (011:22~23)에서는 '신만능', '집단 이기주의'의 어휘 사용에 대해서도 마찬가지로 문제를 제기하고 있다. 이러한 어휘들의 사용 가능 여부는 현재 양쪽의 대화참여자들이 논의하고 있는 사태의 성격을 결정짓는 중요한 기능을 하는 것이기 때문에, 이러한 점을 알고 있는 D는 N이 그러한 세 어휘를 사용하는 것 자체와 관련하여 문제를 제기하지 않을 수 없는 것이다.

② 하대(下待) 어휘

TV 생방송 토론 대화는 앞서 밝힌 바와 같이 방송 매체를 이용한 제도 대화로써, 그 토론자들은 자신의 나이나, 성(性) 또는 직업 등과 관련된 여러 사회적 지위 등과 관계없이 한 사람의 토론자로서 동등한 제도적 지위를 갖게 된다. 따라서 대부분의 토론 참여자들은 서로에게 존대의 뜻을 나타내는 지칭어 또는 종결어미를 사용하는 것이 일반적이다.[75] 그리하여 지

---

75) 본 연구의 전사 자료 중에서, 상대방 토론자에게 하대의 뜻을 가지는 호칭어를 사용하는 경우는 한 번도 발견되지 않았다.

칭어의 경우는 거의 대부분이 'O 교수(님)', 'O 회장(님)', 'O 위원장(님)' 등과 같이 '성(명)+사회적 지위+(님)'의 지칭어 형태를 사용하며, 종결어미 또한 격식의 합쇼체나 비격식의 해요체를 사용하는 것이 대부분이다.[76] 하지만 상대적으로 나이가 많은 이가 적은 이에게 말을 할 때에는 경우에 따라서 하대의 대우법 형식을 사용하는 경우가 있었다. 토론 참여자들이 이러한 하대의 뜻을 갖는 어휘를 사용하는 것도 바로 자신의 화행이 갖고 있는 발화수반력을 증폭시키고자 하는 것이라 할 수 있다.

대화 사례 40   "잇단 사학분규 해법은 없는가!?"

(415) H 9) 그러면은 내가 내놓은 돈을 가지고 지은 학교 사립학교의 모든 재산은 분명히 내 재산이 아닙니다
10) 내 개인 재산이 아니에요
11) 그렇기 때문에 내 개인 재산인 양 그것을 여기고 그걸 뭐냐하면은 취급하고 행동해서는 안 된다 이겁니다
(417) S 1) 그렇죠
(415) H 12) 그러나 이 학교 법인이 사적 재산인 것이 분명한 건데 **법을 하신 양반**이 그것이 아니라고 부인을 하십니까?
(418) S 1) 아니에요

위의 **대화 사례 40**에서, H는 S가 앞의 (412:11)에서 '사립학교가 개인이 물론 재산이 냈습니다마는 그 개인의 재산은 아니죠'라고 주장한 데 대하여 반박을 하고 있다. 이 과정 중 상대적으로 더 연장자인 H는 (415)에서 상대방인 S를 지칭하여 '법을 하신 양반'이라 하면서, 사립학교가 사적 재산이 아니라고 한 S의 주장에 대한 반박의 강도를 높이고 있는 것이라 할 수 있겠다.

---

76) 종결어미의 청자대우 등분은 보통 4등분에서 6등분까지 제시되고 있다. 최현배(1937)에서는 아주 낮춤, 예사 낮춤, 예사 높임, 아주 높임의 4단계 등분을 제시하고 있는데, 이후에 제시되는 등분 체계는 위의 4등분을 기본으로 하여, 거기에 해체(반말)를 포함함으로써 5단계 구분을 하기도 하고, 다시 해요체('반말+요'형)를 첨가하여 6단계 구분을 하기도 한다. 본고에서는 격식체와 비격식체를 나누어서, 격식체에는 합쇼체, 하오체, 하게체, 해라체, 그리고 비격식체에는 해요체와 해체가 있는 것으로 기술하는 2원 체계의 등분 설정을 따라서 논의를 하고자 한다.

이러한 지칭어의 사용 이외에, 종결어미에서의 청자대우 수준을 선택하는 데 있어서도 대화참여자들은 전략적인 모습을 보인다. 일반적으로 대부분의 토론 참여자들은 상대방에게 격식의 합쇼체 혹은 비격식의 해요체를 사용하고 있다. 하지만 지칭어 사용의 경우에서와 마찬가지로, 상대적으로 연장자인 경우에는 나이가 적은 상대방을 상대로 격식의 해라체 혹은 비격식의 해체를 사용하는 모습을 보이기도 한다. 다음은 바로 이에 해당하는 대화 사례이다.

대화 사례 41   "잇단 사학분규 해법은 없는가!?"

(033) S   3) 한데 왜 지금 이런 사학비리가 터지고 수백 억의 횡령사건이라든가 유용 사건이 왜 터집니까?
　　　　4) 회장님께서 설명하신 방식이라면 그런 사건이 [안 터져야 하는데 그게 어떻게 터지는지[
(035) H   1)　　　　　　　　　　　　　　　　　　　[아 아니 그러니까
　　　　　　(:)
　　　　2)　　　　　　　　[이삼천만 원 가지고 이삼천만 원이 어떻게 수백 억이[도느냐 하는 **말이야**↗ 말씀하시란 **말야**↗
(036) K   1)　　　　　　[제가 이삼천만 원 가지고 비리를 저지른 게 아니고,

위의 **대화 사례 41**에서는 S가 앞의 (033)에서 사학 비리가 엄연히 존재하고 있음을 주장하자, H는 도저히 사학 비리란 있을 수 없다며 반박을 하고 있다. 이 과정에서 H는 자신이 토론의 거의 모든 과정에서 사용하고 있는 합쇼체의 종결어미 대신 '어떻게 수백 억이 도느냐 하는 말이야 말씀하시란 말야'와 같이 해라체의 하대 종결어미를 S를 상대로 하여 사용하고 있다. 이를 통해 H는 S의 주장에 대한 자신의 반박 화행이 갖고 있는 발화수반력을 더욱 증폭시키고자 하는 것이라 할 수 있겠다.[77]

---

77) 그러나 이후에 많은 논의를 거친 후, H는 (190)에서 '그러니까 이 삼천 몇 백 개 되는 사학에서 그 비리부정이 하나도 없다 한다면은 그것이 도리어 오히려 이상한 겁니다. 있어요 어느 사회나 다 있습니다. 아이 선생님들 교직 사회는 없습니까?'라고 하면서 상대방이 주장하고 있는 사학의 비리 존재 사실을 결국에는 인정하게 된다.

대화 사례 42   "국가보안법 존속돼야 하나?"

(101) T   6) 남한의 그 법의 그 기능은 뭐냐하면은 남북이 될[때의 최후의
             보험적인 기능이 있다 이거예요
(102) J   1)   [아니 그거 생
             각하기 전에요 좀 구체적인 걸[그럼 여쭤 볼게요
(101) T   7)   [아니 얘기를 잠깐 제가 얘기를
             끝난 다음에[**하시라구**
(103) J   2)   [아니 질문을 드리는 건데요

위의 **대화 사례 42**는 상대적으로 연장자인 T가 상대방인 J를 상대로
비격식의 해체(반말) 종결어미를 사용하는 사례이다. T는 (101:7)에서, 상대
방인 J가 자신의 순서에 끼어들기를 행하는 것에 대해 '원칙 호소하기'를
통해 자신의 순서를 유지하려는 과정에서 '아니 얘기를 잠깐 제가 얘기를
끝난 다음에 하시라구'와 같이 해체의 종결어미를 사용하고 있다. 이렇게
함으로써 T는 자신의 명령 화행이 갖고 있는 발화수반력을 증폭시킴으로
써, 상대방이 자신의 순서에 끼어드는 것에 대한 불쾌감의 표현을 한층 더
강화시키고 있는 것이라 할 수 있다.

③ 복수 주체화 어휘
대화참여자들은 종종 자신을 가리켜 '나'라는 어휘 대신에 '우리'라는
어휘를 사용하기도 하는데, 이것 또한 어떠한 목적을 가지고 행하는 전략
적인 행위라 볼 수 있다. 다음의 **대화 사례 43**은 바로 그러한 모습을 보
여주는 것으로, A가 앞에서 '학교를 혼란으로 몰아넣는 세력이 있다는 데
에 분격하고 있다'라고 말하자, 사회자 Y가 그 세력이 누구인지 구체적으
로 밝혀줄 것을 요구하는 상황에서 벌어지고 있는 대화 사례이다.

대화 사례 43   "잇단 사학분규 해법은 없는가?"

(080) Y   1) 말씀을 꺼내신 김에[그렇게 학교를 혼란으로 몰아넣는 그런 세
             력이 있다면
(081) A   1)   [예

(080) Y   2) 구체적으로 말씀을 하시고[비판을 하시죠
(082) A   1)   [왜 그런가 하면 지금요
          2) 지금 이제 학교에서 분규를 이렇게 보면은 대개 조직의 멤버들이
             있다고 **우리**가 알고 있어요
          3) [어떻게 보면은
(083) K   1) [교수님으로서 그런 말은 [부끄러운 말씀인 줄 아셔야 됩니다

위의 **대화 사례 43**에서는 나타나 있지 않지만, 앞의 (069:1), (069:3), (073)에서부터 (080:1~2)에 이르기까지, Y는 A가 앞에서 언급했던 그 세력이란 구체적으로 무엇을 가리키는 것인지를 계속적으로 질문하고 있다.78) 더구나 (074:1)에서는 상대방인 K로부터 '정말 교육학과 출신의 교수님 맞습니까?'라는, 자신의 체면에 상당한 위협을 가하는 말까지 듣게 된다. 이러한 상황에서, 앞에서부터 계속적으로 Y의 질문에 대한 대답을 회피해오던 A는 (082:2)에서와 같이 '지금 이제 학교에서 분규를 이렇게 보면은 대개 조직의 멤버들이 있다고 우리가 알고 있어요'라고 말한다. 이처럼 A는 자신이 그렇게 알고 있다는 내용의 말을 하는 데 있어서, '나' 대신에 '우리'라는 어휘를 사용하고 있다. 바로 이러한 어휘 사용은 앞에서 발화한 자신의 발언이 문제의 소지가 될 경우에, 최소한 그에 대한 자신의 개인적인 책임을 회피하기 위한 목적으로, 자신을 지칭함에 있어 복수주체화 어휘를 선택한 것이라 할 수 있을 것이다.

이상에서 우리는 화행 실행 범주에서 구사되는 어휘 선택상의 책략으로 명명 어휘의 사용, 하대 어휘의 사용 그리고 복수주체화 어휘의 사용이라는 세 가지의 책략들을 살펴보았다.

(2) 주장의 진술 유형 선택

화행의 실행 범주에서 볼 때, 대화참여자들은 자신이 주장 화행을 행함에 있어서도 그 진술 유형을 전략적으로 선택하는 모습을 보인다. 특히 과

---

78) 본고의 뒤에서 제시하고 있는 부록을 참고하기 바란다.

제 중심적 경쟁 대화의 경우에, 어느 한 쪽의 주장은 다른 한 쪽의 주장과는 상반되는 성격의 것이기 때문에, 대부분의 경우 상대방으로부터 어떤 반박이나 비난을 받게 될 가능성이 매우 크다고 할 수 있다. 바로 이러한 가능성을 고려하여, 대화참여자들은 자신이 주장하고자 하는 바를 발화하는 과정에서 추측 형식, 희망 제시 형식, 피동 형식, 가능성 제시 형식 그리고 지각(知覺) 현황 제시 형식의 진술 유형들을 전략적으로 선택하여 사용하게 되는 것이다. 그런데 이러한 여러 진술 유형들의 공통점은 바로 해당 화행의 발화수반력을 완화시켜주는 것이라고 할 수 있겠다.[79] 즉 대화참여자들은 상대방의 감정을 고려하여 자신의 주장을 좀 더 완곡하게 진술하거나, 또는 자신의 주장이 가져다 줄 향후의 여러 가지 발생 가능한 비난이나 불이익으로부터 자신을 보호하고자 하는 목적에서, 자신의 주장 화행이 가지고 있는 발화수반력을 완화시킬 수 있는 진술 유형을 전략적으로 선택 사용하는 것이다.

① 추측 형식

먼저, '추측 형식'의 주장 유형은 '-것 같다'의 진술 형식을 사용하는 것으로, 이에 해당하는 대화 사례들을 제시해보면 다음의 **대화 사례 44**와 같다.

대화 사례 44   "사학분규/공무원 노조/국가보안법"[80]

　(014) A   5)　　　[예 그래서 가정 가족이 우리 나라는 신뢰관리가 잘 확보

---

79) 이기종(2001)에서는, 이러한 표현법은 긴장된 언술 상황에서 자신을 방어하기 위한 것이라는 점에 주목하여, 이러한 표현들을 '자기방어 표현'이라 하고 있다. 이러한 설명은 언어 표현 전략을 자기 방어라는 차원에서 살펴보고 있는 것인데, 결국 이러한 진술 유형들이 행하고 있는 직접적인 기능은 바로 해당 화행의 발화수반력을 완화시키는 것이라 할 수 있겠다.

80) 이와 같이 하나의 대화 사례 안에 두 개 이상의 대화 자료에서 발췌한 사례들을 함께 제시하게 될 경우에는, 해당 대화 자료의 주제 중에서도 가장 핵심어인 '사학분규', '공무원 노조' 그리고 '국가보안법'이란 어휘를 사례의 순서대로 제시하기로 한다. 그리고 하나의 대화 자료에서 둘 이상의 사례를 발췌했을 경우에는 그 핵심어 옆에 괄호를 두어 사례의 개수를 제시하도록 하겠다. 또한 각각의 사례들 사이는 한 줄씩을 띄우도록 하겠다.

안돼서 친족들이 어떤 경영에 참여하는 수가 있다고 그러면,
6) <u>그건 이제 그럴싸한 친족경영을 하면 무조건 나쁘다는 논리는 안
맞을 것 같아요</u>

(173) M 1)   [잠깐만요
2) 멈추고 있다는 것에 대해서 제가 한 번 말씀드리겠습니다
3) <u>아무리 저 시청자들이 모른다하더라도 말은 정확하게 해야 될 것
같습니다</u>

(275) B4 1) 양심수 가족들을 대변하는 입장에서 말씀드리겠습니다
2) 국가보안법의 존폐문제는 바로 국가보안법에 의해서 인권침해라
든가, 또 육일오 공동선언에서 합의한 그것의 걸림돌이 된다, 혹
은 남북관계에 있어서 오늘 화해 시대의 걸림돌이 된다, <u>이런 측
면이 있는 것 같습니다</u>

먼저 위의 **대화 사례 44**에서 A의 화행 (014:6)은 상대방인 K가 바로
전에 '족벌 체제'라는 어휘를 사용한 데 대해 반박을 하는 것이다. A는 이
화행을 행함에 있어 '그건 이제 그럴싸한 친족경영을 하면 무조건 나쁘다
는 논리는 안 맞아요'라는 직접적인 표현 대신에 '-것 같아요'라는 형식을
빌어 자신의 주장을 내세우고 있다.

Holmes(1984)의 주장에 따르면, 대화참여자들이 발화수반력을 조정하는
하나의 방법은 그 화행에 깔려 있는 성실성 조건(sincerity condition)을 명확히
하는 것이다. (014:6)의 경우, A는 자신의 주장 화행을 행하면서 자신이 발
화한 내용에 대한 자신의 믿음의 정도를 어느 정도 구체적으로 제시하고
있다. 즉 A는 '안 맞아요'라는 진술 대신 '안 맞을 것 같아요'라는 진술을
행함으로써, 자신이 주장하고 있는 내용은 자신이 추측해본 결과임을 형식
적으로나마 나타내고 있다. 그리하여 혹시라도 듣는 이로부터 완강하게 거
부당할 수 있는 자기 화행의 발화수반력을 완화시키면서, 이후에 발생 가
능한 상대방의 비난으로부터 어느 정도 자신의 입장을 보호하려는 전략적
인 화행을 행하고 있는 것이라 할 수 있다.[81]

---

81) 그렇다면 여기에서는, 과연 이 대화참여자가 상대방이 불쾌한 감정을 느끼는 것을 방

또 다른 M의 화행 (173:3)과 B4의 화행 (275:2)도 모두 이러한 방식으로 설명해볼 수 있는 것들이다. M은 상대방이 정확하지 않은 자료를 근거로 하여 여러 가지 발언을 하고 있는 것에 대해 그렇게 말하지 말 것을 주장하는 데 있어서, 그리고 B4는 자신이 국가보안법 개정을 주장하는 입장에서 그 주장의 근거를 제시하는 데 있어서, 각각 '-것 같습니다'의 형식을 빌어 진술을 하고 있다. 이들도 모두 자신이 현재 주장하고자 하는 내용은 자신이 추측한 결과임을 형식적으로나마 나타냄으로써, 이후에 발생 가능한 상대방의 비난으로부터 어느 정도 자신의 입장을 보호하려는 전략적인 화행을 행하고 있는 것이라 할 수 있겠다.

② 희망 제시 형식

둘째로, '희망 제시 형식'의 주장 유형은 '-말씀드리고 싶다'의 진술 형식을 사용하는 것이다. 이 유형도 자신의 주장을 직접적으로 나타내는 대신에, 자신의 희망을 제시하는 형식을 취함으로써 자기 주장의 발화수반력을 완화시키는 기능을 하게 된다.

대화 사례 45   "사학분규/공무원 노조"

(362) S 1) 아니, 이것을 형식적으로만 조문 문귀만 가지고 임의적으로 해석을 하시면 전체의 뜻하고 어긋날 수 있다는 것을 <u>말씀드리고 싶습니다</u>

(166) N 22) 우리가 만약에 공무원의 처우권익을 개선한다면은 오히려 상위직급 쪽을 더 봐야 되는 것이 일반적인 사실이다라는 걸 <u>말씀드리고 싶습니다</u>

지하기 위하여 '완곡어법'을 사용하는 것인지, 아니면 자기의 책임을 회피하기 위하여 '자기 방어 표현'을 사용하는 것인지에 대해 생각해볼 필요가 있다. 물론 이에 대한 해석은 발화 상황에 따라 다르게 이루어질 수 있을 것이다. 하지만 본 대화가 과제 중심적 경쟁 대화라는 점을 감안해 볼 때, 대부분의 경우 대화참여자들은 상대방의 감정에 관한 문제보다는 자신의 화행에 따른 책임 회피에 더 많은 신경을 쓰게 될 것으로 생각된다.

위의 **대화 사례 45**에서 S의 화행 (362:1)과 N의 화행 (166:22)는 각각 '어긋날 수 있습니다' 그리고 '일반적인 사실입니다'와 같이 직접적으로 표현될 수 있는 주장 진술을 '어긋날 수 있다는 것을 말씀드리고 싶습니다'와 '일반적인 사실이다라는 걸 말씀드리고 싶습니다'와 같이 자신의 희망을 진술하는 형식으로 다소 우회적으로 진술한 것들이다.

S는 (362:1)에서, 상대방이 법조문을 너무 형식적으로만 문귀에 매달려 해석하였기 때문에 잘못 이해하고 있음을 주장하는 상황에서, 그러한 가능성이 있다는 것을 말씀드리고 싶다는 형식으로 발화하고 있다. 마찬가지로 N은 (166:22)에서, 지금까지 상대방이 하위 공무원들의 처우 개선이 시급함을 주장해왔는데, 사실 공무원의 처우 개선을 문제시하자면 하위직보다는 상위직에 속해 있는 공무원들에 대한 처우 개선이 더 시급한 문제임을 주장하는 상황에서, 그것이 일반적인 사실이라는 걸 말씀드리고 싶다는 형식으로 발화하고 있다.

이 형식은 현재 내가 발화하는 명제의 내용을 상대방이 아직 모르고 있다는 전제 하에서, 그 내용을 먼저 알고 있어야 한다는 주장을 희망 제시의 형식을 빌어 행하는 것이 된다. 따라서 이 유형도 위의 추측 형식과 마찬가지로, 자신의 주장 화행이 가지고 있는 발화수반력을 완화시키면서, 자신의 화행으로 인해 이후에 발생 가능한 비난으로부터 자신의 입장을 보호하려는 목적을 가지고 있는 전략적인 화행의 형태라 할 수 있겠다.

③ 피동 형식

셋째로, '피동 형식'의 주장 유형은 '-리다, -어지다'의 진술 형식을 사용하는 것들이다. 이렇게 대화참여자들이 자신의 주장을 나타냄에 있어, 능동 형식 대신에 피동 형식의 진술을 행하는 것은 그 행위의 주체를 드러내지 않으면서, 자기의 화행이 가지고 있는 명제의 내용은 자신의 주관적인 판단결과라기보다는 순전히 주변의 상황정보에 의존해서 이루어지고 있는 것임을 나타내는 것이라 할 수 있다.

대화 사례 46   "사회분규/국가보안법(2)"

> (129) A   3) 아까 광주학생사건 얘기하겠습니다만 일종의 혁명 논리를 가지고
>   한다는 얘기로 <u>들리기도 하는데,</u>
>   4) 지금은 그럴 때가 아닙니다

> (007) P   14) 그래서 대통령께서 앞장서서 이 안보를 흔들고 있는 것 아니냐
>   하는 국민의 참 그런 소리도 <u>들리고 있습니다</u>

> (371) U   3) 다만 다양한 의견이 있음을 서로 인정할 수 있을 때 어느 기류가
>   이 민의를 대변하는 그런 최종 변수냐는 거는 입법기관에서의 자
>   유투표 밖에 없지 않느냐라고 <u>보여지는 겁니다</u>

위의 **대화 사례 46**에서 A의 화행 (129:3), P의 화행 (007:14) 그리고 U
의 화행 (371:3)은 각각 '-한다는 얘기인데', '-그런 소리를 들었습니다',
'-없지 않느냐라고 봅니다'와 같이 능동 형식으로 표현될 수 있는 주장을,
'들리다' 혹은 '보여지다'의 피동 형식으로 진술하고 있는 것이다. 앞의 사
례들에서와 마찬가지로, 대화참여자들은 이렇게 피동 형식의 진술 유형을
통해 자기 주장을 행함으로써, 자신의 주장 화행이 가지고 있는 발화수반
력을 완화시키면서 그 명제의 발화에 대한 자신의 책임을 회피하려는 것으
로 볼 수 있다.[82]

④ 가능성 제시 형식

넷째로, '가능성 제시 형식'의 주장 유형은 '-수 있다'의 진술 형식을
사용하는 것들이다. 이러한 형식의 주장 유형은, 자신이 지금 주장하고자
하는 바는, 우리가 일반적으로 생각해보았을 때 결론지을 수 있는 여러 가
지 결과 중의 하나일 뿐임을 형식적으로나마 나타내면서, 자신의 주장 화
행이 가지고 있는 발화수반력을 완화시키고자 하는 것으로 보인다.

---

82) Holmes(1984)에서는 부가 의문문, 행동주 삭제(agent deletion) 등과 함께, 이러한 피동
   의 진술 유형을 화행의 발화수반력을 완화시켜주는 통사적 장치(syntactic device) 중의
   하나로 보고 있다.

대화 사례 47 　"잇단 사학분규 해법은 없는가?"

(004) H　3) 또 해방과 더불어서 어(:) 너도나도 공부하겠다는 사람이 많이 생
　　　　　기고, 또 정부 재정으로선 도저히 그 수요를 감당할 수 없을 그
　　　　　무렵에, 이 농촌이나 도시 전국 방방곡곡에서 그 독지가들이 나
　　　　　서가지고 담을 쌓고 학교를 세워서 이 그 많은 교육 수요를 감
　　　　　당한 것이 오늘의 대부분의 사립학교라고 <u>이렇게 볼 수 있습니다</u>

(063) K　6) 이게 바로 뭐냐하면은 아주 전횡을 일삼고 교육청 관료나 일부
　　　　　정치인들과 결탁된 그리고 어 이런 그 제도의 무방비 속에서 그
　　　　　야말로 부패 시스템을 정확하게 가지고 있는 유착된 관계라고
　　　　　<u>볼 수 있는데요</u>

위의 **대화 사례 47**에서, H의 화행 (004:3)은 '-그 많은 교육 수요를 감
당한 것이 오늘의 대부분의 사립학교입니다'라는 명제 내용을 주장하고 있
는 것이다. 하지만 '-그 많은 교육 수요를 감당한 것이 오늘의 대부분의
사립학교라고 이렇게 볼 수 있습니다'라고 함으로써 자신이 주장하고자 하
는 바는 앞서 제시한 근거를 바탕으로 판단 가능한 여러 결과 중의 하나
임을 나타냄으로써 해당 화행의 발화수반력을 완화시키고 있다. K의 화행
(063:6)도 마찬가지이다. '그야말로 부패 시스템을 정확하게 가지고 있는
유착된 관계입니다'라는 발언 대신에 '그야말로 부패 시스템을 정확하게
가지고 있는 유착된 관계라고 볼 수 있는데요'라고 함으로써, 자신의 주장
은 앞서 제시한 근거들을 통해 볼 때 내릴 수 있는 여러 가지 판단 중의
하나임을 내비치고 있다. 대화참여자들은 이러한 가능성 제시 형식의 주장
을 행함으로써, 자신이 상대방으로부터 어떤 반박을 받게 될 수 있는 가능
성 혹은 그 반박의 강도를 미리 어느 정도 무마시키고자 하는 것이라 할
수 있겠다.

⑤ **지각(知覺) 현황 제시 형식**

　마지막으로, '지각 현황 제시 형식'의 주장 유형은 '-이해하고 있다',
'-보고 있다', '-알고 있다' 등의 진술 형식을 이용하는 것들이다. 이 형식

들은 대화참여자가 자신의 주장을 직접적으로 나타내는 대신에, 자신이 현재 가지고 있는 정보를 상대에게 단순히 제시해주는 형식을 취함으로써, 혹시나 자신의 주장이 틀릴 수도 있을지 모르겠지만 현재까지 자신은 그와 같이 알고 있다라는 식으로 발화하는 것이다.

결국 이것 또한 자신의 주장 화행이 가지고 있는 발화수반력을 완화시키는 것으로, 대화참여자들은 이러한 형식의 진술을 통해 자신이 현재 말하고 있는 내용이 틀릴 수도 있다라는 가능성을 미리 열어놓음으로써, 실제로 자신의 주장이 틀린 것일 경우에 상대방으로부터 받게될 반박의 가능성이나 그 강도를 미리 무마시키고자 하는 것이라 할 수 있다.

대화 사례 48   "잇단 사학분규 해법은 없는가!?"

(233) S 15) 그리고 과거에 육십 삼 년에 없던 법이 만들어진 것도 사학이 오늘날처럼 이렇게 비리가 폭발하고 그런 상황이 아니죠

16) 그때야 뭐 살기 바빠가지고 그런 문제 터지진 않았지만

17) 군사정부가 보니까 이거 사학비리가 많다 해서 <u>그 법을 만든 걸로 저는 이해하고 있습니다</u> 그죠?

(272) H 8) 또 하나는, 이 대학이 그러니까 대학이 그런 문제에 있으니까 중고등학교도 따라서 그렇게 하라 한다던가 또 중고등학교가 그러니까 대학에서도 한다는 것은 그것은 이 대학하고 중고등학교는 설립목적도 다르고 교육내용도 다르고, 어 그런 건데

9) 그것을 싸잡아서 한다는 생각도 <u>나는 뭔가 좀 생각이 필요가 있지 않나 보고 있구요</u>

(460) Y 1) 네 네

(457) C2 6) 제가 교육 예산을 심의 의결하는 교육위원인데

7) 삼십 육 학급 정도면은 연 학교 재정 결함 보조금을 <u>국고에서 십억 정도가 지원되는 줄 알고 있습니다</u>

(461) Y 1) 네 네

위의 **대화 사례 48**에서, S의 화행 (233:17), H의 화행 (272:9) 그리고 C2의 화행 (457:7)은 각각 '-그 법을 만든 겁니다', '-뭔가 좀 생각이 필

요합니다', '-지원되고 있습니다'와 같이 직접적으로 표현될 수 있는 주장들을 '-이해하고 있다', '-보고 있다', '-알고 있다'의 형식으로 진술한 것들이다. 이러한 것들도 자기 화행의 발화수반력을 완화시키고 있는 것으로, S와 H 그리고 C2는 이러한 '지각 현황 제시 형식'으로 진술함으로써, 만약의 경우 자신의 발언 내용이 사실이 아닐 경우 상대방으로부터 받게 될 반박의 가능성을 미리 차단하려고 하는 것이라 할 수 있겠다.

이상에서 우리는 화행 실행 범주에서 구사되는 주장의 진술 유형 선택상의 책략으로 추측 형식, 희망 제시 형식, 피동 형식, 가능성 제시 형식 그리고 지각 현황 제시 형식의 다섯 가지 대화 책략들을 살펴보았다.

(3) 담화 장치(discourse device) 사용

어휘 사용 및 주장의 진술 유형 선택과 더불어, 화행의 실행 범주에서 확인할 수 있는 세 번째 대화 책략은 여러 가지의 담화 장치(discourse device)들을 사용하는 것이다. 여기에서의 담화 장치란 일종의 화행 보조 장치로써, 우선 해당 화행이 말하고자 하는 명제 내용에는 직접적인 영향을 끼치지 않으면서, 그 발화된 명제에 대한 화자의 태도를 표명해주는 역할을 담당하고 있는 언어적 형식을 말하는 것이다. 이것들을 그 언어적 형식 자체가 가지고 있는 의미를 기준으로 하여 분류하면, 다음의 세 가지 유형들로 나누어볼 수 있다.

① 자격 제시

담화 장치의 첫 번째 유형은 화자가 자신의 화행을 발화하는 데 있어서, 현재 자신이 어떠한 자격으로 발화하고 있는지를 미리 제시하는 것이다. 대화참여자들은 이렇게 자신의 발화 자격을 먼저 제시함으로써, 자신이 행한 발화의 내용을 그 앞에서 내세운 발화 자격이 갖는 이미지와 연관지으려 한다. 결국 자신의 발화는 이미 앞에서 내세운 발화 자격의 관점에서 보았을 때의 판단 결과임을 나타내려는 것이라 할 수 있겠다.

대화 사례 49   "사학분규/공무원 노조/국가보안법"

(322) A   1) 나는 저 대한민국에 저 상식 있는 사람의 한 사람으로요[나는
            모든 선생님들이 지식인이라고 굉장히 존경을 하고 있는데,

(323) Y   1)   [네

(322) A   2) 그 지식인이 공권 권력과 야합을 해서 자기가 몸담은 학교를 통
            제해 달라고 하는 그런 법을 만들자고 하는 거는 우리나라 뿐이
            라고 생각을 해요

(007) N   9) 우리 사회가 지금 가뜩이나 어려운 때에 이와 같이 신만능주의
            혹은 집단 이기주의의 선봉에 국민의 그 봉사자인 공무원이 서
            있다는 거에 대해서 국민의 한 사람으로서 상당히 걱정이 되고
          10) 어 우리 오늘 시청자들이 냉정하게 판단해 주실 것으로 생각을
            합니다

(104) L   1) 근데[

(105) J   1)   [아니 아니 제가 질문을 좀[

(101) T 13)   [아니 나 대한민국 국민이 말이지
            이런 얘기를 한다는 게 내가 도저히 이해가 안가
            << 방청석 웃음 >>

위의 **대화 사례 49**의 첫 번째 사례에서, A는 사립학교의 선생님들이
자신들이 속한 학교에서의 비리 문제를 법적으로 해결하고자 하는 움직임
에 대해 비난하고 있다. 이 과정에서 A는 (322:1)에서와 같이 '대한민국에
저 상식 있는 사람의 한 사람으로요'라고 하면서, 지금 자신이 발화하는
데 있어서의 자격을 미리 내세우고 있다. 이렇게 함으로써 A는, 자신의 그
러한 비난은 우리 나라에서 일반적으로 통하고 있는 상식을 가지고 있는 한
사람에 의해 상식적으로 판단되어진 결과임을 나타내 보이려 하고 있다.

또한 두 번째 사례에서, N은 공무원 집단의 노조 설립 시도로 인해 더
욱 어려워진 우리 사회의 현실을 걱정하는 내용의 발화를 행하는 과정에
서, (007:9)와 같이 '국민의 한 사람으로서'라는 말로 자신의 발화 자격을
제시하고 있다. 이렇게 함으로써 N은, 자신의 발화는 현재 상대방과 토론
을 벌이고 있는 한 명의 토론자로서가 아니라, 진정으로 국가를 위하고자

하는 한 명의 국민이란 입장에서 그리고 국가를 걱정하는 마음에서 비롯된 것임을 나타내 보이려 하는 것이다.

그리고 마지막의 사례에서 T는, 국가보안법이란 국가의 안보를 위한 최후의 보루이기 때문에 당연히 존속되어야 함은 주장하는 상황에서, (101:131)과 같이 '나 대한민국 국민이 말이지'라고 자신의 자격을 제시함으로써, 대한민국 국민 중의 하나인 자신이 그러한 주장까지 하게 된 데에 매우 어처구니가 없음을 나타내 보이고 있다. 즉 T는 국가보안법 존속이라는 것은, 만약 누구든지 그가 대한민국 국민이라면 그것을 남에게 주장해야 할 필요조차 없는 것에 해당하는, 당연한 성격의 것임을 내비치려 하는 것이다. 결국 A와 N 그리고 T는 이러한 자격 제시의 담화 장치들을 통해, 자신이 행한 화행의 발화수반력을 전략적으로 증폭시키고자 하는 것이라 할 수 있겠다.

② 상대 또는 제3자 지식 환기

담화 장치의 두 번째 유형은 상대방 또는 시청자 및 방청객과 같은 제3자의 지식을 환기시키는 것이다. 대화참여자들은 이러한 담화 장치를 통해 자신이 행하고자 하는 화행의 명제 내용은 이미 객관적으로 검증된 사실이거나 혹은 당연한 결과임을 나타냄으로써, 자기 화행의 발화수반력을 전략적으로 증폭시키려 하고 있다.

> **대화 사례 50** "공무원 노조(2)/국가보안법"

(036) D 1) [아까 단순 노무직 공무원들은 노동권이 보장돼 있다고 그랬는데 말이죠
     2) 그것도 틀린 겁니다
     3) 아시다시피 현재 지금 체신 노조, 그 다음에 철도 노조, 국립의료원 노조 외에는 노조가 안 됩니다

(042) C 9) 그런데요, 이미 시청자 여러분도 아시겠지만
     10) 현재 정치권에 있는 분들 중에서 특히 대통령을 지낸 분 중에서 유일하게 김대중 대통령이 공약사항으로 내걸었습니다

11) 김대중 대통령 외에는 어 공무원 노조 허용하겠다고 공약사항, 한 분도 없습니다

12) 그런데 국민 앞에 명백하게 공무원 노조를 허용하겠다고 한 대통령도 지금 안 해 주고 있는데 다른 대통령이 들어왔을 때 과연 공무원 노조를 허용하겠느냐 이겁니다

(113) L 37) 그 다음에 <u>잘 아시지만</u> 북한은 지금 식량난이나 경제난 때문에 생존권에 흐느끼고 있잖아요

위의 **대화 사례** 50에서 보이는 '아시다시피', '시청자 여러분도 아시겠지만', '잘 아시지만'과 같은 담화 장치는 이후에 자신이 발화할 화행의 명제 내용은 상대방 또는 다수의 제3자들이 알고 있는 것으로, 이미 객관적으로 검증된 사실이거나 혹은 당연한 결과임을 나타내는 것이다. D는 (036:1)에서 상대방의 발언을 인용한 다음, (036:2)에서 상대방의 그러한 발언이 잘못된 것임을 주장한다. 그리고 그 주장의 근거를 제시하는 상황에서는, (036:3)에서와 같이 '아시다시피'라는 말과 함께 자기 주장의 근거를 제시함으로써 자기 주장의 근거가 확실한 것임을 나타내 보이려 하고 있다.

그리고 두 번째 사례에서, C는 '시청자 여러분도 아시겠지만'과 같이 상대방이 아닌 시청자들의 지식을 환기시키는 담화 장치를 사용하고 있다. 여기에서 C는 '왜 하필이면 지금과 같이 나라 사정이 안 좋은 시기에 무리하게 공무원 노조의 설립을 추진하려 하느냐'는 상대방의 비판에 대해 대답하려 하고 있다. C의 궁극적인 주장 내용은 화행 (042:12)의 내용과 같이, 공무원 노조의 설립을 공약으로 명확히 했던 현직 대통령마저 현재 이 공무원 노조의 설립을 허용해주지 않고 있는데, 과연 나중에 어느 대통령이 이것을 허용해주겠느냐 하는 것이다. 따라서 지금이 마지막 기회라는 심정으로 이 공무원 노조의 설립에 총력을 다하고 있다는 것이다. 바로 이러한 주장에서 매우 효과적인 근거는 현재의 대통령이 이 공무원 노조의 설립을 공약으로 내세웠던 적이 있다는 사실일 것이다. 따라서 C는 이 근거를 제시함에 있어 '시청자 여러분도 아시겠지만'이라는 말로 상대방과 시청자들의 이에 대한 지식을 환기시킴으로써, 자신이 제시하고 있는 근거는 이미 우리 국민 모두가 알고 있는 확인된 사실임을 나타내 보이려는

것이라 할 수 있다.

세 번째 사례에서 L에 의해 사용된 '잘 아시지만'도, 앞의 두 사례와 마찬가지로 그 대화참여자가 이후에 행하게 될 자신의 주장 화행의 근거를 미리 제시하는 데 있어서 구사하는 '상대 지식 환기' 책략의 하나로 볼 수 있다.

결국 이 '상대 또는 제3자 지식 환기' 책략은 대화참여자가 주장 화행을 행하기 이전에 자기 주장의 근거를 제시하는 상황에서, 그 근거들이 매우 객관적이고 이미 검증된 자료들임을 나타냄으로써, 자신의 주장 화행이 가지는 발화수반력을 한층 더 강화시키고자 할 때에 주로 사용되는 것이라 할 수 있겠다.

③ 명제에 대한 신뢰도 표현

담화 장치의 마지막 세 번째 유형은 대화참여자가 자신의 화행이 가지는 명제 내용에 대한 자신의 믿음 정도를 상세히 표명하는 것이다.[83] 이러한 신뢰도 표현은 대화참여자가 자신이 발화하고 있는 화행 내용의 정확성 또는 그에 대한 발화자의 자신감 등의 정도를 상세하게 제시하는 것으로, 그 장치의 표현 내용은 일종의 연속체 선상에 존재하는 것이어서 실제적으로는 다음의 대화 사례들에서 볼 수 있는 바와 같이, 매우 다양하게 나타날 수 있다.

대화 사례 50   "공무원 노조(3)/국가보안법"

(015) C 15) 그리고 여기서 분명히 말씀드리건데
         16) 지금 아까 교수님들 두 분이 공무원도 집단 이기를 위해서, 자신들의 집단이기를 위해서 어 자기네 권익확보를 위해서 노조를 하겠다, 이렇게 말씀드리는데요
         17) 앞으로 얘기를 풀어갈 때 제 말씀을 한번 듣고 나면은 아 이게

---

83) 이를 이루기 위한 방법은 그 주장 화행의 성실성 조건 즉 화자의 믿음의 정도를 명확하게 나타내는 것이다. 그 외에 정표 화행은 감정의 정도, 지시 화행은 화자의 소망 혹은 요구의 정도, 그리고 약속 화행은 화자의 의도의 정도를 명확히 나타내는 것이 될 것이다.

내가 착각이었구나, 하는 것을 아마 아시게 될 [겁니다

(049) D 10) 다시 얘기하면은 <u>지금 아마 제가 짐작하기에</u> 제 삼자로서 공무
　　　　　　원들이 법외 노조라도 하겠다 라고 하는 것은 당장 법외 노조를
　　　　　　지금 만든 건 아닙니다

(030) T 17) 근데 <u>솔직한 예로</u> 보는 시각에 따라 다르지만은 가장 큰 성과라
　　　　　　고 하는 것은 우리가 내놓을 수 있는 거는 김 대통령이 노벨상
　　　　　　탄 거 아닙니까?

위의 **대화 사례 51** 중, (015:15)에서와 같은 '그리고 여기서 분명히 말
씀드리는데'라는 발화는 C가 자신의 화행 (015:17)이 가지는 명제 내용에
대해 매우 큰 자신감을 가지고 있음을 나타내 보이는 것이다. 또한 D는
(049:10)에서 '지금 아마 제가 짐작하기에'라는 담화 장치를 사용함으로써,
자신이 행한 발화의 명제 내용은 단지 자신이 짐작을 해본 결과임을 나타
내고 있다. 그리고 T가 (030:17)에서 발화한 '솔직한 예로'는 자신이 주장
하고자 하는 명제의 내용은 추호의 거짓도 없이 자신의 솔직한 생각에서
나온 주장임을 나타내고 있는 것이다.

이러한 '신뢰도 표현' 담화 장치는 대화참여자가 자신이 발화하고자 하
는 화행 내용의 정확성 또는 그에 대한 발화자의 자신감 등의 정도를 상
세히 제시함으로써, 자신의 화행이 갖고 있는 발화수반력을 조정하는, 즉
그 힘을 증폭 또는 완화시키는 기능을 하는 것이라 할 수 있겠다.

지금까지 살펴본 화행 실행 범주에서의 책략들은 주로 화행의 발화수반
력 조정과 관련된 것들이었다. 그 내용을 간략하게 정리하자면, 첫 번째로
'어휘 선택' 차원에서의 책략들은 그 대부분이 화행의 발화수반력을 증폭
시키는 기능을 하는 것들이었고, 두 번째 '주장의 진술 유형 선택' 차원의
책략들은 대부분이 화행의 발화수반력을 완화시켜주는 기능을 하는 것들이
었다. 그리고 세 번째로 '담화 장치 사용' 차원의 책략들은 발화된 화행이
표현하고자 하는 명제 내용에 대한 화자의 태도를 표명함으로써, 화행의
발화수반력을 증폭 또는 완화시키는 조정 기능을 하는 것들이었다.

(4) 메타 화행 실행

이제 본 절에서 살펴보고자 하는 것은 메타 화행을 실행하는 책략이다. 이 메타 화행이라는 어휘에서 사용되고 있는 메타(meta)라는 접두사의 의미는, 우리가 보통 어떤 대상을 이야기하는 차원이 아닌, 그 이야기 자체를 논하는 차원을 말하는 것이라 할 수 있겠다. 따라서 메타 화행이란 "일차적 내용 전달 행위에서 보면, 새로운 내용의 전달 기능은 없지만, 화자와 청자의 의사소통 과정을 순조롭게 하고, 기본 의사소통의 과정이나 효율성 등을 점검하는" 화행이라 할 수 있게 된다(이창덕 외 2000:257).[84] 대화참여자들이 이러한 메타 화행을 행하는 것 또한 전략적인 대화 운영의 한 부분을 차지하는 것이라 할 수 있다.

① 대화의 진행 검토

메타 화행의 첫 번째 기능은, 대화참여자들이 자신의 대화 목적을 효과적으로 달성할 수 있도록 대화를 진행해나가기 위해, 전반적인 대화의 진행 양상 혹은 진행 과정을 점검하는 것이다.

대화 사례 52   "잇단 사학분규 해법은 없는가?"

(056) Y 1) 아니요
        2) 우선 ○○고 경우에 그 원인이 어디 있다고 보십니까?
(057) H 1) 아니 그러니까 우리가 지금 특정한 학교를 지금 보세요
        2) <u>지금 오늘 회의 진행에 조금 내가 불만이 있는데</u>
        3) [이게요, 이 ○○고등학교개 그래도 오랜 전통을 가진 학교 아 납니까?

---

84) 이창덕 외(2000)에서는 이 메타 화행을 메타언어행위라 하여 목적언어행위와 비교 설명하고 있다. 이에 의하면 언어를 가지고 진술, 명령, 요청, 부탁 등 인간의 삶에 직접 필요한 언어행위를 하는 것이 목적언어행위인 반면, 언어가 그 외 언어나 언어 현상을 설명하는 데에 사용될 경우 이 때의 언어나 언어행위 자체를 언급하는 행위가 바로 메타언어행위가 된다. 여기에서는 이런 메타언어행위와 관련된 개념으로, '발화 장면을 조정하고 통제하기 위해서 이루어지는 여러 종류의 커뮤니케이션'이라는 뜻을 가지는, 메타커뮤니케이션이라는 용어도 함께 소개하고 있다.

위의 **대화 사례 52**에서 H는 자신의 대화 상대방이 대화의 초반에서부터 계속적으로 특정 고등학교의 비리 문제를 언급하자 이에 대한 반박을 하려 하고 있다. 이미 H는 앞의 (039:6)에서, 극히 적은 수의 학교에서 벌어진 일들을 일반화시켜서 전체 사학을 매도하지 말라고 반박한 바 있다. 그런데 상대방은 자신의 그러한 반박에도 불구하고 일부 사학의 비리 문제를 계속적으로 언급해오고 있으며, 심지어 사회자 Y마저 (056)에서 특정 사학의 경우 그 분규 원인이 어디에 있는지를 자신에게 물어오자 H는 (057)에서 강력하게 반발하고 나선다.

이 과정에서 H는 (057:2)에서와 같이 '지금 오늘 회의 진행에 조금 내가 불만이 있는데'라는 메타 화행을 실행함으로써, 지금까지의 대화 진행 양상에 대한 자신의 불만을 토로하고 있다. 지금까지의 대화 진행 양상이 계속적으로 자신에게 불리한 방향으로만 이어지고 있다고 판단한 H는 그러한 문제점을 지적하고 이를 수정하고자, 대화 진행 양상에 대한 불만의 뜻을 나타내는 메타 화행을 전략적으로 행하고 있는 것이라 할 수 있다.

대화 사례 53　"사학분규/공무원 노조"

(382) H　1)　　　　　　　　　　　　　　　　[아니 지금 말씀이 딴 데로
　　　　돌아가는데 그 얘기가 아니지 않습니까?

(383) Y　1) H회장님 잠깐만요

(384) S　1) 시간이 지금 다 돼 가는데 너무 지엽적인 기술적인 문제로 자꾸
　　　　가는 것 같아요
　　　2) 조금 본질적인 얘기로 넘어가서 한마디만

(385) Y　1) 예 그렇죠

(012) Y　1) N교수께서[

(013) N　1)　　　　　　[예 제가 얘기하겠습니다
　　　2) 우선 그 부분은 이따가 우리가 다시 인제 또 사실관계를 얘기할
　　　　때 하기로 하구요
　　　3) 지금 두 분이 말씀하신 것을 제가 듣기로 요약을 한다면 간단하
　　　　게 이렇게 합니다

위의 **대화 사례 53** 중에서, S의 화행 (384)는 토론의 거의 마지막 단계에 와있는 상황에서 S가 행하고 있는 메타 화행의 사례를 보여주고 있다. S는 (384:1)에서, 현재 제한된 시간이 다 되어 가는데 너무 지엽적이고 기술적인 문제로 자꾸 가는 것 같다고 한 후, (384:2)에서는 이제 자신은 좀 더 본질적인 이야기를 하겠다는 내용의 메타 화행들을 행하고 있다. 이러한 S의 발화는 자신이 이제까지의 토론 과정과 그 내용을 종합적으로 검토해본 결과를 말하는 것으로, 앞으로 남아 있는 적은 양의 토론 시간에서 효율적인 토론을 하기 위한 제안을 하는 메타 화행이라 할 수 있다.

이와 마찬가지로 N의 화행 (013:2)도, 바로 이전에 잠시 논의되었던 화제에 대한 이야기를 뒤로 미루겠다고 함으로써, 오늘 토론에서 다루어야 할 여러 가지의 화제들에 대한 논의의 일부 순서를 조정하고 있는 메타 화행이라 할 수 있다.

② 화행의 효율성 검토

전반적인 대화의 진행 과정이나 양상 등을 점검하는 화행 이외에, 자신 또는 상대방이 발화한 화행들의 효율성 등을 점검하는 언어적 행위 또한 메타 화행이라 할 수 있다. 이 두 번째의 메타 화행도 현재 논의되고 있는 주제와 관련하여, 상대방에게 어떤 새로운 내용을 전달하고 있는 것은 아니다. 하지만 대화참여자가 자신의 과제 목적을 효과적으로 성취해낼 수 있도록 대화를 진행해나가려는 목적에서 실행하는 메타 화행이라 할 수 있겠다.

대화 사례 54 "공무원 노조 필요한가?"

(226) Y 8) 우리 국민들이 피부로 느끼기에는 일상적으로 행정 인허가라든가 혹은 감시 감독 이런 걸 받을 때 보면 뭐 주로 촌지를 주괴[이렇게[하는 게 일반적이지 않습니까?

(227) C 1)   [아

　　　　　　　[아 지금

2) 제가 한 가지만 그럼 제 경우를 예를 들겠습니다

3) 지금 이건 제 경우 예를 드는 건 참 이건 아주 좋지 않은데요

4) 자꾸 그 왜 인허가 하는 게 위에서 하는 게 아니라 실제 담당자
   가 하는데 왜 하느냐 (???)
5) 제가 천 구백 칠십 사 년도 최초에 그 어 사회 발을 들이면서
   공무원 생활 한 일이 있습니다

위의 **대화 사례 54**에서 C는 공무원 사회의 실질적인 비리는 대개 하위
직 즉 현장에 종사하는 이들에 의해 이루어지고 있다는 상대방의 주장에
대해서 자신의 경우를 예로 들면서 반박을 하려 하고 있다. 그런데 그 과
정에서 C는 (227:3)과 같이 '자신의 경우를 예로 드는 것은 별로 좋지 않
은 것'이라 하면서, 다음에 이어질 화행들의 전반적인 효율성을 스스로 점
검하는 화행을 하고 있다. 이는 어떤 사례를 제시하면서 주장을 펼치려는
과정에서, 나의 사례를 제시하는 것은 그다지 좋지는 않은 것이며, 그 사
실을 나 자신 또한 알고 있지만, 일단은 나의 사례를 제시하겠다는 것을
말하는 것이다.

이렇게 대화참여자는 자신이 그렇게 할 수밖에 없음을 간접적으로 내보
임으로써, 이후에 행해질 자신의 화행의 효율성을 점검하는 동시에 그 효
율성을 최대한으로 살려보고자 하는 것이라 할 수 있다. 즉 이것 또한 대
화참여자가 자신의 과제 목적을 효과적으로 달성할 수 있도록 대화를 진행
해나가기 위한 목적을 가지고 행하는 메타 화행이라 할 수 있는 것이다.

지금까지 제4장 1. '논증 과정에서의 책략'에서는, 대화참여자들이 자신
의 과제 목적을 성취하기 위하여, 자신과 상대방의 의견 중 어느 것이 옳
고 어느 것이 그른 것인지를 여러 가지 근거나 이유 등을 들어 논리적으
로 밝히려고 하는, 논증 과정에서 구사되는 대화 책략들에 대해 살펴보았
다. 그리하여 우선 이러한 논증은 대화이동 구성 및 화행 실행의 범주에서
주로 행해지고 있음을 언급하고, 이 두 범주에서 구사되고 있는 여러 가지
의 세부적인 대화 책략들을 확인하여, 이러한 것들을 몇몇의 하위 유형별
로 분류하고 그 각각의 기능을 대화 사례를 들어가면서 설명해 보았다.

2. 호소 과정에서의 책략

앞의 제4장 1. '논증 과정에서의 책략'에서 살펴본 대화 책략들과는 달리, 본 절에서 살펴보고자 하는 대화 책략들은 자신의 주장이 옳다는 사실을 논리적으로 밝히려고 하는 과정에서 구사되는 것이 아니라, 대화 상대방 또는 다수의 제3자들이 나의 의견에 동의하게끔 그들의 마음이나 감정 따위를 불러일으키려고 하는 호소(呼訴, appeal)의 과정에서 구사되는 것들이라 할 수 있다.

우리는 앞에서, 토론 대화는 주어진 논제에 대해서 찬성과 반대 혹은 긍정과 부정으로 대립되는 양쪽의 대화참여자들이 각자 자기 의견의 정당함과 상대방 의견의 부당함을 서로에게, 그리고 제3자인 방청객 및 시청자들에게 주장하는 형식의 대화라고 언급한 바 있다. 이러한 토론 대화의 특성상, 그 대화참여자들은 자신의 과제 목적을 달성하기 위해 호소의 책략보다는 논증의 책략을 주로 사용하게 되는 것으로 보인다. 또한 사용된 책략들을 수적(數的)인 측면에서만 비교해보더라도, 호소 과정에서의 책략들은 논증 과정에서의 책략들에 비해 그 수가 훨씬 더 적다는 것을 확인할 수 있었다. 본 연구의 결과를 통해 확인한 호소 과정에서의 대화 책략들로는, 다음에서 살펴보게 될 '사태 해결의 당위성에 기반한 호소'와 '권고 형식에 의한 호소'의 두 가지를 들 수 있다.

1) 사태 해결의 당위성에 기반한 호소

'사태 해결의 당위성에 기반한 호소' 책략이란 현재 논의 중에 있는 사안에서의 해결책은 그 분야에서 일반적인 것으로 통용되는 원리나 원칙 혹은 상식 등에 기대어 볼 때, 당연히 자신이 주장하는 바와 같이 되어야 할 것임을 상대방에게 호소하는 책략이다.

대화 사례 55   "잇단 사학분규 해법은 없는가?"

(181) K 26) 실제로 그 쪼그만 돈에서도 유용될 가능성이 있는데 요 부분 공
　　　　　 사비 뭐라 이런 부분을 다 사전에[예방할 수 있는 있다는 겁니다
(188) Y 1) 　　　　　　　　　　　　　　　　[네 좋습니다
(181) K 27) 제도적 장치만 만들면
　　　　 28) [이걸 왜 막는 겁니까?
(189) Y 1) [예 좋습니다
　　　　 2) 제도적 장치가 필요하다는 말씀까지 듣고요

위의 **대화 사례 55**에서 사립학교법 개정을 주장하는 K는 사립학교에서
의 여러 가지 비리를 막기 위해서는 어떠한 제도적 장치가 반드시 필요함
을 주장하고 있다. 그리하여 (181:26~27)에서는 그러한 제도적 장치만 만
들어지면 실질적으로 아주 조그마한 비리의 가능성도 사전에 차단할 수 있
다라고 주장한 후, (181:28)에서는 '그런데 그러한 제도적 장치를 만들자는
자신들의 노력을 왜 막느냐'라는 내용의 호소를 하고 있다.

대화 사례 56   "국가보안법 존속돼야 하나?"

(101) T 8) 　　　　　[뭐냐하면은 북한이 이쪽에 그 불법적이고 말이지 전투
　　　　　　 적인 요소를 가져올 때는 우리 국가보안법을 그때는 적용을 해야
　　　　　　 되거덩(든)
　　　　 9) 그래야 우리가 지킨단 말이야
　　　　 10) 우리도 너희들이 두 가지 양쪽을 지키라니까 우리 국가보안법을
　　　　　　 가지고 너희들이 좋은 의도에서 하면은 우리 적용 안 하겠다↗
　　　　 11) 너희들이 나쁜 의도로 하면 국가보안법이 최후의 보루다 말이지
　　　　 12) 이거를 왜 거부를 하시고 이걸 왜 나쁘다고 생각을 하십니까?

대화 사례 56에서는 국가보안법의 개정을 적극 반대하는 T가 사실상
국가보안법이 우리 나라의 최후의 보루라는 사실을 주장하고 있다. 그러면서
(101:8~11)을 통해 실제적으로 현재의 상황에서 우리의 국가보안법이 하고
있는 긍정적인 기능을 언급한 후에, (101:12)에서는 '왜 그러한 국가보안법
을 거부하고 또 그걸 나쁘다고 생각하느냐'라는 내용의 호소를 하고 있다.

2) 권고 형식에 의한 호소

'권고 형식에 의한 호소' 책략은 다른 무엇인가에 기대어 호소하는 방법을 취하지 않는다. 그 대신에 자신의 의견을 대화 상대방에게 직접 권하는 형식을 이용하여, 자신의 주장을 직접적으로 호소하는 방법을 취하는 책략이라 할 수 있다.

대화 사례 57   "공무원 노조 필요한가?"

(348) M 1) [제가 그 말씀 때문에 마지막에 지금 어 말씀드리고자 합니다
  2) 한 가지 꼭 좀 귀담아 들어주십시오
  3) 어 이이엘오에서 여러 가지 권고가 오고 오고 있습니다
  【4-6) 부분 생략】
  7) 한국이 좋은 소재입니다
  8) 이제 아이엘오로 달려가시겠죠
  9) 제발 그러지 말아주십시오
  10) [여기서 해결하십시오

위의 **대화 사례 57**에서는, 공무원 노조의 설립을 반대하는 M이 상대방인 C에게 자신의 의견을 직접적으로 말하고 있다. M은 먼저 (348:2)에서, 이제부터 자신이 하려고 하는 말을 반드시 귀담아 들어줄 것을 권하고 있다. 그리고 (348:3~8)에서는 앞으로 벌어질 상황들과 그에 따른 상대방의 예상 행동에 대해 자신이 짐작하고 있는 바를 언급한 뒤, (348:9~10)에서는 '제발 그러지 말아주십시오. 여기서 해결하십시오'라는 말로 상대방에게 자신의 의견을 직접적으로 강하게 권하는, 권고 형식의 호소 책략을 구사하고 있음을 알 수 있다.

이상의 제4장의 2. '호소 과정에서의 책략'에서는, 대화참여자들이 자신의 과제 목적을 성취하기 위하여 상대방 또는 다수의 제3자들이 나의 의견에 동의하게끔 그들의 마음이나 감정 따위를 불러일으키려고 하는 호소의 과정에서 구사하고 있는 책략들을 살펴보았다. 그 결과 이러한 호소 과정에서의 책략들로 '사태 해결의 당위성에 기반한 호소', '권고 형식에 의한 호소'의 두 가지 책략들이 구사되고 있음을 확인할 수 있었다.

지금까지 4장에서는 상호 비경쟁적 구도에서 구사되는 첫 번째 대화 전략인 과제 목적 성취 전략과 그것의 세부 대화 책략들을 유형별로 분류하면서, 해당 대화 사례와 함께 그 각각의 기능들을 살펴보았다. 그 내용들을 간단히 정리하면 다음과 같다.

※ 과제 목적 성취 전략

객관적인 논증(論證)과 적절한 호소(呼訴)의 과정을 통해, 토론에서의 주요 목적인 과제 목적을 성취할 수 있도록 노력하라.

Ⅰ. **논증 과정에서의 대화 책략**

적절한 근거와 이유를 논리적으로 제시해가면서, 내 주장의 정당함과 상대방 주장의 부당함을 역설하라.

1. 대화이동 구성
   (1) 주장 대화이동
   나의 의견을 보다 효율적으로 피력하고 상대방의 의견을 적절하게 비판할 수 있는 주장 대화이동을 구성하라.
   -세부 유형 : 자문 자답 형식, 양보(讓步) 형식, 예증 형식, 인과 관계 설명 형식, 가정(假定) 원인 부정 형식, 상반된 복수 해결책 제시 형식
   (2) 반박 대화이동
   나에게 행해지는 상대방의 주장에 대해 효율적으로 대응할 수 있는 반박 대화이동을 구성하라.
   -세부 유형 : 자문 자답 형식, 상대 주장에서의 문제 제기 형식, 부분 인정 부분 부정 형식

2. 화행 실행
   (1) 어휘 선택
   내가 발화한 화행의 발화수반력을 증폭시킬 수 있도록, 나에게 유리하게 작용될 어휘를 선택하여 사용하라.
   -세부 유형 : 명명 어휘, 하대(下待) 어휘, 복수 주체화 어휘
   (2) 주장의 진술 유형 선택
   나의 주장으로 인해 발생 가능한 상대방의 비난이나 어떤 불이익으

로부터 나를 보호할 수 있도록, 내 주장 화행의 발화수반력을 완화
시킬 수 있는 진술 유형을 선택하여 사용하라.
-세부 유형 : 추측 형식, 희망 제시 형식, 피동 형식, 가능성 제시
　　　　　　형식, 지각(知覺) 현황 제시 형식

(3) 담화 장치 사용
내가 발화한 화행의 발화수반력을 적절히 조정할 수 있도록, 그 발
화된 화행의 명제 내용에 대한 나의 태도를 표명해주는 적절한 담
화 장치들을 사용하라.
-세부 유형 : 자격 제시, 상대 또는 제3자 지식 환기, 명제에 대
　　　　　　한 신뢰도 표현

(4) 메타 화행 실행
대화의 전반적인 진행 그리고 나와 상대방의 화행 등이 나의 대화
목적 달성을 위해 효과적으로 이루어지고 있는지를 검토하는 메타
화행을 실행하라.
-세부 유형 : 대화의 진행 검토, 화행의 효율성 검토

II. 호소 과정에서의 대화 책략
대화 상대방 또는 다수의 제3자들이 나의 주장에 동의하게끔, 그들의 마
음이나 감정 따위를 불러일으킬 수 있는 호소를 실행하라.

1. 사태 해결의 당위성에 기반한 호소
현재 논의 중인 사안에서의 해결책은, 그 분야에서 일반적인 것으로 통
용되는 원리 혹은 상식 등에 기대어 볼 때, 당연히 내가 주장하는 바와
같이 되어야 할 것임을 호소하라.

2. 권고 형식에 의한 호소
나의 의견을 상대방에게 직접적으로 권하는 형식을 통해 호소하라.

이미 언급한 바와 같이, 대화참여자들은 주로 대화이동 구성 및 화행 실
행 범주에서, 즉 특정 대화이동을 구성하거나 혹은 특정 화행을 실행하는
과정에서 '과제 목적 성취 전략'을 구사하게 된다. 따라서 이 전략은 앞의
대화 구조 지배 전략과는 달리, 어떤 대상을 가지고 서로 뺏고 빼앗기는
행위 구도 속에서 이루어지는 것이 아니라, 말할이가 들을이에게 일방적으
로 발화하는 상호 비경쟁적 구도에서 이루어지는 것이다.

또한 앞의 대화 구조 지배 전략이 과제 중심적 대화에서의 일차 목표인 '과제 목적'을 달성하기 위한 바탕을 마련하는 전략이라 한다면, 과제 목적 성취 전략은 그러한 '과제 목적'을 달성하는 것과 직접적으로 관련이 되는 주 전략이라고 할 수 있다. 따라서 과제 목적 성취 전략은 과제 중심적 대화에서 대화참여자들이 자신의 대화 목적을 달성하기 위해 구사하는 여러 가지 전략들 중에서도 가장 중요하고 핵심적인 전략이라 할 수 있겠다.

이미지 관리 전략 ─────── 제**5**장

앞의 4장에서는 상호 비경쟁적 구도에서 구사되는 첫 번째 대화 전략으로 과제 목적 성취 전략에 대해 살펴보았다. 이제 본 장에서 살펴볼 '이미지 관리 전략'도 상호 경쟁적 구도가 아닌, 말할이에 의해 들을이에게 일방적으로 구사되는 상호 비경쟁적 구도에서의 두 번째 전략이라 할 수 있다.[85]

---

85) 본고에서 언급하고자 하는 이미지(image)는 어떠한 사물과 관련된 것이 아닌, 사람과 관련된 이미지이다. 어떤 한 사람의 이미지란 것은 그 사람의 겉으로 드러나 있는 모습을 말하는 것으로, 그것은 그의 외모나 행동거지 또는 언행 등을 바탕으로 해서 이루어지는 것이라 할 수 있다. 그런데 이러한 이미지란 것은 그 사람의 실제적 본질과 반드시 부합하는 것만은 아니다. 따라서 실제로 좋은 사람이기 때문에 그가 가지고 있는 이미지도 좋을 수 있겠지만, 경우에 따라서는 실제로는 좋지 않은 사람도 좋은 이미지를 가지고 있을 수도 있는 것이다. 그래서 우리는 평소에 좋은 이미지를 보여주던 연예인이 어떤 부정적인 사건과 직접적으로 관련되어 있다는 뉴스를 접하고서는 다소 혼란스러워지는 경험을 가끔씩 하게 되기도 한다. 이러한 이미지는 진실성, 전문성, 합리성 또는 예절성 등과 같이 사람의 됨됨이를 가늠해볼 수 있는 여러 가지의 기준과 관련하여, 부정적인 것과 긍정적인 것의 둘로 나누어지게 된다. 그리하여 하나의 예를 들어보면, 본고에서 언급하고자 하는 '자기 이미지 관리를 위한 책략'이라는 것은 바로 자신에 대한 긍정적인 이미지를 유도해내면서 동시에 부정적인 이미지는 차

우리는 이미 앞에서, TV 생방송 토론이란 어떤 논제에 대하여 찬성자와 반대자가 각자 자기 의견의 정당함과 상대방 의견의 부당함을 서로에게 그리고 제3자라 할 수 있는 방청객 및 시청자들에게 주장하는 말하기 형태라고 언급한 바 있다. 바로 이러한 정의를 통해 우리는 TV 생방송 토론 대화에 참여하는 이들의 과제 목적이 무엇인지를 알 수 있었다. 그리하여 우리는 앞의 4장에서, 토론자들이 자신들의 그러한 과제 목적을 달성하기 위해 논증 및 호소를 하는 과정에서 구사하고 있는 여러 가지의 대화 책략들에 대하여 살펴보았던 것이다. 그런데 토론 대화의 경우 그 참여자들은 이러한 '과제 목적 성취 전략' 이외에도, 상대방 및 제3자들을 대상으로 하여 자신에 대해서는 긍정적인 이미지를, 그리고 상대방에 대해서는 부정적인 이미지를 심어주려고 하는 '이미지 관리 전략'도 구사하게 된다. 왜냐하면 자신에 대한 긍정적 이미지는 다른 이들로 하여금, 자신의 주장이 옳다고 생각하도록 유도하는 데에 보탬이 되는 동시에, 상대방에 대한 부정적 이미지는 상대방의 주장이 그르다고 생각하도록 유도하는 데에 큰 보탬이 되기 때문이다.[86]

물론 일반적인 대화의 경우에는, 상대방의 긍정적 이미지를 적극적으로 살려줌으로써 서로간의 인간적인 유대 관계를 돈독하게 하는 것이 과제 목적을 달성하는 데 있어 큰 도움이 된다.[87] 하지만 TV 생방송 토론의 경우에 이러한 방법은 그 주요 대화 목적인 과제 목적을 달성하는 데 있어 별로 도움이 되지 못한다. 또한 토론 참여자들은 기본적으로 과제 목적의 달

단하려는 책략을 말하는 것이라 할 수 있다.

86) 이에 반해 관계 중심적 대화는 그 대화의 주요 목적이 상대방과의 우호적인 관계를 계속해서 유지하거나 혹은 개선하는 것이기 때문에, 여기에서 구사되는 이미지 관리 전략의 세부적인 모습은 과제 중심적 대화의 경우와는 다르다. 즉 여기에서는 대체적으로 자신과 상대방 모두에 대해서 긍정적인 이미지를 심어주려고 하는 내용의 이미지 관리 전략을 구사하게 된다. 또한 관계 중심적 대화의 경우에서는 이미지 관리 전략이 주 전략이 되며, 과제 중심적 대화에서의 주 전략인 과제 목적 성취 전략은 상대적으로 보조적인 성격의 전략이 된다고 할 수 있다.

87) 특히 한 쪽의 대화참여자가 상대방에게 다소 무리한 부탁을 간곡하게 할 경우에는, 상대방과의 인간적 관계를 돈독히 하는 전략은 자신의 과제 목적을 달성하는 데 있어서 매우 중요한 기능을 하게 된다고 볼 수 있다.

성을 목표로 하고 있기 때문에, 만약 그러한 목표 달성에 보탬이 된다면 상대방과의 관계를 다소 악화시키는 한이 있더라도, 위에서 언급한 바대로 자신의 과제 목적 달성에 도움이 되는 이미지 관리 전략을 구사하게 된다. 따라서 토론 대화의 참여자들은 일반적으로 자신의 대화 목적을 달성하기 위하여 '과제 목적 성취 전략'과 함께 '이미지 관리 전략'을 동시에 구사하게 되는 것이라 할 수 있겠다.[88]

우리는 앞에서, '대화 구조 지배 전략'은 그 대화참여자들이 '과제 목적 성취 전략'을 본격적으로 구사할 수 있는 바탕을 마련해주는 전략이라 한다면, '과제 목적 성취 전략'은 과제 중심적 경쟁 대화에서의 일차 목표인 과제 수행과 직접적으로 관계되는 주 전략이 된다고 보았다. 이러한 관점에서 보면, 이제 본 장에서 살펴볼 '이미지 관리 전략'은 주 전략인 '과제 목적 성취 전략'이 효과적으로 구사될 수 있도록 측면에서 도움을 주는 보조 전략이라 할 수 있겠다.

1. 자기 이미지 관리를 위한 책략

그렇다면 대화참여자들이 이러한 이미지 관리 전략을 구사하기 위해 사용하는 대화 책략들에는 어떠한 유형들이 있을까? 전사 자료를 통해 살펴본 결과, 대화참여자들은 자신 및 상대방의 이미지를 관리하는 데 있어서, 자신의 긍정적 이미지를 유도하면서 부정적 이미지가 부각되는 것은 차단을 하고, 동시에 상대방의 이미지에는 손상을 가하고 있음을 확인할 수 있었다. 본 절에서는 먼저 대화참여자들이 자신의 이미지를 관리하기 위해 구사하고 있는 책략들에 대해서 살펴보기로 하겠다.

---

88) 박용익(1997)에서는, 대화참여자들은 자신의 대화 목적 달성을 위하여 '대화 전략'과 '이미지 관리'를 행한다고 보고 있다. 본고에서는 그러한 '이미지 관리'라는 것을 대화 전략과 서로 구분하여 보지 않으며, 그것 자체가 대화 전략의 중요한 한 부분을 차지하고 있는 것으로 본다.

1) 긍정적 이미지 유도

대화참여자들은 자신의 이미지를 관리하기 위한 하나의 방편으로, 자신에 대한 긍정적인 이미지를 유도하려 애쓴다. 여기에서는 대화참여자들이 그렇게 자신에 대한 긍정적인 이미지를 유도하려 하는 것을 Goffman(1956)의 체면(face)에 대한 논의에 기대어 논의해보도록 하겠다. Goffman은 체면을 적극적(positive) 체면과 소극적(negative) 체면의 둘로 나누어 정의하고 있다. 이 중에서 적극적 체면이란 자신이 타인들에 의해 인정받고 싶고 또한 같은 그룹의 구성원으로서 귀속되어지고 싶은 욕구이며, 소극적 체면이란 나의 행동 자유가 타인들에 의해 침해되지 않고 독립적으로 되고 싶어하는 욕구라 할 수 있다. 이런 관점에서 볼 때, 자신에 대한 긍정적 이미지를 유도하려 한다는 것은 비록 정확하게 부합하는 것은 아닐지라도, 자신의 적극적 체면을 살리려는 것이라 할 수 있겠다.[89] TV 생방송 토론 대화의 경우, 대화참여자들이 이처럼 자신에 대한 긍정적 이미지를 유도하기 위해, 즉 자신의 적극적 체면을 살리기 위해 구사하는 책략으로는 다음의 '지위 내세우기'와 '지식 또는 경험 드러내기'의 두 가지를 들 수 있다.

(1) 지위 내세우기

대화참여자들은 논제와 관련된 어떤 주장을 내세움에 있어서, 자신의 지위를 직접적으로 밝힘으로써 그 지위와 관련된 전문적 이미지를 유도해내기도 한다. 이 지위 내세우기는 상대방의 요구가 없었음에도, 또한 상대방이나 제3자들이 그 지위에 대해 이미 알고 있음에도 불구하고, 스스로 자

---

89) 체면이란 단지 사람들이 가지고 있는 어떤 형태의 욕구(want)이며, 그 욕구를 채워주거나 위협하게 되는 것은 타인의 몫이라 할 수 있다. 그래서 우리는 일반적으로 사교를 목적으로 하는 대화의 경우, 대화 상대방의 소극적 체면에 대해 위협을 가하는 것은 피하면서 적극적 체면은 세워주려고 노력하게 되는 것이다. 하지만 본고에서 살피고자 하는 '자신의 긍정적 이미지 유도'는 타인이 아닌 나 자신이 그러한 이미지 생성을 위해 직접적으로 나서는 경우에 해당한다는 점에서, 그 둘 사이의 차이가 있다고 할 수 있겠다.

신의 지위를 재차 밝히는 책략이라 할 수 있다. 대화참여자는 이러한 책략의 사용을 통해, 자신은 스스로 밝힌 지위와 관련한 전문적인 지식을 가지고 있으며, 자신의 현재 발언은 그러한 전문적 지식에 기반한 것임을 드러내고자 하는 것이라 할 수 있겠다.

대화 사례 58 "잇단 사학분규 해법은 없는가?"

(236) Y 1) [네
(237) A 1) [저(:) 사실은 이 제가 이 땅에 교육법학회를 에 창설해서 한국의
　　　　　　교육법학회라는 새로운 학문 영역을 만든 장본인입니다
　　　　2) 그래서 교육법에 관한 한 어 좀 전문가로 자부해[하고 있습니다
(238) Y 1)　　　　　　　　　　　　　　　　　　　[예 지금 교육
　　　　임면 교사 임면권 [문제에
(239) A 1)　　　　　　　　　　[예 예 근데 교육법 자체에 사립학교법 자체에
　　　　대해서 말씀을 드릴게요

위의 **대화 사례 58**은 앞에서 살펴본 화제의 구조상으로 볼 때, 'Ⅱ.2 개정 법안의 문제 1'이란 화제에 대해 논의를 하고 있는 부분이다. 여기에서 사립학교법 개정을 반대하고 있는 A는 (237:1~2)를 통해 자신은 국내에 교육법학회를 세운 당사자이며 또한 교육법과 관련해서는 전문가라고 자부한다고 말하고 있다. 이것은 자신의 지위를 직접적으로 내세우면서, 상대방 그리고 제3자들로 하여금 자신의 전문가적 이미지를 유도해내려는 것이라 할 수 있다.

대화 사례 59 "공무원 노조 필요한가?"

(278) D 1) 예 그 N교수님께서 뭐 여러 가지 얘기했고
　　　　2) 오래 기다려서 잊어버렸고
　　　　3) 다음 사실 제가 법학자입니다
　　　　4) 제가 오늘은 그 딱딱한 법 얘기는 하지 않으려고 그랬는데
　　　　5) N교수님께서 자꾸 불법을 얘기하고 특히 이제 전공련이 불법단
　　　　　체다, 불법집회를 했다, 그 다음에 이제 정권퇴진 뭐 이런 발언
　　　　　이 위험하다 등등 하는데 정치세력화 발언하는데

위의 **대화 사례** 59는 공무원 노조의 설립에 찬성하는 D가 상대방의 주장을 반박하고 있는 부분이다. 상대방 N이 법과 관련된 언급을 하면서, 공무원 노조의 설립 반대를 주장하자, D는 이를 반박하는 과정에서, (278:3~4)와 같이 자신이 사실은 법학자이며, 원래는 법 이야기를 하지 않으려 했는데 그 애초의 생각을 바꾸겠다는 내용의 말을 하고 있다. D는 N의 주장을 반박하는 데 있어서, 자신의 지위를 굳이 내세울 필요는 없다고 할 수 있다. 하지만 D는 자신이 법학 전공자임을 스스로 밝힘으로써, 상대방 및 제3자들로 하여금 자기에 대해 법학관련 전문적 이미지를 유도해내려고 했던 것이다. 그리하여 결국 자신의 주장은 법학 전공자의 전문적 지식에 근거한 것임을 내비침으로써, 자신의 과제 목적을 달성하는 데에 보탬이 되도록 하고자 했던 것이다.

(2) 지식 또는 경험 드러내기

대화참여자들이 자신에 대한 긍정적 이미지를 유도하기 위해 구사하는 책략의 두 번째는 자신의 지식 또는 경험을 드러내는 것이다. 이 책략도 앞의 지위 내세우기 책략과 마찬가지로 상대방의 요구가 없음에도 불구하고 자신이 스스로 나서서 자신의 지식 또는 경험을 드러내는 적극적인 책략이라 할 수 있다. 하지만 그러한 지식 또는 경험은 모두가 개인적인 차원의 것이기 때문에, 이 대화참여자는 그 관련 분야에 대해 전문적인 지식을 가지고 있는 것은 아니다. 또한 그러한 개인적인 사실에 대해서는 상대방이나 제3자들이 상대방의 지위처럼 이미 알고 있는 것이었는지도 확실하지가 않다.

따라서 대화참여자는 이러한 책략을 통해서, 비록 자신이 현재 논의중인 분야에서의 전문가는 아니지만, 상대방이 생각하는 바와는 달리, 어느 정도의 지식 또는 경험을 가지고 있음을 나타내는 것이라 할 수 있다. 이를 통해 그 대화참여자는 결국 자신의 발언이 전혀 배경 지식이 없는 터무니없는 성격의 것이 아니라는 점을 나타내려 하는 것이라 할 수 있겠다.

대화 사례 60   "국가보안법 존속돼야 하나?"

(294) B4 1) 공사장마대[국가보안법 위반사건 공소장마다 이런 책들이 거명
　　　　　　　되고 있습니다
(295) T 　1)　　　　　　[예예
(294) B4 2) 이런 책을 소지하고 있었다↗
(296) T 　1) 아니 그러니까 그럴 때도 저도 법에 대해서 좀 압니다
　　　　 2) 뭐냐하면은 이 양반이 어떤 그 다른 사건으로 다른 사건으로 그
　　　　　　　에(:) 해방 전후사의 인식이 문제가 아니고, 다른 사건으로 걸려
　　　　　　　서 쭉 하는데 여러 가지 방증 자료를 하는 가운데 하나 끼어 들
　　　　　　　어갔는지는 몰라요

　위의 **대화 사례 60**에서 국가보안법 개정을 반대하는 T는 그 반대의 입
장에 있는 방청객 B4의 주장에 대해서 반박을 하고 있다. B4가 법적인 사
례를 들어가면서, 현행 국가보안법의 문제점을 지적하자, T는 (296:1)을 통
해서 자신도 법에 대해서는 어느 정도 알고 있다고 하면서 자신의 반박을
전개해나가고 있다. 이러한 T의 법적 지식에 대한 발언은, 비록 자신이 법
에 관한한 전공자는 아니지만, 그래도 현재 상대방이 주장하고 있는 법적
인 사항들 정도는 알고 있으며, 따라서 자신의 주장은 모두 그러한 지식에
근거하고 있는 것임을 나타내는 것이라 할 수 있다. 즉 자신은 비록 전문
가적인 지식은 아니더라도 상대방이 주장하고 있는 분야와 관련하여 어느
정도의 지식은 가지고 있다는 긍정적인 측면의 이미지를 유도함으로써, 결
국 자신의 주장은 전혀 배경 지식이 없는 그런 성격의 것이 아니라는 점
을 나타내려 하는 것이라 할 수 있다.

대화 사례 61   "잇단 사회분규 해법은 없는가?"

(083) K 　1) [교수님으로서 그런 말은 [부끄러운 말씀인 줄 아셔야 됩니다
(082) A 　4)　　　　　　　　　[예 예 예　왜냐하면은 왜냐 하면
　　　　　 지금 옛날에 우리 저 나도 나도 중학교 선생을 해 봤습니다마는,
　　　　 5) 학교분규가 있으면 선생님은 학생들이 그런 분규에 합류할 때는
　　　　　　　말려야 했어요
　　　　 6) 말려야 했어요

       7) 근데 지금은 가만히 보면 우리 선생하고 학생들이 이렇게 동조가
          돼서 그 분규에 말려가는 현상 같이 이해할 수가 없어요
       8) 왜 어린 학생들을 그런 걸 같이 해야 되느냐 하는 것에 늘 내가
          [우리 사회가
(084) S 1) [에(:)
(082) A 8) 앞으로 미래가 없다는 [생각을 해요

위의 **대화 사례 61**은 A가 앞의 (068:4)에서 행한 '현재의 사학 분규를 밖에서 부추기는 사람이 있다'라는 언급에 대해 보충 설명을 하고 있는 부분이다. A는 자신의 (068:4) 발언 이후, 사회자 Y로부터 그 사람들이 구체적으로 누구인지 밝혀줄 것을 계속적으로 요구받아 왔으나 그에 대한 적절한 대답을 아직 하지 못한 상태이며, 더구나 (083:1)에서는 상대방인 K로부터 자신의 이미지에 손상을 입는 발언까지 듣게 된다.90) 그러자 A는 (082:4)에서와 같이, 자신도 학교 선생님을 해본 경험이 있음을 언급함으로써, 앞에서 손상된 자신의 이미지를 긍정적으로 유도해나가려 한다. 그리하여 결국 자신의 앞에서의 발언들 그리고 이후의 발언들은 그러한 자신의 경험에 근거해 판단한 것이며, 자신이 교수로서 부끄러운 말을 했다는 비난을 들어야 할 정도로 전혀 근거가 없거나 터무니 없는 이야기를 한 것이 아님을 나타내려 하고 있는 것이다.

이상에서 우리는 대화참여자들이 자신의 긍정적인 이미지를 유도하기 위해 구사하는 책략으로 '지위 내세우기'와 '지식 또는 경험 드러내기'의 두 가지 책략들을 살펴보았다. 이러한 책략들은 주로 사회적 지위와 관련된 전문성, 그리고 자신의 지식 정도 등과 관련하여 말하는 이 자신의 이미지를 긍정적인 방향으로 유도하려고 하는 의도에서 구사되는 것들이라 할 수 있겠다.

---

90) 여기에서 K의 화행 (083:1)은, 이미지 관리 전략의 측면에서 본다면, K가 상대방인 A의 이미지를 손상시키려는 의도에서 '비난하기' 책략을 구사한 것이라 할 수 있다. 이 부분에 대해서는 다음의 제5장 2. 1) '비난하기'에서 더 자세히 살펴보도록 하겠다.

2) 부정적 이미지 차단

자신의 이미지를 관리한다는 관점에서 보면, 대화참여자들은 앞에서와 같이 자신에 대한 긍정적인 이미지를 유도하기도 해야 되겠지만, 그와 동시에 자신에 대한 부정적인 이미지가 생성되는 것도 적절하게 차단해야 한다.[91] 따라서 그들은 이러한 의도를 갖고 있는 대화 책략들을 구사하게 되는데, 여기에 해당하는 것들이 바로 '사전 해명하기'와 '사후 정당화하기'이다. 이렇게 자신의 부정적 이미지를 차단하려는 두 대화 책략들은 현재 자신이 어떤 주장을 행하는 데 있어서 조심스러운 태도를 취하고 있음을 보임으로써, 상대방 또는 제3자들에게 자신이 현재 섣부른 판단을 하고 있다는 부정적 이미지가 생성되지 않도록 하기 위한 것이라 할 수 있다.

우리는 앞에서 '이미지 관리 전략'이란 대화참여자들이 이를 통해서 과제 목적을 성취하는 데에 보탬이 되게 하고자 하는 보조적인 성격의 전략이라고 한 바 있다. 여기에서 살펴보려고 하는 '사전 해명하기'나 '사후 정당화하기'의 두 대화 책략들도 바로 그러한 성격을 가지고 있는 책략들이라 할 수 있겠다.

(1) 사전(事前) 해명하기

먼저 '사전 해명하기' 책략은, 자신의 이후의 발언들이 적절치 못한 지식을 바탕으로 이루어진 것이라거나, 또는 현재 대화에 참여하고 있는 전반적인 태도 등에 어떤 문제가 있다는 식의 부정적인 이미지가 발생할 것에 대비하여, 자신이 그렇게 발언을 하게 된 것에 대해 미리 상대방에게 해명을 하는 것이다.

---

91) 앞의 '긍정적 이미지 유도'에서와 마찬가지로 체면의 관점에서 본다면, 이렇게 자신의 부정적 이미지를 차단하려고 한다는 것은 자신의 적극적 체면이 무시되면서 자신의 적극적 체면 욕구와는 정반대의 양상으로 자신의 이미지가 생성되려고 하는 것을 막는 것이라 할 수 있겠다.

대화 사례 62 "잇단 사학분규 해법은 없는가?"

(414) Y 1)   [네
　　　　　2) H회장님

(415) H 1) <u>예 내가 수학을 전공했고 법을 하셨는데</u>
　　　　　2) <u>그래서 내가 이해를 못 하는가 모르겠습니다</u>
　　　　　3) 그러나 보세요
　　　　　4) 제가 사립학교를 설립을 할 때 정부가 이러는 거 아닙니까?
　　　　　5) H○○도 못 믿겠다
　　　　　6) 그러니까 법인 하나 만들어라,

위의 **대화 사례 62**는 앞에서 살펴본 화제 구조의 측면에서 볼 때, 'Ⅲ. 2 사학 재단의 성격'이란 화제에 대하여 이야기를 나누고 있는 부분이다. 바로 앞 부분에서, S가 사학 재단은 사유재산이 아니라 공공 교육 기관이라는 내용의 주장을 해오자, H가 이에 대해 반박을 하려 하고 있다. 그 과정에서 H는 (415:1~2)와 같이, '자신은 수학을 전공했고 S는 법학을 전공했기 때문에 아마도 자신이 사학의 성격을 잘못 이해하고 있는지도 모르겠다'라고 하면서, 형식상으로는 자신의 판단을 주저 또는 유보하는 모습을 보이고 있다. 하지만 실제로 H는 그럴 가능성이 있을 것이라고는 전혀 생각하고 있지 않다. 뒤의 (415:3) 이후를 보면 그런 가능성과는 상관없이 자신의 주장을 다소 강력하게 내세우고 있기 때문이다.

따라서 H의 (415:1~2) 발언은, 자신이 법에 관해서는 비전공자이기 때문에 아마도 무엇인가를 잘못 이해하고 있는 것일 수도 있다는 점을 인정하는 것이라고 할 수는 없다. 그보다는, 비록 자신이 비전공자이기는 하지만 나름대로 많은 고민과 생각을 통해 지금의 주장을 조심스럽게 내세우고 있는 것임을 나타내려는 것이라 할 수 있다.

결국 H는 이러한 사전 해명을 통해서, '자신이 현재 비전공자로서의 짧은 지식을 가지고 섣부른 주장을 하고 있다'라는 부정적인 이미지가 발생할 수 있는 가능성을 미리 차단하고 있는 것이라 할 수 있겠다.

대화 사례 63　"공무원 노조 필요한가!?"

(020) D　1) 예 그건 그렇게 하구요

　　　　2) 제가[

(021) Y　1)　　[아니요 제[잠깐요

(020) D　2)　　　　　　[자꾸 좀 토론 처음부터 잘못된 거 지적하는 것
　　　　　같아서 좀 죄송한데 말이죠

　　　　3) 그 N교수님 말씀처럼 분명히 자본주의 초기에 사적 이익을 이제
　　　　　추구하는, 사기업에서 노동자들이 나온 건 사실입니다

　　　　4) 그리고 현재 그래서 공무원 노조가 안 된다는 얘기인데

　　　　5) 그러면 다른 선진국에는 지금 공무원 노조가 없습니까?

　　위의 **대화 사례 63**에서 D는 자신의 주장을 내세우기에 앞서 (020:2)를
통해, 토론의 초기 단계에서부터 상대방 주장에 대한 반박만을 하고 있는
것에 대해 죄송하다는 이야기를 하고 있다. 물론 이렇게 죄송함을 느끼고
있다고 해서, D 자신이 이후에서는 더 이상의 문제 지적을 하지 않겠다는
것은 결코 아니다. 이것은 형식상으로는 자신의 이후 화행 내용에 대하여
양해를 구하는 것으로, 결국은 상대방 혹은 제3자들이 'D는 토론의 시작
부터 자신의 주장을 내세우기보다는 상대방의 주장 내용 중에서 잘못된 부
분을 지적하는 데에만 치중하고 있다'라는 부정적인 이미지를 갖게 될 가
능성을 미리 차단하려는 것이라 할 수 있겠다.

(2) 사후(事後) 정당화하기

　　자신의 부정적 이미지를 차단하는 두 번째 책략인 '사후 정당화하기'는
이미 상대방 혹은 제3자들에게 자신과 관련하여 부정적인 이미지를 심어
주었다고 판단될 경우에 구사되는 것이다. 이 경우 말하는 이는 그런 부정
적 이미지를 주게 되는 결과를 초래한 자신의 화행을 정당화시킴으로써,
이미 발생한 자신의 부정적 이미지를 해소하려는 모습을 보인다.

대화 사례 64 "잇단 사학분규 해법은 없는가!?"

(290) S 1) 기본적으로 이 문제는 법인의 경우에는 이사장 한 사람이 모든
걸 다 알고 있고 모든 능력을 전지 전능하게 가지고 있고
2) 교사나 교수나 이 사람들은 부려먹는 종이나 마찬가지고 아무 것
도 모르는 사람이라는 전제입니다
3) [전부 상식을 갖고 있고

(291) H 1) [(???) 그렇게 비하시켜서 말씀하실까?

(292) S 1) 극단적으로 지금 말씀하시니까[저도 극단적인[대답을 드리는
거죠

(293) H 1)   [으응   [으으응
<<그렇지 않다는 듯 고개를 가로 저으며>>

　　대화 사례 64에서 S는 (290)을 통해 사학의 구조적인 문제를 부각시키
려 하고 있다. 그 과정에서 '이사장은 전지 전능한 위치에, 교사나 교수는
부려먹는 종과 마찬가지'라는 내용의 발언을 하자, 그 상대인 H는 (291:1)
을 통해 S의 이미지에 손상을 입히면서 반박을 하고 있다. 이러한 상대방
의 발언으로 인해 자신에 대한 부정적인 이미지가 유도되려고 하자, S는
(292:1)에서 자신은 상대방이 지금까지 극단적으로만 말을 해오기 때문에
자신도 그에 대해서 극단적인 방법으로 대답을 했을 뿐이라며 자신의 화행
(290:1~2)를 정당화시키고 있다. 이를 통해 자신에 대한 부정적 이미지를
해소하거나, 또는 그러한 이미지가 더 이상 부각되는 것을 차단하려 하는
것이다.

대화 사례 65 "공무원 노조 필요한가!?"

(272) Y 4) 지금 그런 인터뷰 내용을 인용하시는 것이[공무원 노조와 연관
성 때문에 하시는 겁니까?

(273) N 1)   [네

(272) Y 5) 아니면 지금 C위원장 나오셔서 어떤 개인적인[문제입니까?

(274) C 1)   [인신 공격하는(???)

(275) N 1) 아 제가 말한거는요
2) 어 그 죄송합니다

3) 그 말씀하시는 건 제가 지금 공무원의 정치세력화, 그거에 대해
   서 어느 나라에 그런 게 있냐 그래서, 내가 구체적인 지금 노동
   조합 하기 전부터 이와 같은 정치적인 세력화하고 있지 않느냐
   는 근거를 제가 제시하는[하나로서 말씀드린 겁니다

위의 **대화 사례** 65에서는, N이 자신이 이미 행한 발화의 의도를 정당
화하고 있다. 이 사례의 바로 앞 부분에서, N이 상대방인 C의 인터뷰 내
용을 인용하면서 그 내용에 심각한 문제가 있음을 지적하자, 사회자 Y는
(272:4~5)를 통해서 그러한 지적은 현재의 토론 대상인 공무원 노조와 연
관이 되기 때문인지, 아니면 상대방인 C에 대해 개인적인 차원에서 그렇게
한 것인지를 묻고 있다. 또한 상대방인 C마저도 (274:1)을 통해서, 그러한
N의 지적은 자신에 대한 인신 공격을 하는 것이라 비난하고 있다.

이에 N은 먼저 (275:2)에서 그러한 오해의 소지를 제공한 것에 대해 죄
송하다는 말을 하고 난 후, (275:3)에서는 자신이 그러한 문제를 지적한 이
유를 정당화하고 있다. 이렇게 함으로써 N은 '좀 전에 언급한 C의 인터뷰
상의 문제점 지적은 토론 주제와는 관계없이 상대방인 C를 인신공격하려
는 것이다'라는 식의 자신에 대한 부정적인 이미지를 해소하거나 또는 그
러한 이미지가 더욱 부각되는 것을 차단하려 하는 것이다.

이상에서 우리는 대화참여자들이 자신의 부정적인 이미지를 차단하기
위해 구사하는 책략으로 '사전 해명하기'와 '사후 정당화하기'의 두 가지
책략들을 살펴보았다. 그리하여 대화참여자들은 자신이 행한 발언으로 인
하여 자신에 대한 부정적인 이미지가 발생하는 것을 차단하기 위하여, 자
신이 어떤 발언을 하기 이전에 미리 그 발언 내용에 대해 해명을 하거나,
혹은 이미 발생한 것으로 생각되는 부정적 이미지의 확산을 막기 위해 자
신의 이전 화행을 정당화시키는 두 가지의 책략을 구사하고 있음을 확인할
수 있었다.

2. 상대 이미지 손상을 위한 책략

앞의 제5장의 1. '자기 이미지 관리를 위한 책략'에서는 대화참여자들이 자기의 이미지를 관리하기 위해서, 자신의 긍정적 이미지를 유도하면서 동시에 부정적 이미지가 부각되는 것은 차단하는 과정에서 구사하는 세부 책략들에 대해 살펴보았다. 이제 본 절에서는 대화참여자들이 상대방의 이미지에 손상을 가하는 책략들을 살펴보도록 하겠다. 이것들은 앞에서와 마찬가지로 체면의 관점에서 본다면, 상대방의 적극적 체면을 위협하는 책략이라 할 수 있겠다. 전사 자료를 통해 살펴본 결과, 이것들에는 '비난하기', '비꼬기' 그리고 '유감 표명하기'의 세 가지 책략들이 있음을 확인할 수 있었다.

1) 비난하기

토론 대화에서 상대방의 주장을 논리적 근거나 이유를 가지고 반박하는 것과는 달리, '비난하기'는 상대방 발언 중의 잘못이나 결점 등을 책잡아서 나쁘게 말하는 것이라 할 수 있다. 이러한 비난을 통해서 대화참여자들은 상대방의 이미지를 손상시키게 되는데, 이는 결국 상대방의 주장은 잘못된 것임을 간접적인 방법으로 나타내고 있는 것이라 할 수 있다.

대화 사례 66　　"잇단 사학분규 해법은 없는가?"

(080) Y　1) 말씀을 꺼내신 김에[그렇게 학교를 혼란으로 몰아넣는 그런 세력이 있다면

(081) A　1)　　　　　　　　　　　[예

(080) Y　2) 구체적으로 말씀을 하시고[비판을 하시죠

(082) A　1)　　　　　　　　　　　　　　　[왜 그런가 하면 지금요

　　　　2) 지금 이제 학교에서 분규를 이렇게 보면은 대개 조직의 멤버들이 있다고 우리가 알고 있어요

　　　　3) [어떻게 보면은

(083) K　1) [교수님으로서 그런 말은 [부끄러운 말씀인 줄 아셔야 됩니다

(082) A 4)   [예 예 예   왜냐하면은 왜냐 하면 지금
옛날에 우리 저 나도 나도 중학교 선생을 해 봤습니다마는,

위의 **대화 사례 66**에서 K는 A가 앞의 (068:4)에서 행한 '현재의 사학
분규를 밖에서 부추기는 사람이 있다'라는 주장에 대해 비난을 하고 있다.
A는 자신의 (068:4) 발언 이후, 사회자 Y로부터 그 사람들이 구체적으로
누구인지 밝혀줄 것을 계속적으로 요구받아 왔으나 그에 대한 대답을 계속
적으로 회피해오고 있다. 그러자 K는 (083:1)에서 '교수로서 그런 말을 하
는 것은 부끄러운 것이다'라는 내용의 비난을 행하고 있는 것이다. 이렇게
함으로써 K는 A가 가지고 있는 교육학 전공 명예 교수로서의 이미지에
상당한 손상을 가함으로써, 결국 앞에서 발화된 A의 주장은 잘못된 것임
을 간접적인 방법으로 나타내고 있는 것이다.

이러한 비난하기 책략도 그것의 궁극적인 목적은 비난 그 자체라기보다
는, 결국 그러한 비난을 통해 자신의 과제 목적을 이루고자 하는 데에 도
움을 주는 것이라 할 수 있다. 따라서 앞에서 이미 밝힌 바대로, 이 책략
은 이미지 관리라는 보조 전략의 하위 영역에 포함되는 세부 책략들 중의
하나라고 할 수 있겠다.

대화 사례 67   "공무원 노조 필요한가?"

(173) M 1)   [잠깐만요
    2) 멈추고 있다는 것에 대해서 제가 한 번 말씀드리겠습니다
    3) 아무리 저 시청자들이 모른다하더라도 말은 정확하게 해야 될 것
       같습니다
    4) 공무원의 임금인상률이 이 천년에 구 점 칠
【5-7) 부분 생략】
    8) 거의 인상되고 있지 않습니다
    9) 그러니까 숫자로 말씀드릴 때는 좀 정확하게[말씀해
(174) Y 1)   [자 이 문제넌

위의 **대화 사례 67**에서 M은, C가 앞의 (169)에서 중앙인사위원회에서
만들었다는 통계 자료를 제시하면서 공무원의 보수는 IMF 상황 이후에 거

의 멈춰있다고 주장한 것에 대해 비난을 하고 있다. M은 먼저 (173:3)에서
'아무리 시청자들이 모른다고 하더라도 자료 제시는 정확히 하라'는 내용
의 비난을 하고 있다. 그리고 (173:4~8)에서는 자신이 가지고 있는 자료를
제시하면서 C의 (169)에서의 주장을 반박하고 난 뒤, (173:9)에서는 다시 C
의 앞선 주장에 대해 비난을 하고 있다. 이러한 비난하기 책략을 통해, M
은 C에 대해서 자료 제시의 정확성이라는 측면에서의 이미지를 손상시키
고 있다.[92] 이것은 결국, C가 이전에서 정확하지 못한 자료를 근거로 발언을
하였기 때문에, 그 주장은 잘못된 것임을 나타내려는 것이라 할 수 있다.

그런데 이상의 두 가지 대화 사례에서와는 약간 다르게, 이러한 비난하
기 책략을 구사하는 데 있어 가장 효과적이면서 또한 실제로도 대화참여자
들이 자주 사용하는 방법은 바로 간접 화행을 통해 비난하기를 행하는 것
이다.[93] 여기에서 간접 화행이란 문법적 범주 표지에 의한 발화수반행위의
해석적 화행이 다른 문법 범주의 해석 화행으로 이행되는 것을 말한다. 즉
문법 표지 같은 언어 맥락적 정보와 상황 맥락적 정보가 화자의 의도와
결합하여 일어나는 화행이라 할 수 있는 것이다.[94] 그리하여 이준희(2000)
에서는 이러한 간접 화행에 대한 정의를 통해, 첫째 의문문은 진술, 명령,
청유의 간접 화행을, 명령문은 진술, 청유의 간접 화행을, 진술문은 질문,

---

92) 이처럼 상대방에 대하여 '정확성'이라는 관점에서의 이미지를 손상시키고자 하는 것은
    상대방의 적극적 체면을 상당히 위협하는 것이라 할 수 있다. 따라서 M은, 우리가 앞
    의 제4장의 1. 2) (2) '주장의 진술 유형 선택'에서 살펴보았던 주장의 진술 유형 중
    에서 추측 형식의 진술 유형을 선택하여 비난을 행함으로써, 자신의 비난 화행이 가지
    고 있는 발화수반력을 다소 완화시키려 하는 것으로 보인다.

93) 앞에서 이미 살펴본 바와 같이, Searle(1969)에서는 인간의 언어 행위를 발화행위
    (locutionary act), 발화수반행위(illocutionary act) 그리고 발화효과행위(perlocutionary act)의
    셋으로 세분화하여 살펴보고 있다. 일반적으로 우리가 행하게 되는 발화는 하나 혹은
    그 이상의 화행을 수행하게 되는 것인데, Searle(1969)에서 제시하고 있는 그러한 세
    가지의 행위 중 발화수반행위에 대한 분석을 통하여, 우리는 보통 직접 화행과 간접
    화행을 구분하여 언급할 수 있게 된다.

94) 간접 화행에 대한 이러한 정의는 이준희(2000:43)에서의 정의를 따른 것이다. 여기에서
    는 이러한 간접 화행과는 달리, 직접 화행이란 상황 맥락적 정보가 작용하지 않는 화
    행으로, 우리말의 경우에서는 문장 종결 어미 같은 문법적 범주 표지에 의해 나타나는
    것으로 보고 있다.

명령, 청유의 간접 화행을, 그리고 청유문은 진술과 명령의 간접 화행을
수행하는 것으로 확인하고 있다.95)

본 연구의 대상인 토론 대화의 경우, 이준희(2000)의 논의를 빌어볼 때,
이런 간접 화행의 사용은 의문문이 진술의 간접 화행으로 특히 비난의 해
석적 화행으로 사용되는 경우가 거의 대부분이었다. 다음에서는 이에 해당
하는 대화 사례들을 살펴보기로 하겠다.

대화 사례 68 "잇단 사학분규 해법은 없는가?"

(072) A　1) 에 그 그게 저(:) 오랜 기록이 있어요

　　　　　2) 예 오랜 기록이 있습니다

　　　　　3) 그래서 그런 어떤 저 [그런 것들을 뭐 이를 테면[

(073) Y　1)　　　　　　　　　　[기왕 말씀을

(074) K　1)　　　　　　　　　　　　　　　　　　[정말 교육학과

　　　출신의 교수님 맞습니까?

(075) Y　1) 아 잠깐만요

위의 **대화 사례 68**에서 보면, K는 상대방인 A의 주장을 반박하는 과정
에서 (074:1)에서와 같이 '정말 교육학과 출신의 교수님 맞습니까?'라는 의
문문을 발화하고 있다. 하지만 여기에서 K는 A가 정말 교육학과 출신의
교수가 맞는지를 확인하려는 것이 아니다. 이 발화는 '당신은 지금 교육학
과 출신 교수로서의 이미지에 걸맞지 않은 주장을 하고 있다'는 비난의 해
석적 화행을 행하고 있는 것으로 보아야 한다. K의 이러한 의문문을 이용
한 비난 화행의 수행은 상대방과 의견이 대립되어 있는 상황에서 상대에게
비난을 해야 하는 데에서 발생하는 부담을 완화시킨다거나, 혹은 의견 대

---

95) 여기에서 언급한 진술, 명령, 청유, 질문 화행은 문법적 차원의 화행이라 할 수 있다.
이준희(2000:40)에서는 이들 문법적 화행에서 파생되는 해석적 화행의 일부를 제시하고
있다. 먼저 진술 화행은 가정, 강조, 경고, 귀속, 기술, 단어, 동의, 묵살, 반대, 보고,
비난, 약속, 제보, 주장, 찬동, 추정, 취소, 항의, 호응의 해석적 화행으로 파생되며, 명
령 화행은 금지, 자문, 요구, 요청, 지시, 충고, 허가의 해석적 화행으로 파생된다. 그
리고 청유 화행은 간청, 제안, 제의, 권유의 해석적 화행으로, 그리고 질문 화행은 질
문의 해석적 화행으로 파생되는 것으로 보고 있다.

립을 완화시키고자 하는 목적을 가지고 있는 것으로는 보이지 않는다. K
는 A의 사회적 지위를 거론하면서까지 상대방이 가지고 있는 교수로서의
이미지를 손상시킴으로써, 결국 자신의 비난 화행이 가지고 있는 발화수반
력을 한층 더 증폭시키고자 한 것으로 보아야 할 것이다.

대화 사례 69 "공무원 노조 필요한가?"

(191) N 5) 지금 그 말씀 굉장히 놀라운 말씀인데 저는 깜짝 놀랐습니다
         6) 지금 공무원에 입에서 그런 얘기하는데
         7) 그러니까 부패를 우리가 행정상에 부패가 있으면 그 부패를 잡아
            내는 기능이 있습니다 어느 나라나
         8) 근데 그거를 제쳐놓고 지금 노동조합을 통해서 하겠다↗
         9) 저는 이거 굉장히 위험한 발상이라고 생각을 합니다
        10) [감사원이 있구요
(193) D 1) [아이 아이
(191) N 11) 검찰이[있구요
(194) C 1)   [어느 나라건[
(191) N 12)   [국가에 (???)가 있습니다
        13) <u>어떻게 그런 발상을 할 수가 있습니까?</u>

위의 **대화 사례 69**에서 N은, 앞에서 C가 공무원 노조의 기대되는 역할
들을 언급하면서 그것들 중의 하나로 공무원 사회에서의 여러 가지 부패
요소들을 제거하는 기능을 언급한 것에 대해 반박을 하고 있다. 그리하여
(191:5~8)에서와 같이 상대의 주장 내용을 인용하고 이에 대한 반박을 하
고 난 후, 맨 마지막의 (191:13)에서는 '어떻게 그런 발상을 할 수가 있습
니까?'라는 질문문의 발화를 통해 비난의 간접 화행을 행하고 있다.
여기에서도 앞의 **대화 사례 68**에서와 마찬가지로, N은 과연 C가 공무
원으로서 그러한 발상을 할 수 있는지의 여부를 묻고 있다기보다는, '공무
원으로서 그러한 발상을 해서는 안된다'는 내용의 비난하기 책략을 통해서,
'정상적 사고의 가능성 여부'와 관련된 상대방의 이미지를 손상시키려는
것으로 보아야 할 것이다. 또한 이렇게 의문문의 형식을 이용한 간접 화행
을 행하고 있는 이유도 자신이 행하고자 했던 비난 화행이 갖는 발화수반

력을 증폭시킴으로써 결국 C가 앞에서 한 발언에는 매우 큰 문제가 있음을 나타내 보이고자 한 데에 있다고 볼 수 있다.

2) 비꼬기

상대방의 이미지를 손상시키기 위한 두 번째 책략은 바로 '비꼬기'이다. 이러한 비꼬기는 상대방이 현재 취하고 있는 의견이나 전반적인 행위 양상 등을 대상으로 하여, 상대방의 감정에 거슬릴 정도로 빈정대듯이 말하는 것이다. 대화참여자들은 이러한 비꼬기를 통해서 상대방의 의견이나 행위 등과 관련된 상대의 이미지를 손상시키려 하는 것으로 보인다. 이것 또한 현재의 상대방의 의견이나 행위는 잘못된 것임을 간접적인 방법으로 나타내는 것이라 할 수 있다.

대화 사례 70　　"잇단 사학분규 해법은 없는가!?"

　(334) A　4)　　　　　　　　　　　　　　　　　　[네 네 누구 하
　　　　　나 죽고 죽이는 그런 싸움들 하지 마시고 좋은 타협들 해주시기
　　　　　바랍니다
　(337) B2 1) A교수님은[지금
　(334) A　5)　　　　　　[제가 충고할 수 있는 건 그것뿐입니다
　(337) B2 1) <u>예 교수들 교수생활을 지금 편안하게 오래 하셔서 그런 지 몰라
　　　　　도 행복해 보이시는데</u>
　　　　2) 저는 지금 언제 잘릴지 모르는 입장에 있습니다
　　　　3) 언제든지 돌아와서 지금 할 수 있는 일이 뻔한 일이기 때문에 그
　　　　　렇습니다

위의 **대화 사례** 70에서 방청객 B2는 자신의 대답에 불성실하게 답하고 있는 A를 대상으로 비꼬기 책략을 구사하고 있다. 사립학교법 개정을 적극 주장하는 B2는 앞에서, 자신이 속해 있는 학교의 경우에 심각한 비리가 벌어지고 있는데, 만약 그러한 것들을 법 개정을 통해 해결하는 데 대해서 반대한다면 그 분규들을 해결하기 위해서는 과연 어떻게 해야 하겠는

지를 A에게 질문하였다. 그러나 A는 이 B2의 질문에 대해서 (334:4)에서
와 같이 아주 원론적인 성격의 대답을 하고 있을 뿐이다. 그러자 B2는
(337:1)에서 '당신은 지금까지 편안한 교수 생활을 오래 해와서인지 현재
매우 행복해 보인다'라는 식의 비꼬기 책략을 구사하고 있다.

이러한 비꼬기를 통해서, B2는 현재 문제가 되고 있는 사학 분규의 해
결 의지와 관련한 A의 이미지를 손상시키고 있다. 그리하여 결국, A는 현
재 자신의 안정된 삶 속에서 이 사학 분규 사태의 심각성을 전혀 인식하
지 못하고 있다는 점을 나타내려고 하는 것이라 할 수 있겠다.

대화 사례 71   "공무원 노조 필요한가?"

(362) Y 1)   [네
        2) 좋습니다
        3) 지금 이 문제와 관련해서 보면은 행정자치부에서 원래 이 토론에
           나와야 하는데
        4) 국민정서 혹은 여론을 수렴하려는 노력도 별로 하지 않고
        5) 또 이런 토론자체가 여론을 만드는 자리인데 이런 토론장도 기피
           하고
        6) 그래서 상당히 유감스럽습니다 그 점은↗
(363) C 1) 아니 대신 [내보낸 것 같은데요
(364) Y 1)   [아니요 그렇게 말씀하시지 말구요
        2) 아까 뭐 잡아넣든지 말든지 맘대로 하라고 그러셨는데
        3) 지금 제가 알기로는 인정해 주지 않으면 법외의 노조로 내년부터
           활동하겠다 이런 말씀하셨어요

위의 **대화사례 71**에서, 사회자 Y는 (362)를 통해 사실 이 주제와 관련
된 토론이라면 행정자치부에서 토론자가 나와주어야 하는데, 이러한 자리
를 회피하고 있는 데 대해 유감의 뜻을 나타내고 있다. 그러자 행정자치부
와 반대의 입장에 있는 토론자 C는 자신의 토론 상대자들을 가리키며, 마
치 그들이 행정자치부를 대신해 나온 것 같다고 하면서, 지금까지 상대방
들이 보여준 전반적인 토론 태도에 대해 비꼬기 책략을 구사하고 있다. 이
렇게 함으로써 C는, Y의 발언 내용을 빌리자면 '여론을 수렴하려는 노력

도 별로 하지 않고, 또 그와 관련된 토론의 자리도 기피'하고 있는 행정자 치부의 부정적 이미지를 상대 토론자들에게 부여함으로써, 상대의 이미지 를 손상시키려 하고 있다.

일반적으로 이러한 비꼬기는 상대방에 대하여 다소 빈정거리듯이 말하 는 것으로, 이상적인 토론 대화의 경우에서라면 그리 바람직하지 못한 것 이라 할 수 있다. 따라서 사회자 Y는 (364:1)의 화행을 통해서 C의 비꼬기 책략을 저지하려 하고 있는 것이다. 그럼에도 불구하고 이 비꼬기는 토론 에 참여하고 있는 이의 입장에서는 상대방의 이미지에 손상을 주는 데 어 느 정도 효과를 거둘 수 있는 책략이라 할 수 있겠다.

3) 유감 표명하기

상대방의 이미지를 손상시키기 위한 세 번째 책략은 바로 '유감 표명하 기'이다. 이는 앞의 비난이나 비꼬기 책략보다는 훨씬 소극적인 이미지 손 상 책략이라 할 수 있는데, 이는 상대방의 주장 내용에 대해 유감 혹은 실 망을 표하는 방법을 통해 상대방의 이미지를 손상시키는 것이라 할 수 있 다. 일반적으로 이 책략을 사용하는 대화참여자들은 먼저 상대방의 지위나 그간의 행위 등을 언급하면서, 상대방에 대한 자신의 기대 또는 선입견은 긍정적이었으나 결과적으로 그렇지 못하다는 사실을 알게 되었다는 식의, 유감 표명을 행하게 된다.

대화 사례 72   "잇단 사학분규 해법은 없는가?"

(057) H 9) 대충은 제가 알고 있지만서도 그 남의 학교 문제, 그렇게 깊이
           내가 얘기하고 싶지 않을 뿐입니다
       10) [그러면 조금 있다 내가 분규 원인을 내가[
(061) K 1) [예 어 정말 사립학교 예
(062) Y 1)   [일반적인 원인은 있다
           말씀해 주시구요
       2) 이 ○○고 경우에 어떻게 보십니까?

<<K를 바라보며>>

(063) K   1) 의(:) 정말 우리 사학재단 연합회의 회장님이신데 그리고 학교를
운영하시는 분으로 알고 있는데,

2) 이 정도로 학교 문제를 그냥 지금 덮어야 된다든지 이런 개인의
문제로 돌리는 것에 대해서 참 유감스럽다고 생각이 되구요

3) [저는 ○○고등학교가

위의 **대화 사례** 72에서 K는, 특정 ○○고등학교의 경우에 분규의 원인
이 어디에 있다고 생각하는지를 묻는 사회자 Y의 질문에 대한 H의 답변
에 대하여 유감을 표명하고 있다. H는 앞에서 Y의 질문 (051)에 대해서
계속적으로 직접적인 답변을 회피해오고 있었다. 그러다 (056)에서는 Y로
부터 '아니요 우선 ○○고 경우에 그 원인이 어디 있다고 보십니까?'라는
말을 듣게 되자, 위의 (057:9)에서와 같이 '자신은 그것에 대해 대충은 알
고 있지만 남의 학교 문제에 대해서 이야기하고 싶지 않다'라고 대답한다.
이에 K는 (063:1~2)에서와 같이, H가 사학재단 연합회의 회장이며 직접
학교를 운영하는 있는 분으로 알고 있었는데, 그 정도의 문제 의식을 갖고
있는 데 대해서 매우 유감스럽다는 표현을 하고 있다. 이러한 유감 표명을
통해서, K는 사학재단 연합회 회장 그리고 사학 운영자로서의 H의 이미지
에 손상을 가함으로써, 결국 사학 분규의 문제를 바라보는 H의 시각은 잘
못된 것이라는 점을 지적하고 있는 것이라 할 수 있다.

대화 사례 73　"공무원 노조 필요한가!?"

(361) D 14) 그런 점을 우리가 이해해 주시구요

15) 특히 오늘 두 분 선생님하고 토론을 재미있게 했는데 말이죠

16) 근데 이제 시간이 짧아서 제가 그 소소한 문제에 대해서 일일이
대응을 안 했습니다

17) 상당히 좀 왜곡되거나 과장된 표현들이 있었는데,

18) 근데 저는 뭐가 실망이냐 하면은 공무원 노조에 대한 시기상조론
을 얘기하면서 국민정서를 얘기하는데

19) 그게 국민의 입장이 아니라 주장하시는 논거들의 대부분은 어떤
경영계 입장, 즉 자본가의 입장에서 규제완화라든지 하는 것이

20) 과연 국민들 입장에서 진짜 국민들이 어떠한 공무원을 원하고 어
 떠한 공무원 노조를 바라는지 그런 관점이었다고 저는 보지 않
 은 게 참 안타깝습니다

(362) Y 1)   [네

위의 **대화 사례 73**은 공무원 노조의 설립에 찬성하는 D가 토론의 마지막 발언 기회에서 한 발언 내용이다. 먼저 (361:15)에서는 자신의 토론 상대자였던 두 명의 교수들과 재미있게 토론을 했다고 말하고 있다. 그리고 (361:20)에서는 그럼에도 불구하고, 자신의 상대자들이 토론에 참여하면서 '과연 국민들이 어떠한 공무원을 원하고 있는가'라는 관점보다는 경영계 혹은 자본가의 입장에만 서 있다고 느껴지는 것에 대해 안타까움을 표시하고 있다. 이렇게 함으로써 D는 자신의 상대방들에게, 공무원 노조의 설립 문제를 원만하게 해결하기 위해 토론을 벌이고 있는 관련 분야의 전공 교수라는 이미지 대신에, 일반적으로 경영계 혹은 자본가들이 갖고 있는 부정적인 이미지를 부여함으로써 상대방의 이미지를 손상시키려 하고 있다. 그리하여 결국 상대방들의 주장은 관련 분야 전공 교수의 것이라기보다는 자본가의 것에 해당하는, 편협한 주장임을 간접적으로 나타내고자 하는 것이라 할 수 있겠다.

이상에서 살펴본 바와 같이, 대화참여자들은 상대방의 이미지를 손상시키기 위한 책략으로 '비난하기', '비꼬기' 그리고 '유감 표명하기'의 세 가지 대화 책략들을 구사하고 있음을 확인할 수 있다.

지금까지 5장에서는 상호 비경쟁적 구도에서 구사되는 두 번째 대화 전략인 이미지 관리 전략과 그것의 세부 대화 책략들을 유형별로 분류하면서, 해당 대화 사례와 함께 그 각각의 기능들을 살펴보았다. 그 내용들을 간단히 정리하면 다음과 같다.

※ 이미지 관리 전략

상대방 및 제3자들을 대상으로 하여, 나에 대해서는 긍정적인 이미지를, 그리고 상대방에 대해서는 부정적인 이미지를 심어줄 수 있도록 노력하라.

Ⅰ. 자기 이미지 관리를 위한 대화 책략

나에 대한 긍정적 이미지를 유도하는 동시에, 부정적 이미지가 부각되는 것은 차단하라.

1. 긍정적 이미지 유도

(1) 지위 내세우기

나의 지위를 스스로 밝힘으로써, 그 지위와 관련된 전문적 이미지를 유도하라.

(2) 지식 또는 경험 드러내기

나의 개인적인 지식 또는 경험을 드러냄으로써, 그와 관련된 긍정적 이미지를 유도하라.

2. 부정적 이미지 차단

(1) 사전(事前) 해명하기

나의 이후의 발언들로 인해 나에 대한 부정적인 이미지가 발생할 것으로 생각될 경우, 내가 그러한 발언을 하게 된 것에 대해 미리 해명하라.

(2) 사후(事後) 정당화하기

나의 이전 발언으로 인해 이미 나에 대한 부정적인 이미지가 발생하였다고 판단될 경우, 그 이전의 발언을 정당화하여 관련된 부정적 이미지를 해소하라.

Ⅱ. 상대 이미지 손상을 위한 대화 책략

상대방의 이미지에 손상을 가하라.

1. 비난하기

상대방의 발언 중 어떤 잘못이나 결점 등이 보일 경우 이를 책잡아 비난함으로써, 상대방의 이미지에 손상을 가하라.

2. 비꼬기

상대방이 현재 취하고 있는 의견이나 전반적인 행위 양상 등을 대상으로 하여, 상대방의 감정에 거슬릴 정도로 빈정대듯이 말함으로써, 상대방의 이미지에 손상을 가하라.

3. 유감 표명하기
   상대방의 주장 내용에 대해, 먼저 상대방의 지위나 그간의 행위 등
   을 언급한 후 그에 따른 유감이나 실망감 등을 표함으로써, 상대방
   의 이미지에 손상을 가하라.

그런데 본 장의 도입부에서 이미 언급한 바와 같이, 이러한 '이미지 관리 전략' 안에서의 세부 대화 책략들은 말 그대로 자신 또는 상대방의 이미지를 관리하는 것 자체가 궁극적인 목적은 아니다. 그 보다는 이러한 이미지 관리를 통해서 대화참여자들이 자신의 과제 목적을 성취하는 데에 보탬을 주고자 하는 책략이라고 할 수 있는 것이다. 따라서 이 '이미지 관리 전략'은 대화의 목적 달성이라는 차원에서 볼 때, '과제 목적 성취 전략'을 측면에서 도와주는 기능을 하고 있는 보조 전략이라 할 수 있겠다.

결론

제 6장

1. 연구 결과 요약

본 연구의 대상인 과제 중심적 경쟁 대화의 경우, 일반적으로 대화참여자들은 상호작용적인 대화행위 구조 안에서 각자의 과제 목적을 달성하기 위하여 전략적인 발화 행위를 서로 주고받게 된다. 본고는 대화의 이러한 전략적 특성에 주목하여, 대화참여자들이 상호간에 구사하는 다양한 범주의 대화 전략들을 확인하고, 이들을 계층별 그리고 유형별로 분류하면서 그 각각의 전략적 기능을 살펴보고자 하였다.

이를 위해 본고에서는 먼저, 그 동안 매우 불분명하게 사용되어 왔던 '대화 전략'의 개념을 명확히 정의해보려고 하였다. 그리하여 전략(strategy)과 책략(tactics) 사이의 계층적 관계를 고려하여, 대화 전략이란 '대화참여자가 현재 참여하고 있는 대화에서 자신의 대화 목적을 달성하기 위하여 수립한 대화 진행 계획(plan)', 그리고 대화 책략이란 '대화참여자가 자신이 수립한 대화 전략을 원활하게 수행하기 위하여 구사하는 세부적인 발화 기술(skill)'이라 각각 정의하였다. 또한 대화가 전략적으로 운영된다는 것은 '대화참여자들이 자신의 대화 목적을 달성하기 위한 전반적인 대화 전략을 수립하고, 이것의 원활한 진행을 위해 여러 가지의 구체적인 대화 책략들을 선택적으로 구사하는 것'을 의미하는 것으로 보았다.

그리고 'TV 생방송 토론 대화' 3회분을 연구 대상으로 하여, 화제 구조, 순서교대 구조, 대화이동 구성, 화행 실행의 네 가지 범주에서 구사되고 있는 다양한 대화 전략 및 대화 책략들을 확인하여, 이들을 유형 분류하고 각각의 기능들을 살펴보았다. 그 결과 대화참여자들은 자신들의 대화 목적을 달성하기 위하여, '대화 구조 지배 전략', '과제 목적 성취 전략' 그리고 '이미지 관리 전략'의 세 가지 대화 전략을 구상하며, 이 대화 전략들을 원활하게 수행하기 위하여 이 각각의 하위에 속하는 여러 가지의 세부적인 대화 책략을 구사하고 있음을 확인할 수 있었다. 이러한 세 가지의 대화 전략 및 그 각각에 해당하는 세부 대화 책략들을 정리하여 제시하면 다음과 같다.

※ 대화 구조 지배 전략

대화의 전반적인 흐름을 자신에게 유리한 방향으로 진행시켜나갈 수 있도록, 대화에서의 화제 및 순서교대 구조 체계 전반을 주도적으로 이끌어나가라.

Ⅰ. 화제 구조상의 대화 책략

화제 구조 체계 전반을 주도적으로 이끌어나가라.

1. 화제 도입하기

나에게 유리한 반면 상대방에게는 불리한 내용의 화제를, 화제 전이 (topic-transition)의 방법을 통해 적극적으로 도입하라.

2. 화제 억제하기

상대방이 자신에게 유리한 반면 나에게는 불리한 내용의 화제를 도입하려 할 경우, 그것이 가지고 있는 화제로서의 적절성을 부정함으로써, 그것이 다음의 화제로 도입되는 것을 억제하라.

Ⅱ. 순서교대 구조상의 대화 책략
순서교대 구조 체계 전반을 주도적으로 이끌어나가라.

1. 순서 끼어들기
상대방의 대화 목적 달성에 보탬이 되는 상대방의 순서에는 적극적으로 끼어들어 방해하면서, 나의 대화 목적 달성에 보탬이 되는 나의 순서를 구성하라.
- 세부 유형 : 문제 요소 수정하기, 미리 해석하기, 보채기와 미리 나서기

2. 순서 유지하기
상대방의 순서 끼어들기에 대응하여, 나의 대화 목적 달성에 보탬이 되는 나의 순서를 계속적으로 유지하라.
- 세부 유형 : 무시하기, 원칙 호소하기, 짧게 대응하기

※ **과제 목적 성취 전략**
객관적인 논증(論證)과 적절한 호소(呼訴)의 과정을 통해, 토론에서의 주요 목적인 과제 목적을 성취할 수 있도록 노력하라.

Ⅰ. 논증 과정에서의 대화 책략
적절한 근거와 이유를 논리적으로 제시해가면서, 내 주장의 정당함과 상대방 주장의 부당함을 역설하라.

1. 대화이동 구성
(1) 주장 대화이동
나의 의견을 보다 효율적으로 피력하고 상대방의 의견을 적절하게 비판할 수 있는 주장 대화이동을 구성하라.
- 세부 유형 : 자문 자답 형식, 양보(讓步) 형식, 예증 형식, 인과관계 설명 형식, 가정(假定) 원인 부정 형식, 상반된 복수 해결책 제시 형식
(2) 반박 대화이동
나에게 행해지는 상대방의 주장에 대해 효율적으로 대응할 수 있는 반박 대화이동을 구성하라.
- 세부 유형 : 자문 자답 형식, 상대 주장에서의 문제 제기 형식, 부분인정 부분부정 형식

2. 화행 실행
　(1) 어휘 선택
　　내가 발화한 화행의 발화수반력을 증폭시킬 수 있도록, 나에게 유
　　리하게 작용될 어휘를 선택하여 사용하라.
　　- 세부 유형 : 명명 어휘, 하대(下待) 어휘, 복수 주체화 어휘
　(2) 주장의 진술 유형 선택
　　나의 주장으로 인해 발생 가능한 상대방의 비난이나 어떤 불이익
　　으로부터 나를 보호할 수 있도록, 내 주장 화행의 발화수반력을
　　완화시킬 수 있는 진술 유형을 선택 사용하라.
　　- 세부 유형 : 추측 형식, 희망 제시 형식, 피동 형식, 가능성 제
　　　　　　　　시 형식, 지각(知覺) 현황 제시 형식
　(3) 담화 장치 사용
　　내가 발화한 화행의 발화수반력을 증폭시킬 수 있도록, 그 발화된
　　화행의 명제 내용에 대한 나의 태도를 표명해주는 적절한 담화 장
　　치들을 사용하라.
　　- 세부 유형 : 자격 제시, 상대 또는 제3자 지식 환기, 명제에
　　　　　　　　대한 신뢰도 표현
　(4) 메타 화행 실행
　　대화의 전반적인 진행 그리고 나와 상대방의 화행 등이 나의 대화
　　목적 달성을 위해 효과적으로 이루어지고 있는지를 검토하는 메타
　　화행을 실행하라.
　　- 세부 유형 : 대화의 진행 검토, 화행의 효율성 검토

Ⅱ. 호소 과정에서의 대화 책략
대화 상대방 또는 다수의 제3자들이 나의 주장에 동의하게끔, 그들의 마
음이나 감정 따위를 불러일으킬 수 있는 호소를 실행하라.

1. 사태 해결의 당위성에 기반한 호소
　현재 논의 중인 사안에서의 해결책은, 그 분야에서 일반적인 것으로
　통용되는 원리 혹은 상식 등에 기대어 볼 때, 당연히 내가 주장하는
　바와 같이 되어야 할 것임을 호소하라.

2. 권고 형식에 의한 호소
　나의 의견을 상대방에게 직접적으로 권하는 형식을 통해 호소하라.

※ 이미지 관리 전략

상대방 및 제3자들을 대상으로 하여, 나에 대해서는 긍정적인 이미지를, 그리고 상대방에 대해서는 부정적인 이미지를 심어줄 수 있도록 노력하라.

Ⅰ. 자기 이미지 관리를 위한 대화 책략

나에 대한 긍정적 이미지를 유도하는 동시에, 부정적 이미지가 부각되는 것은 차단하라.

1. 긍정적 이미지 유도

(1) 지위 내세우기

나의 지위를 스스로 밝힘으로써, 그 지위와 관련된 전문적 이미지를 유도하라.

(2) 지식 또는 경험 드러내기

나의 개인적인 지식 또는 경험을 드러냄으로써, 그와 관련된 긍정적 이미지를 유도하라.

2. 부정적 이미지 차단

(1) 사전(事前) 해명하기

나의 이후의 발언들로 인해 나에 대한 부정적인 이미지가 발생할 것으로 생각될 경우, 내가 그러한 발언을 하게 된 것에 대해 미리 해명하라.

(2) 사후(事後) 정당화하기

나의 이전 발언으로 인해 이미 나에 대한 부정적인 이미지가 발생하였다고 판단될 경우, 그 이전의 발언을 정당화하여 관련된 부정적 이미지를 해소하라.

Ⅱ. 상대 이미지 손상을 위한 대화 책략

상대방의 이미지에 손상을 가하라.

1. 비난하기

상대방의 발언 중 어떤 잘못이나 결점 등이 보일 경우 이를 책잡아 비난함으로써, 상대방의 이미지에 손상을 가하라.

2. 비꼬기

상대방이 현재 취하고 있는 의견이나 전반적인 행위 양상 등을 대상으로 하여, 상대방의 감정에 거슬릴 정도로 빈정대듯이 말함으로써, 상대방의 이미지에 손상을 가하라.

3. 유감 표명하기
상대방의 주장 내용에 대해, 먼저 상대방의 지위나 그간의 행위 등을 언급한 후 그에 따른 유감이나 실망감 등을 표함으로써, 상대방의 이미지에 손상을 가하라.

이상의 연구 결과를 통해 알 수 있듯이, TV 생방송 토론 대화의 경우 그 대화참여자들은 '대화 구조 지배 전략'을 구사함으로써 과제 목적을 성취할 수 있는 밑바탕을 마련하게 되며, 이렇게 마련된 구조적인 바탕 위에서 본격적으로 자신의 주요 대화 목적을 성취하기 위해 '과제 목적 성취 전략'을 구사하는 것이라 할 수 있다. 또한 그러한 과제 목적이 보다 쉽게 성취될 수 있도록 하기 위하여, '이미지 관리 전략'이라는 보조적 성격의 전략을 함께 구사하고 있는 것이라 할 수 있겠다.

물론 위의 대화 전략 및 그 세부적인 대화 책략들은 'TV 생방송 토론'이라는 과제 중심의 경쟁 양상을 띠는 제도 대화에서, 그 참여자들이 서로에게 그리고 방청객 및 시청자들에게 각자 자기 의견의 정당함과 상대방 의견의 부당함을 주장함으로써 그들을 설득시키고자 하는 것을 대화 목적으로 하는 상황에서, 일반적으로 구사되는 것들이다. 그리고 만약 이러한 여러 가지의 상황적 맥락이나 대화참여자의 대화 목적 등이 달라지게 된다면, 그 상황에서 대화참여자들이 일반적으로 구사하게 되는 대화 전략이나 책략들도 달라지게 될 것이다.

따라서 대화참여자들은 자신의 대화 목적을 달성할 수 있는 가능성을 최대화하기 위하여, 상대방의 말과 행동을 검토하면서 그때 그때의 상황에 적합하다고 생각되는 대화 전략 및 책략들을 선택적으로 구사하게 되는 것이라 할 수 있다. 결국 대화는 그 참여자가, 자신이 참여하고 있는 대화의 상황적 맥락이나 대화 목적 등을 고려하여, 효과적이라고 생각되는 대화 전략 및 대화 책략들을 선택하여 구사하게 됨으로써 매우 역동적으로 이루어지게 되는 것이라 할 수 있겠다.

2. 대화 전략 운영에 관한 연구의 의의

그렇다면 우리가 대화를 연구함에 있어서, 이러한 대화 전략 및 책략들을 연구한다는 것은 과연 어떠한 의의를 갖게 되는 것일까? 이에 대해서는 대화 연구의 본질적 측면과 응용적 측면의 두 가지로 나누어 언급해볼 수 있겠다.

먼저, 앞에서도 이미 언급한 바와 같이, 대화라는 것은 그 참여자들이 자신의 목적 달성 가능성을 최대화하기 위하여 주어진 상황에 가장 적합하다고 생각되는 대화 행위를 전략적으로 구사함으로써 이루어진다고 할 수 있다. 그렇기 때문에 우리가 대화의 본질이란 무엇인가 하는 문제에 대한 명확한 해답을 얻기 위해서는, 대화의 그러한 전략적 특성을 총체적으로 살펴보는 것이 무엇보다 중요한 과제라고 보았던 것이다. 이렇게 볼 때 우리가 대화 전략 및 책략들을 서로 구분하여 그것들의 전략적 특성들을 총체적으로 살펴보고자 하는 것은 대화의 본질을 정확히 파악하기 위한 필수적인 과정이라 할 수 있겠다.

다음으로 응용적 측면에서 보게 되면, 첫째로 이러한 대화 전략 및 책략의 연구는 화법 혹은 의사소통 교육에 필요한 구체적이고 실용적인 교육 자료들을 우리에게 제공해준다는 점에서 의의를 갖게 된다. 다양한 유형의 대화들에서는 해당 대화에 적합한 대화 전략 및 책략들이 사용되게 마련이다. 따라서 화법이나 의사소통 교육의 경우, 그 교육의 주요 내용은 여러 가지의 대화 유형들 각각에서 서로 다르게 구사되는 다양한 유형의 대화 전략 및 책략들에 관한 것이 되어야 할 것이다. 이러한 측면에서 볼 때, 대화 전략 및 책략에 대한 연구는 우리에게 구체적이고 실용적인 언어 교육 자료를 제공해주게 된다고 볼 수 있겠다.

다음으로, 대화 전략 및 책략의 연구가 응용적 측면에서 갖게 되는 두 번째 의의는, 그것들은 대화와 관련하여 우리 인간 사회에서 벌어지고 있는 많은 갈등들을 해소할 수 있도록 도움을 줄 수 있다는 것이다. 즉 대화 전략 및 책략에 대한 우리의 폭넓은 이해나 지식은 결국 우리 사회에서 발생하고 있는 여러 갈등의 원인을 알게 해주며, 더 나아가 그러한 갈등을 해소할 수 있는 방법을 찾아내는 데에도 많은 도움을 줄 수 있다는 것이다.

이상에서 살펴본 바와 같이, 대화 전략 운영에 관한 연구는 첫째, 우리로 하여금 대화의 본질에 대해 보다 정확히 이해할 수 있도록 해주며, 둘째 화법 및 의사소통의 교육과 같은 분야에서 사용될 수 있는 구체적이고 실용적인 교육 자료를 제공해 주는 한편, 우리 인간 사회에서 대화와 관련하여 발생하는 여러 가지의 갈등 원인을 밝혀줌과 동시에 그 해소 방안을 강구해내는 데에도 많은 도움을 줄 수 있다는 점에서 그 의의를 찾아볼 수 있을 것이다.

3. 남은 문제

본 연구는 대화의 여러 가지 유형 중에서, 과제 중심적 대화의 한 유형인 TV 생방송 토론 대화만을 연구 대상으로 한 것이다. 그 결과, 다른 유형의 과제 중심적 대화에서 일반적으로 구사되는 대화 전략 및 책략들은 어떠한 모습을 보이는지, 그리고 관계 중심적 대화의 경우에는 과연 어떠한 대화 전략 및 책략들이 구사되는지에 대해서는 구체적으로 언급할 수가 없었다.

따라서 앞으로는 그 연구 대상의 영역을 더욱 넓혀서, 우선 과제 중심적 대화에서의 전반적인 전략 운영 양상을 구체적으로 살피고 이들을 체계화하는 것이 필요하다 하겠다. 또한 관계 중심적 대화에서 구사되는 대화 전략 및 책략들에 대한 연구도 병행하여 이들을 서로 대조 분석해봄으로써, 대화의 일반적인 전략 운영 원리를 구체적으로 세워나가야 할 것으로 생각한다. 이는 결코 적지 않은 시간과 많은 이의 노력을 필요로 하는 방대한 작업이 될 것이다. 앞으로 이와 관련된 많은 연구들이 활발히 진행되길 바라며, 본 연구자 또한 미력하나마 여기에 보탬이 되고자 노력할 것이다.

마지막으로, 본 연구에서 주목하였던 네 가지의 언어 범주 이외에 운율적 범주에서 구사되는 대화 책략들에 대한 논의가 제외될 수밖에 없었던 것은 무척이나 아쉬운 일이다. 이 범주에서의 대화 책략들을 대상으로 하는 객관적인 연구 방법론의 발전과 더불어, 앞으로 그에 대한 연구들도 활발히 이루어지기를 기대해본다.

▶ 참고 문헌 ◀

강길호(1992), 「커뮤니케이션 목표와 체면 목표」, 『한국 언론학보』 27, 한국 언론 학회.

_____(1995), 「공손 전략과 체면 관리」, 『정, 체면, 연줄 그리고 한국인의 인간관계』(임태섭 편저), 한나래.

강태완 외(2001), 『토론의 방법』, 커뮤니케이션북스.

곽채수(1996), 「텔레비전 출연자의 언어 고찰」, 숙명여대 석사학위 논문.

구도희(1987), 「담화속에서의 생략」, 연세대 석사학위 논문.

구현정(2000), 『(개정) 대화의 기법 : 이론과 실제』, 경진문화사.

김미숙(1997), 「대화구조로 본 '아니' 기능」, 『담화와 인지』 4(1).

김병선(1999), 「모욕적 표현을 사용하는 대인간 커뮤니케이션 연구 : <'97년 대통령 후보 TV 토론> 내용 분석을 중심으로」, 연세대 석사학위 논문.

김상희(1995), 「국어과 수업 담화 분석을 통한 교수 전략 연구 –말하기/듣기, 언어 영역을 중심으로-」, 서울대학교 석사학위 논문.

김영수(2001), 「TV 토론 프로그램 논증 구조에 관한 연구 : '정운영의 100분 토론'을 중심으로」, 동아대 언론홍보대학원 석사학위 논문.

김태자(1992), 「담화 분석과 그 과정」, 『국어국문학』 107.

_____(1993), 「맥락 분석과 의미 탐색」, 『한글』 219.

김하수(1989), 「언어 행위와 듣는 이의 신호에 관한 화용론적 분석 시도 : 담화 속의 '네'」, 『말』 14, 연세대.

_____(1991), 「화행의 개별 언어적 현상–한국어에서의 나무라기와 사과하기」, 『인문과학』 65, 연세대 한국어학당.

_____(1992), 「언어의 단위와 규범의 단위」, 『애산학보』 13.

김희숙(1991), 「현대국어의 공손 표현 연구」, 숙명여대 박사학위 논문.

문경환(1991), 「화행의 보편적 속성 및 개별적 속성 –간접화행을 중심으로-」, 『인문과학』 65, 연세대 인문과학연구소.

박동수(2000), 「제15대 대통령 선거 텔레비전 토론에 관한 연구」,
　　　　국민대 정치대학원 석사학위 논문.
박성현(1996), 「한국어 말차례 체계와 화제」, 서울대 박사학위 논문.
박용익(1997), 「텔레비전 정치토론회의 대화분석 -서울시장 후보자 토
　　　　론회를 중심으로-」, 『텍스트언어학』 4.
＿＿＿(2001), 『대화분석론』(개정증보판), 역락.
박용한(1997), 「대우법 수행 중에 발생하는 규범충돌에 관한 사회언어
　　　　학적 연구」, 연세대 석사학위 논문.
＿＿＿(2000), 「군대 영내거주자 집단의 '-말입니다' 사용에 관한 연구」,
　　　　『사회언어학』 8(2).
박익찬(2000), 「TV 토론 프로그램에서의 시청자 참여에 관한 연구」,
　　　　연세대 언론홍보대학원 석사학위 논문.
박정준(1994), 「담화의 텍스트 언어학적 분석 연구 : 토론 담화를 중심
　　　　으로」, 서울대 석사학위 논문.
백설자 역(2001), 『텍스트 언어학 입문』, 역락.
성환갑 외(2001), 『삶을 함께 하는 국어 화법』, 동인.
세가와 교코(1997), 「대화 관리의 전략 연구 -대학생의 대화를 중심으로」,
　　　　연세대 석사학위 논문.
소현정(1996), 「토론 프로그램의 제작과정에 대한 연구 -KBS 1TV(생
　　　　방송 심야토론 : 전화를 받습니다) 사례 연구-」, 이화여
　　　　대석사학위 논문.
손희연(1999), 「수업 담화의 바로잡기 연구」, 연세대 석사학위 논문.
송경숙(1998), 「제15대 대통령 후보 초청 TV 합동토론회 분석」,
　　　　『사회언어학』 6(1).
＿＿＿(2000), 「TV 생방송 토론의 사회언어학적 분석」,
　　　　『사회언어학』 8(1).
송영주 역(1993), 『담화분석』, 한국문화사.
송종길(1993), 「텔레비전 토론 프로그램의 현실 구성에 관한 연구 :
　　　　KBS의 '생방송 심야토론'을 중심으로」,
　　　　중앙대 석사학위 논문.
안주호(1992), 「한국어 담화 표지 분석」, 『말』 17.
양명희(1996), 「현대 국어 대용어에 대한 연구」, 서울대 박사학위 논문.
오주영(1998), 『화용론과 의미해석』, 경성대학교 출판부.

유동엽(1997), 「대화 참여자의 대화 전략에 관한 연구 -상호작용을 위한 대화를 중심으로」, 서울대 석사학위 논문.

이기갑(1995), 「한국어의 담화 표지 '이제'」, 『담화와 인지』 1.

이기종(2001), 『우리말의 인지론적 분석』, 역락.

이동은(2000), 「토론의 상호작용사회언어학적 연구」, 서울대 박사학위 논문.

이두헌(1994), 「대화분석의 방법에 관한 연구」, 한국외대 박사학위 논문.

이삼형(1999), 「텍스트 구조 분석 연구 -화제 전개를 중심으로-」, 『텍스트언어학』 6.

이성영(1994), 「표현 의도의 표현 방식에 관한 화용론적 연구」, 서울대 박사학위 논문.

이성희(1999), 「의사소통전략의 성별 차이 연구」, 서울대 석사학위 논문.

이수지(1998), 「영어와 한국어 논쟁적 담화에서 나타난 반복과 침묵 전략에 대한 연구」, 이화여대 석사학위 논문.

이원표(1992), 「시간부사 '이제'의 담화기능」, 『인문과학』 68, 연세대 인문과학연구소.

_____(1993), 「의지 감탄사 '예, 글쎄, 아니'의 담화 분석」, 『인문과학』 69, 70 합집.

_____(1994), 「상호 교류에서 문법화로 : 수사적 표현 '왜냐면-' 구문의 경우를 중심으로」, 『사회언어학』 2.

_____(1998), 「한보청문회에서의 질문 분석 : 제도상황과 화자의 태도 표현」, 『사회언어학』 6(1).

_____역(1997), 『담화 연구의 기초』, 한국문화사.

이은경(1998), 「텔레비전 토크쇼 텍스트의 연결 어미 분석」, 『텍스트언어학』 5.

이정복(1998), 「국어 경어법 사용의 전략적 특성」, 서울대 박사학위 논문.

이정은(1996), 「요청의 상호행위 현상 연구」, 연세대 석사학위 논문.

이주행(1983), 『화법의 원리와 실제』, 경문사.

_____(1996), 『화법』, 금성출판사.

이준희(2000), 『간접 화행』, 역락.

이창덕(1992), 「질문 행위의 언어적 실현에 관한 연구」,

　　　　　연세대 박사학위 논문.

이창덕 외(2000), 『삶과 화법』, 박이정.

이필영(1999), 「국어의 응답 표현에 대한 연구」, 『텍스트언어학』 6.

이한규(1996), 「한국어 담화 표지어 '그래'의 의미 연구」,
　　　　　『담화와 인지』 3.

이해영(1994), 「담화 표지 '글쎄'의 담화 기능과 사용 의미」,
　　　　　『이화어문논집』 13.

이현우(1995), 「현대를 살아가기 위한 갈등 대응 전략」, 『정, 체면, 연
　　　　　줄 그리고 한국인의 인간관계』(임태섭 편저), 한나래.

임영환 외(1996), 『화법의 이론과 실제』, 집문당.

임칠성 역(1997), 『대인 의사소통』, 한국문화사.

장경희(1990), 「국어 발화의 확대 해석」, 『한글』 209.

＿＿＿(1999), 「국어의 수용형 대화와 거부형 대화」,
　　　　　『텍스트언어학』 6.

조선일보사, 국립국어연구원 편(1991), 『우리말의 예절-화법의 실제와
　　　　　표준』, 조선일보사 출판국.

지인자(1995), 「성공적인 의사소통의 기본 전제들 -보편화용론의 입장
　　　　　에서-」, 『텍스트언어학』 3.

황적륜 외 공역(1993), 『사회언어학』, 한신문화사.

Austin, J. L.(1962), *How to do things with words.* New York: Oxford
　　　　　University Press.

Brown, P. and Levinson, S.(1987), *Politeness.* Cambridge: Cambridge
　　　　　University Press.

Drew, P. & Heritage, J.(eds)(1992), *Talk at Work: interaction in
　　　　　institutional settings.* Cambridge: Cambridge University Press.

Faerch, C. and Kasper, G.(1983), "Plans and strategies in foreign
　　　　　language communication". *Strategies in interlanguage
　　　　　communication*, In Faerch, C. & Kasper, G.(eds.),
　　　　　pp.20~60. London: Longman.

Fraser, B.(1996), "Pragmatic markers", *Pragmatics 6(2)*, pp 167-190.

Goffman, E.(1956), *The presentation of self in every day life.* Edinburgh:
　　　　　University of Edinburgh Press.

Goffman, E.(1967), *Interaction rituals: essays on face-to-face behavior.* New

York: Doubleday Anchor Books.

Goffman. E.(1971), *Strategic interaction.* Pensylvania: University of Pensylvania Press.

Grice, H. P.(1975), "Logic and conversation", Cole, P. and Morgan, J. L.(eds.), *Syntax and Semantics(3): Speech acts*, pp.41~58. New York: Academic Press.

Grimshaw, A.(eds.)(1990), *Conflict talk: Sociolinguistic investigations of arguments in conversations.* Cambridge: Cambridge University Press.

Gumperz, J.(1982), *Discourse strategies.* Cambridge: Cambridge University Press.

Haverkate, H.(1983), "Strategies in linguistic action", *Journal of Pragmatics 7.*

Heritage, J.(1997), "Conversation analysis and institutional talk: analysing data", Silverman, D.(ed.) *Qualitative Research: Theory, Method and Practice*, pp.161~82. London: Sage.

Holmes, J.(1984), "Modifying illocutionary force", *Journal of Pragmatics 8.*

Hutchby, I.(1996), "Power in discourse: the case of arguments on a Britsh talk radio show", *Discourse & Society* 7, pp.481~497.

Hymes, D.(1972), "Toward ethnographies of communication: the analysis of communicative events", In Giglioli. P.(eds.), *Language and social context*, pp.21~43. Harmondsworth: Penguin.

Jefferson, G.(1978), "Sequential aspects of storytelling in conversation", In Schenkein, J(eds.), *Studies in the organization of conversational interaction.* pp.219~248. New York: Academin Press.

Labov, W. and Fanshel, D.(1977), *Therapeutic discourse.* New York: Academic Press.

Lee, Seung-Hee.(2000), "An analysis of institutional interaction on Larry King Live: varieties of questions and conversation structure", Graduate School Yonsei University.

Leech, G. N.(1983), *Principle of pragmatics.* New York: Longman Inc.

Leiter, K.(1980), *A primer on ethnomethodology*. London: Longman.

Macaulay, M.(1996), "Asking to ask: the strategic function of indirect requests for information in interviews", *Pragmatics 6(4)*, pp.491~509.

Marcyliena, M.(1996), "Conversational signifying: grammar and indirectness among African American women", In Ochs, E., Schegloff, E. A. and Thomson, S. A.(eds.), *Interaction and Grammar*, Studies in interactional sociolinguistics 13.

Reardon, K.(1987), *Interpersonal communication: where minds meet*. Wadsworth Publishing Company.

Sacks, H., Schegloff E. A. and Jefferson G.(1974), "A simplest systematics for the organization of turn-taking for conversation", *Language 50*, pp.696~735.

Schegloff, E. A., Jefferson, G. and Sacks, H.(1977), "The preference for self-correction in the organization of repair for conversation". *Language 53*, pp361~382.

Schegloff, E. A. and Sacks, H.(1973), "Opening up closings". In *Semiotica (8)*, pp.289~327.

Schiffrin, D.(1987), *Discourse markers*. Cambridge: Cambridge University Press.

Searle, J. R.(1969), *Speech act*. Cambridge: Cambridge University Press.

Sinclair, J. McH. and Coulthard, M.(1975), *Towards an analysis of discourse*. London: Oxford University Press.

Stephen C. L.(1992), "Activity types and language". In Drew, P. and Heritage, J.(1992), pp.66~100.

Tannen, D.(1982), "Oral and literate strategies in spoken and written narratives", *Language 58(2)*. pp.1~22.

_____.(1984), *Conversational Style*. New Jersy: Ablex Publishing Co.

Tarone, E.(1980), "Communication strategies, foreign talk, and repair in the interlanguage". *Language Learning 30*, pp.417~431.

▶부 록◀

· MBC "생방송 100분 토론"
· 61회분 「잇단 사학분규 해법은 없는가?」(2001. 3. 15 방송) / (90.18분)

※ 토론 참여자
  Y : 사회자
  H : 한국사학법인연합회 명예회장
  A : 고려대 교육학과 명예교수
  S : 계명대 법학과 교수
  K : 사립학교법 개정 국민운동 대표
  V : VTR
  B : 방청객(영문자 뒤의 숫자는 일련 번호)
  C : 시청자(영문자 뒤의 숫자는 일련 번호)

(001) Y 1) 시청자 여러분 안녕하십니까?
       2) ○○○ 백분 토론의 ○○○입니다
       3) 서울 ○○고 사태가 벌써 여러 날 째 국민의 관심을 끌고 있습
          니다
       4) 그런데 관련 전문가들은 이 사건이 빙산의 일각에 불과하다 이렇
          게 지적합니다
       5) 중고등학교는 물론이고 대학까지도 우리의 사립학교들은 모두 비
          슷한 문제를 안고 있기 때문에, 이번 기회에 사립학교법을 크게
          손질해야 한다는 주장입니다
       6) 하지만 사립학교법인 대표자들의 이야기는 또 전혀 다릅니다
       7) 극히 일부 비리 사학의 문제를 빌미로 해서 이 사립학교 전체를
          도매금으로 욕을 하고, 그렇게 해서 여론을 몰아서 이 사립학교
          의 자율성을 짓밟아서는 결코 안 된다는 이야기입니다
       8) 오늘 백분 토론은 우리의 사립학교들이 지난 수십 년 동안 어째
          서 비슷한 분규를 계속하고 있는지, 그리고 사립학교법을 어떻게
          고치면 이런 사태를 완전하게 해결할 수 있을지를 따져봅니다

9) 잇단 사학분규 해법은 없는가↗

10) 오늘 방청석에는 분규를 겪고 있는 여러 학교의 학생과 교사, 그리고 학부모와 이 사학법인 연합회의 회원들이 자리를 함께 하고 있습니다

11) 그럼 먼저 준비한 화면을 보고 토론을 시작하겠습니다

(002) V　1) 최근 일부 사립학교들에서 사학비리로 퇴진했던 옛 재단이 복귀하면서 학내 분규가 잇따라 일어나고 있다

2) 재단의 족벌경영과 인사권 전횡 등 파행적 학교 운영으로 문제가 된 사립학교는 서울 ○○고와 ○○여대 등 삼십여 군데에 이르고 있다

3) ○○고 사태는 지난 구십 사 년 재단비리로 구속됐던 전 교감 ○○○씨가 새 교장으로 부임하면서 촉발됐다

4) 학생 학부모 교사들은 당시 교장 ○○○씨와 함께 ○교감이 공금 횡령과 성적조작의 주역이었다고 주장하며 거세게 반발하고 있다

5) 새 학기가 시작된 뒤에도 학교가 정상화되지 않자, 서울시 교육청은 자퇴를 희망하는 학생 모두 다른 학교에 편입학 할 수 있도록 허용하겠다고 밝혔으나, 학생 학부모들은 미봉책에 불과하다며 근본적인 대책을 요구하고 있다

6) ○○여대 사태도 재단 이사장이 복귀하면서 다시 악화일로를 겪고 있다

7) ○○여대는 지난 구십 칠 년 ○○○ 이사장에 대한 교육부의 임원취임 승인 취소 처분으로 심각했던 학내 분규가 가까스로 진정됐다

8) 그러나 지난 일월 이 취소 처분 절차가 잘못됐다는 대법원의 확정판결로, 학교에 복귀한 ○이사장이 재단 퇴진 운동을 벌였던 교수들을 대거 재임용에서 탈락시키거나 승진 대상에서 제외시킴으로써 분규가 재연되고 있다

9) 이 같은 사학분규가 끊임없이 계속되자, ○○○를 비롯한 교육 시민단체들은 사립학교법 개정과 부패 사학 찾기를 위한 국민운동 본부를 발족하고, 사립학교법 개정을 강력하게 요구하고 나섰다

10) 정치권에서도 지난 이월, ○○당 교육위원회 소속 의원 일곱 명이 사립학교 교원 임면권을 학교장에게 환원하고, 비리나 부패에 연루된 재단이사의 복직 금지를 골자로 한 사립학교법 개정안을 내놓았으나, 당내 반발에 부딪쳐 갈팡질팡하고 있다

11) 한편 사학재단들은 사립학교법 개정안이 일부 사학의 비리를 전체 사학의 문제로 확대시켜 그 동안 교육 발전에 많은 기여를 해온 사학의 경영권을 탈취하려는 혁명적 발상이라며, 오히려 사립학교법은 사학의 자율성을 확대하는 방향으로 개정돼야 한다고 주장하고 있다

12) 사학분규에 휘말려 학생들의 학습권이 방치되고 있다↗

13) 학교 운영의 투명성을 확보하고 사립학교를 정상화시킬 수 있는 방안은 없는가?

14) 과연 끝없이 계속되는 사학비리를 원천적으로 막을 수 있는 해법은 무엇인가?

(003) Y 1) 우리 나라는 이 외국에 비해서 사립학교 비중이 굉장히 높은데요

2) 우선 H○○ 회장님께 제가 첫 발언을 청하겠습니다

3) 우리 사립학교가 지금까지 우리 교육에서 해왔던 역할, 어떻게 스스로 평가하십니까?

(004) H 1) 에(:) 우리의 사립학교에 그 동안 공적을 좀 잠깐 제 입으로 말씀 드리기가 조금 죄송합니다마는,

2) 거(:) 일제 치하에서는 어(:) 우리 민족의 등불이라고 그렇게 했습니다

3) 또 해방과 더불어서 어(:) 너도나도 공부하겠다는 사람이 많이 생기고, 또 정부 재정으로선 도저히 그 수요를 감당할 수 없을 그 무렵에, 이 농촌이나 도시 전국 방방곡곡에서 그 독지가들이 나서가지고 담을 쌓고 학교를 세워서 이 그 많은 교육 수요를 감당한 것이 오늘의 대부분의 사립학교라고 이렇게 볼 수 있습니다

4) 칠십 년대 중반까지만 하더라도 우리 중고등학교가 차지하는 비율이 칠십 프로를 육박을 했구요

5) 지금도 전문대학이 구십 프로를 훨씬 넘고, 사년제 대학이 칠십 프로를 넘고 있습니다

6) 이 방청석에 앉아 계시는 분들도 아마 예외가 아닐 거예요

7) 우리 나라에 사학이 없었다 한다면은, 우리 나라 국민의 아마 삼분의 이 이상은 고등학교 대학은 고사하고래도 중학교 문턱도 밟아보지 못했을 거 아니겠느냐↗

8) 물론 물론 오늘과 같은 국가 발전도 도저히 기대할 수 없었지 않느냐↗

9) 이렇게 보고 있습니다

10) 어(:)[

(005) Y 1) [끝까지 일단 공적을 말씀을 하셨는데요

(006) H 1) 네

(005) Y 2) 이 점에 관해서는 이 사립학교법 개정을 추진하는 시민단체나 전
교조에서 동의하십니까?

(007) S 1) 네

(008) K 1) 초기에 저희 나라의 그 법을 만들고[

(009) Y 1)   [네 우리 나라의↗

(008) K 1) 예 아 학교를 짓고 이랬을 때는 저는 일정 부분은 그런 공이 있
었다고 인정합니다

2) 그러나 어 실제로 최근에 학교가 우후죽순으로 생기면서 한 재단
이 여러 개의 학교를 마구 짓고,

3) 그 학교를 짓는 것이 정말 민족적인 어떤 목표라든지 확실한 건
학 이념이나 철학이 있어서가 아니라 치부의 수단이나 또는 출세
나 명예 그리고 세금이 감면되는 재단 증식수단 이런 것들로 사
립학교가 굉장히 많이 생겼습니다

4) 그래서 그런 것들을 효율적으로 관리할 수 있는 이런 법이나 제
도적 장치가 미흡하자, 이제 수많은 학교들에서 분규가 터져 나오
고 그런 것들이 이제 완전히 사회문제로 지금 대두가 돼 있는 겁
니다

(010) Y 1) 네(:)

(011) H 1) 아 그 여러 가지 말씀 중에 다 대답할 순 없고

2) 치부 말씀을 하셨는데,

3) 스의(:) 얘기가 너무나 갑자기 구체적으로 들어가네요

4) 지금(:) 사립 중고등학교 우리 고등학교 경우 보면은 인건비가 구
십 육 프로입니다

5) 나머지 사 프로 가지고 공과금을 내고 나면은요

6) 앵간치 규모가 큰 학교라고 하더라도 한 이삼천만 원입니다

7) 이삼천만 원을 가지고 또 분필도 사고 잉크도 사고해서 일년을
살림을 꾸려나가고 있는데 어↗

8) 그걸 가지고 치부를 한다 한다면은 결국 어 (???) 도깨비 무슨
장난도 아니고어떻게 그 말씀이 나오신 지 모르겠어요

(012) K 1) 예

2) 제가 예를 들어서 설명을[해드리겠습니다

(013) H 1)   [네 말씀해주세요 네

(012) K 3) 지금 우리 나라 사립학교의 경우는 실제로 아까 얘기한 것처럼

그 비율이 고등학교의 경우 오십 일 퍼센트, 대학의 경우는 거의
팔십 육 퍼센트에 해당됩니다

4) 전문대학의 경우는 아주 장사가 잘 돼서 구십 육 퍼센트가 지금
사립학교로 돼 있습니다

5) 실제로 그 학교를 사립학교의 경우는 재단이 설립돼 있기 때문에
사실은 외국의 경우처럼 재단 전입금이 일정 부분 학교를 운영하
는 그런 요소가 돼야 되는데,

6) 실제로 우리 나라의 사학의 경우는 중고등학교의 경우는 일 퍼센
트 내지 이 퍼센트의 재단 재단 전입금 밖에 없고 나머지 국고보
조금, 세금입니다

7) 그리고 등록금이 거의 구십 팔 퍼센트로 운영된다는 겁니다

8) 이건 진정한 사학이 아니죠

9) 또 대학도 아무리 많은 재단 전입금이 있는 곳도 오 퍼센트를 넘
지 않는다는 겁니다

10) 결국 어 실제로 어 우리 나라 사학은 정말 진정한 재정의 자립
이나 건전한 철학이나 이런 것들이 있다기보다는 실제로 국고보
조나 세금으로 운영되고 있는 사실은 공립학교와 별 차이가 없다
라는 거구요

11) 이렇게 재단 전입금이 낮(:)다보니까 사실은 학교의 그 환경이 공
립보다도 훨씬 못해졌다는 겁니다

12) 실제로 통계에 의하면, 실제로 어 공립학교의 경우 학생당 학생
일 인당 교원수라든지, 학생 일 인당 교육비가 공립학교에도 못
미치는 겁니다

13) 그건 왜 그러냐면 공립학교는 국고보조와 등록금으로 운영하고
있기 때문에 사실은 어렵습니다

14) 그러나 사립은 재단 전입금도 있습니다

15) 그럼 사립이 공립보다 조건이 좋아야 되지 않습니까?

16) 그런데 훨씬 나쁘다는 겁니다

17) 그건 뭘 의미하는 거냐 하면 조금 있다 제가 부패 예를 들겠지만

18) 엄청나게 많은 학교 운영비를 사실은 이러저러한 이유로 해서 다
른 돈으로 다른 곳으로 빼돌리고 있다는 겁니다

19) 그 다음에 이제 그 이 운영을 일 인 그 재단 설립 이사가 독립
적으로 자기 전횡을 일삼는 경우가 하도 많다보니까

20) 실제로 그 족벌체제, 친인척으로 전부다 포진하고 그리고 뭐 ○
○고 예를 들면 너무나도 정말 끔찍하지만 이런 횡령의 사례가[

이미 몇 년 사이에 거의 한 칠팔십 여 개 학교가[

(014) A 1)   [
저(:) 예 지금 잠깐 예 근데 저(:)

     2)   [저 토론을 위해
서 조금 우리가 언어를 절약할 필요가 있고 한데

     3) 저 언젠가 저 경제 쪽에서 족벌이라는 말 썼다가 혼났어요

     4) 이건 친족경영이라 하는 아주 신사적인 용어로 고치자 하는 얘기
가 나와서 합의되는 걸 봤습니다

(015) K 1) 친족[경영이요?

(014) A 5)   [예 그래서 가정 가족이 우리 나라는 신뢰관리가 잘 확보 안
돼서 친족들이 어떤 경영에 참여하는 수가 있다고 그러면,

     6) 그건 이제 그럴싸한 친족경영을 하면 무조건 나쁘다는 논리는 안
맞을 것 같아요

     7) 그것이 여기에 과에 해당되는지,

     8) 또 설사 우리 나라의 전 사학이 그걸로 치부했다고 하면, 아마
정당하게 한 학교에서 가만히 있을지는 모르겠습니다만

     9) 혹시, 혹시 사학이 치부가 해서 우리 나라에 나쁘게 영향하는 게
뭐 있습니까?

     10) 학교의 경영이 그렇게 부를 유지하면 얼마나 좋을까요?

     11) 그렇기 때문에 그걸 과로 몰리면 안 된다 이런 얘기죠 예

(016) S 1) 뭐(:) [치부 수단이 있었느냐 없었느냐, 그런 말씀 때문에 얘기가
번진 거 같은데,

(017) K 1)   [이런 경우 보여주실래요?

     <<자신이 준비한 자료를 카메라가 잡아주길 바라며 하는 말>>

(016) S 2) 쉽게 우리 국민들이 피부로 느끼는 얘기를 하죠

     3) 뭐냐하면 지역마다 학원재벌이라 불리는 사람들이 반드시 있습니다

     4) 옛날에 처음 할 때는 조그맣게 시작한 학교가 지금 수십 개의 학
교를 거느리고 재벌이 돼 있는 그런 경우들이 그런 경우를 보는
게 그렇게 어렵지 않아요

     5) 그럼 어떻게 해서 그렇게 돈도 없는데 그렇게 가능했는가↗

     6) 다 이유가 있는 거 아니겠습니까?

     7) 그런 경우에 그걸 치부의 수단으로 썼다고 얘기할 수밖에 없죠

     8) 물론[모든 사학이 다 그렇다는 얘기는 아닙니다만

(018) A 1)   [학교의 시설이 늘고 하는 거를 개인의 치부로 이해하신다는
말씀이죠?

(019) S 　1) 그런 거 학교의[재산이든 법인의 재산이든[그것을 가지고[개인
이 마음대로[활용을 할 수 있다면 그건[

(020) A 　1) 　　　　　　[에 　　　　　　[예(:) 　　　　[그거
는 　　　[예(:)

　　　2) 　　　　　　　　　　　　　　　[학교의 시설이 확대
가 되고 좋아지면 이건 학생들이 보고 또 거기에 종사하는 선생
님들이 누리게 되는 하나의 환경인데

　　　3) 치부를 했기 때문에 만약에 그것이 치부라고 생각한다면 그건 나
쁜 것이다↗

　　　4) [그런 말씀이신가요?

(021) S 　1) [아니 아니 그게 아니죠

　　　2) 아까 얘기 나왔습니다마는

　　　3) 시설이 좋아지고 하면 괜찮은데 사립[학교의

(022) A 　1) 　　　　　　　　　　　　　　[그리고 나는 한가지 문제는,
전체 사학을 대상으로 해서 그 말씀을 할 수 있다 그러면은 그
말씀을 책임을 지셔야 되기 때문에[

(023) S 　1) 　　　　　　　　　　　　[전체 사학이 아니고 그런 경
우가 많다는 것이죠

(024) H 　1) 저기 말씀이죠

　　　2) 지금 아까 일 년에 토탈해서 한 이삼천만 원, 규모가 우리 학교
가 삼십육 클라스인데 이거 공과금하고 이 저 인건비 다 빼고 나
면은 선생 월급 안 드릴 수 없잖아요

　　　3) 빼고 나면 이삼천만 원인데 그걸 가지고 무슨 치부를 한다는 건
지, 좀 구체적으로 말씀을 좀[이따 해주셨으면 좋겠구요

(025) K 　1) 　　　　　　　　　　　[예 제가 구체적으로 　　　　[지금 예
를 들어드릴게요

(024) H 　4) 　　　　　　　　　　　　　　　　　　　　　[제 얘기
끝내구요

(026) Y 　1) 조금 있다[예

(024) H 　5) 　　　　　[그 다음에 또 하나 뭐냐하면

　　　6) 이 사학의 설립 배경은 전혀 고려하지 않고 남 말하듯이 그렇게
말씀을 하시는데,

　　　7) 아까 처음에 모두에 말씀드린 것처럼 정부가 텐트 하나 칠 돈이
없어 갖고 쩔쩔 맬 때 독지가들이 사학을 세웠어요

8) 그 때 당시에는 땅만 사서 학교 짓는 것만으로도 모든 마을 사람들이 주민들이 박수치고 다 존경했습니다

9) 국가도 어떻게 했냐하면은 아니 딴 건 요구 안 할 터이니까 제발 땅만 사서 학교만 지어주십시오

10) 다 결국은 뭐냐하면 그래서 지었던 것인데,

11) 거기다 무슨 수익용 기본재산을 확보해 가지고 나온 이득금 가지고 학교에 보태 써라↗

12) 그거 생각도 못 했어요

13) 지금도 마찬가지입니다

14) 지금도 전국 어느 곳이라도 사학을 세웠으면 좋아하는 필요한 것이 많이 있는데도 불구하고 거기다 수익용 기본재산까지 확보를 한다면 더더구나 없을 거 아니에요?

15) 그러니까 현재 지금 법령으로 보더라도요

16) 한 삼십 육 클라스 정도를 설립할라 하면은 수익용 기본재산이 고등학교의 경우에 오천만 원 밖에 안 듭니다

17) 사천 팔백만 원입니다 정확하게↗

18) 그것만 은행에 넣어놓으면 사립학교가 설립이 허가되는 거예요 법인이↗

19) 그러면 그것이 국가에서 그 금액을 올릴 줄 몰라서 안 올렸겠습니까?

20) [그런데↗

(027) S 1) [자(:) 자

(024) H 21) 내 말 들어 봐요

22) 그래서 그 수익용 기본재산이라고 하는 것은 법인 설립을 하기 위한 하나의 형식적인 요건을 갖추기 위해서 어쩔 수 없이 만들어 놓은 것뿐이지,

23) 대학은 모르겠어요

24) 중고등학교의 경우는 이 배경이 그런 건데,

25) 그걸 가지고서 수익용 기본재산이 열악하니까 돈 한푼도 안 내면서 왜 그렇게 하냐하면은

26) 염치없이 그렇게 무슨 뭐 권력만 가지고 달라고 하고 이렇게 하느냐 이런 식으로 자꾸 몰아붙인다 한다면은,

27) [거꾸로, 거꾸로 두 분이 두 분이 그런 환경에서 그런 학교를 세워 가지고 오늘을 경영해왔는데,

(028) K 1) [예 제가 예를 들어서 할게요

<<옆 좌석의 S에게 한 말>>

(024) H 28) 지금에 와서 그 동안의 공과나 이런 거 전혀 생각하지 않고 왜
돈 안 내놓고 이렇게 뭐냐하면은,

29) 이렇게 열악한 환경 속에서 학교를 공부하게 만드느냐↗

30) 또 거기다 하나 구체적으로 말씀드리겠어요

(029) Y 1) 조금 있다 말씀 [해주시죠

(030) K 1)   [예 헤헤 같이(:)

(031) H 1) 네 알겠습니다

(032) Y 1) S교수께서 네

(033) S 1) 좋습니다

2) 그 어려울 때 참 육영사업을 위해서 재산을 내놓고 그 공은[부
정할 수 없고 [중요합니다

(034) H 1)   [
그런데↗   [네 네

(033) S 3) 한데 왜 지금 이런 사학비리가 터지고 수백 억의 횡령사건이라든
가 유용 사건이 왜 터집니까?

4) 회장님께서 설명하신 방식이라면 그런 사건이 [안 터져야 하는데
그게 어떻게 터지는지[

(035) H 1)   [아 아니 그러니까
(:)

2)   [이삼천만 원 가지고 이삼천만 원이 어떻게
수백 억이[도느냐 하는 말이야↗ 말씀하시란 말야↗

(036) K 1)   [제가 이삼천만 원 가지고 비리를 저지른 게 아니고,

2) 예를 들어 ○○고의 예를 들어보겠습니다

3) 예를 들면 보충수업비 거둬서 육 억 착복하구요

4) 그 다음에 학부모들에게 불법 찬조금 [걷어서 십사 억 찬조하는
겁니다

(037) H 1)   [그러니까 그런 아주
[특별한 예를 들어 가지고 그것을 일반화 시켜 가지고, 그러는
양 그렇게 뭐냐하면은 얘기를 전개해[나간다면은 그건 안되는
겁니다 이건

(038) K 1) [아니죠

2)   [모든 사학만 그러는 게
아닙니다

3) 전에는 공립학교에도 이러한 비리들이 상당히 [크고 작은 비리가
있었습니다

(039) H 1)   [지금 사학이 보
세요

2) 우리 사학기관이 얼만가 하면은 지금요

3) 법인만 천 이백 개가 넘습니다

4) 그리고 사립학교가 현재 이천 개 훨씬 넘습니다

5) 매주에 한 건씩 일년 내내 터진다고 하더라도 전체 사학의 이 프
로가 안 됩니다

6) [그러면 극히 적은 이 사학에서 일어난 일들을 가지고 일반화 시
켜서 모든 사학이 그러는 양 이렇게 자꾸 국민들한테 이렇게 뭐
냐면

(040) K 1) [저어

(039) H 6) 매도하고 하기 시작한다면은 이 건전한 사학이 [살 길이 어디 있
습니까?

(041) K 1)   [예 지금

(042) Y 1) K○○ 선생께서 [마저 하시죠

(043) K 1)   [예 지금 이제 빙산의 일각이라고 말씀하시는
거죠?

(044) H 1) 그럼은요

(045) K 1) 그래서 예를 들면 비리사학은 십 퍼센트에 불과하고 구십 퍼센트
는 건전한 사학이다↗

2) 전 그럴 수 있다고 봅니다

3) 그러나 실제로 분규가 터진 학교는 [지금 몇 년 사이에

(046) A 1)   [십 퍼센트가 아니지

2) [천 분의 일이라든지 [이 천 분의 일이라고 해야 [옳죠

(047) K 1) [아니요   [잠깐만요   [아니죠
<<(046)의 결과로 방청객들이 일제히 웃음>>

2) 토론의 원칙을 좀 지켜 주셔요

(048) Y 1) A교수님 잠깐만요 예

(049) K 1) 대개 분규가 나는 경우는 작년 이 천 년 상반기에 거의 삼사십
개 학교가 분규가 터졌습니다

2) 그런데 실제로 분규가 나는 경우는 이미 아까 얘기한 것처럼 커
텐비서부터 교복비 급식비리 임용비리 그 다음에 학사비리 이런
것들이 엄청나게 많아져서

3) 그것을 사립학교의 교사들은 사실 이런 것들을 문제 제기를 못합
니다

4) 만일 문제 제기하면은 사실은 거의 그 다음 부당 인사라든지 징
계조치로 바로 들어가기 때문에 거의 힘이 없는 사람들은 말을
못합니다

5) 근데 이 비리가 너무너무 곪아터져서 이미 손을 댈 수 없는 지경
이 되고 만 천하에 모두가 다 아는 비밀이 되었을 때 교사 학생
학부모가 터져 나오는 겁니다

6) 이거는 이미 견딜 수 없는 상황에 도달한 거구요

(050) Y 1) 네(:)

(049) K 7) 대다수의 학교들은 실제로 그런 가능성을 안고 있습니다

8) 이거는 개인의 부도덕성만의 문제가 아니라 제도가 그것을 조장
하고 있다는 겁니다

9) 그래서 [법개정을 강요를 하는 거죠

(051) Y 1)   [자(:) 거기까지 말씀 하시구요

2) 지금 ○○고 이야기가 자꾸 나오는데,

3) 지금 H회장님[말씀은 학교운영비 얼마 남지도 않는데 거기서
무슨 치부를 하겠느냐 이런 말씀이시고,

(052) H 1)   [네

(051) Y 4) 지금 K부위원장 말씀은 다른 데서 여러 군데 치부한다는 말씀이
신데,

5) 실제 학교를 운영하시는 입장에서[이 ○○고 사태를 보실 때[
이 사태의 주된 책임이 어디에 있다고 보십니까?

(053) H 1)   [네   [
네

(051) Y 6) 누구한테 있다고 보십니까?

(054) H 1) 저 그 말씀은 제가 직접 대답하기 전에요 한 말씀 드리고 싶은
것은

2) 오늘 제가 이 토론 제목을 보면서 좀 죄송하지만은 미국의 사립
고등학교에 왜 분규가 없는가, 왜 거기는 교실 붕괴가 없고 학교
붕괴가 없단 말인가, 한번 생각해 봤어요

3) 그럼 미국의 사학경영자들이 우리 한국 사람들보다도 훨씬 교육
적인 철학이 더 투철해서 그런가 정직해서 그런가 그거 아닙니다

4) 그러면 또 미국의 사립고등학교가 한국의 사립고등학교보다도 훨
씬 더 강화된 규제 속에서 통제를 받기 때문에 꼼짝 못해서 그러

냐 그것도 아닙니다

5) 왜냐 하면은요

6) 미국의 주에 따라 좀 다르긴 하겠지만은 미국의 사립고 어 사립
   학교법이 있단 얘기 나 듣지 못했어요

7) 법이 없는 걸로 알고 있습니다 대부분 주가↗

8) 우리 한국에도요 해방 후에 육십 삼 년도 천 구백 육십 삼 년도
   까지 사립학교법이 없었습니다

9) 규제법이 없었어요

10) 그런 법이 없는 그 시절에 있어서도 학교 분규가 없었다 이겁
    니다

(055) Y 1) 네

(054) H 11) 그러면 현재 학교 분규가 왜 있느냐↗

12) 그리고 분규 원인을 제가 두 가지를 생각하고 있어요

13) 얘기 다 할까요?

(056) Y 1) 아니요

2) 우선 ○○고 경우에 그 원인이 어디 있다고 보십니까?

(057) H 1) 아니 그러니까 우리가 지금 특정한 학교를 지금 보세요

2) 지금 오늘 회의 진행에 조금 내가 불만이 있는데

3) [이게요, 이 ○○고등학교개 그래도 오랜 전통을 가진 학교 아
   닙니까?

(058) Y 1) [아니요 그   [말씀하시죠

(057) H 4) 졸업생도 있고 현재 재학생도 있고 학부모도 있고 하는데,

5) 이런 특정한 학교 문제를 이 전 국민이 듣는 이 텔레비 앞에서
   도마 위에 올려놓고 이렇다 저렇다 이렇게 자꾸 얘기하는 것이
   그게 우리가 예의도 아니고,

6) 하나의 교육기관이라는 것이 얼마나 이게 저거 한 건데

7) 그래서 저는 뭐냐하면은 가능한 대로 어떤 특정 학교 얘기를 꺼
   내지를 말고 좀 뭐냐하면은 기왕이면 좀 어떻게 저걸 써서 얘기
   를 했으면 좋겠다 그런 얘기고[

(059) K 1)   [○○고 사태[

(057) H 8)   [구체적으로 이 ○○
고 사태에 대해서 정확히 얘기를 할려면은[구십 사 연도 사태부
터 시작해서 그동안 재판 과정 꼼꼼히 전(:)부 다를 다 파악한 사
람이 정확히 얘기할 수 있을 겁니다

(060) Y 1)   [네

(057) H 9) 대충은 제가 알고 있지만서도 그 남의 학교 문제, 그렇게 깊이
　　　　　내가 얘기하고 싶지 않을 뿐입니다

　　　　10) [그러면 조금 있다 내가 분규 원인을 내개

(061) K 1) [예 어 정말 사립학교 예

(062) Y 1)　　　　　　　　　　　　　　　　　[일반적인 원인은 있
　　　　　다 말씀해 주시구요

　　　　 2) 이 ○○고 경우에 어떻게 보십니까?
　　　　　<<K를 바라보며>>

(063) K 1) 이(:) 정말 우리 사학재단 연합회의 회장님이신데 그리고 학교를
　　　　　운영하시는 분으로 알고 있는데,

　　　　 2) 이 정도로 학교 문제를 그냥 지금 덮어야 된다든지 이런 개인의
　　　　　문제로 돌리는 것에 대해서 참 유감스럽다고 생각이 되구요

　　　　 3) [저는 ○○고등학교가

(064) A 1) [아 그러면 저

(063) K 4) 제가 얘기한 다음에[하셔요
　　　　　<<강한 어조로>>

(065) A 1)　　　　　　　　　[예 그럴까요? 예

(063) K 5) ○○고등학교의 경우는 아주 전형적인 부패 시스템을 가지고· 있
　　　　　는데요

　　　　 6) 이게 바로 뭐냐하면은 아주 전횡을 일삼고 교육청 관료나 일부
　　　　　정치인들과 결탁된 그리고 어 이런 그 제도의 무방비 속에서 그
　　　　　야말로 부패 시스템을 정확하게 가지고 있는 유착된 관계라고 볼
　　　　　수 있는데요

　　　　 7) 실제로 여기는 너무나 많은 전횡을 저질렀기 때문에 구십 사 년
　　　　　에 이미 비리학교로 분규가 일어나서 엄청나게 학교가 파행으로
　　　　　흘렀더랬습니다

　　　　 8) 그런데 그 이후에 임시이사를 파견하고 이십 일억 이상을 횡령한
　　　　　혐의로 실제로 재판을 받아서 징역 삼 년에 집행유예 사 년을 받
　　　　　은 실제로 범법자입니다 ○○○씨가요↗

　　　　 9) 그럼에도 불구하고 그 동안에 분규 학교에 파견하는 임시이사가
　　　　　네 번에 걸쳐 임시이사를 교육청이 직권으로 이걸 임명을 해 가
　　　　　지고 학교를 운영해 왔습니다

　　　　10) 그런데 실제로 이 임시이사들이란 사람들은 다 어떤 사람들이냐
　　　　　하면 이 어 부패 재단의 이사장의 측근들, 친구 동창 무슨 친척
　　　　　이런 사람들이 와가지고 학교를 계속 운영해 온 겁니다

11) 그러다 결정적으로 잘못된 것이 구십 구 년 팔 월에 국회에서
   사립학교법이 개악되면서

12) 임시이사의 임기를 이 년으로 제한하고 모든 임시이사의 임기를
   십이 월 말로 제한하는 법안을 졸속적으로 통과시키면서

13) 실제로 이 구 재단, 그러니까 범법자들이죠 실제로 이 사람들은
   지금도 제대로 처벌받지 않은 범법 사실들이 많이 있습니다

14) 이런데도 불구하고 다시 정 이사로 돌아왔다는 겁니다

15) 특히 ○○○의 처 ○○○씨가 다시 돌아와서 그 전에 성적
   조작을 했던 ○○○씨를 교장으로 임명하면서 한 교실에 교사
   두 명 수업시간표 두 명 이런 짓을 저질렀는데

16) 이 부분에는 물론 교육청의 큰 잘못이 있습니다

17) 분명히 비리 재단이 돌아온 거 뻔히 알면서 그 이사에 대한 승
   인을 요청했을 때 사흘만에 졸속적으로 그것을 승인해 버렸습니다

18) 과연 관료들이 구십 사 년에[비리가 났을 때[이것과 연루된 사
   람들이 교육청 관료들이 삼십 육 명이나 됐답니다

(066) A 1)   [그런데요 어 저(:)

(067) Y 1)   [네 맺어주시구요
   거기까지 맺어주시고 네 좋습니다

   2) 거기까지 하시고 A교수께서

(068) A 1) 내가 저 대학에서 ○○고 출신의 우리 학교에 입학해서 지금 박
   사학위까지 하고 교수로 성장하는 아주 어 거에 대해서 그 학교
   에 대해서 잘 알고 있고 그런데 매우 좋은 학교입니다

   2) 근데 그 좋은 학교가 왜 갑자기 무슨 일로 저렇게 됐는지 난 굉
   장히 안타깝게 생각하는 중에 하나예요

   3) 그래서 나는 이 지금도 그 학교에 종사하는 분들하고 학생들이
   그런 서로 의기화합해서 자꾸 분규를 해결하는 쪽으로 돼야 될텐데,

   4) 난 요새 왜 그 분규를 밖에서 부추기는 사람들이 있다, 이런 것
   에 내가 매우 분격하고 있습니다

   5) 가령 어린 학생들이 그런 저 회오리에 말려서 무슨 에 그 분규에
   그 합류하겠으면 옆에서 말려야 되고 이렇게 해야 될 겁니다

   6) 그리고 아까 그쪽 당사자를 범법자다 그랬는데 여기 공법학자가
   계시니까 그렇긴 합니다마는 그 법률 법률론자가 아니거나 무슨
   판사다 하는 법률가가 아닌 이상은 그런 발언은 굉장히 중대한
   발언이 됩니다

   7) 에 그리고 어(:) 이 우리나라는 그(:) 교장이 되든지 교원이 되는

지금 그렇다면 교원 중에도 전과 기록을 가지고 이미 금고나 이
런 게 지나서 교원한 사람이 많습니다

8) 다 선생 그만둬야 됩니다

9) [그렇기 때문에

(069) Y 1) [어 A선생님 근데(:)

(070) A 1) 예

(069) Y 2) 조금 전에 말씀에[외부에서 자꾸 분규를 부추기는 [세력이 있다
고 말씀하셨는데요↗

(071) A 1)   [예 예

        2)   [그런 세력이
있다고 하는 것 들었어요

(069) Y 3) 거 뭘 말하는 겁니까?

(072) A 1) 에 그 그게 저(:) 오랜 기록이 있어요

        2) 예 오랜 기록이 있습니다

        3) 그래서 그런 어떤 저 [그런 것들을 뭐 이를 테면[

(073) Y 1)   [기왕 말씀을

(074) K 1)   [정말 교육학과
출신의 교수님 맞습니까?

(075) Y 1) 아 잠깐만요

(072) A 4) 좋은 명분을 가지고 있습니다마는,

(076) Y 1) 네

(072) A 5) 어 저 이 그 이 어떻게 보면 학원을 정화한다든지 깨끗한 명분을
가지고 음해를 음해를 했다고 하는[기록이 있습니다마는

(077) Y 1)   [네

(072) A 6) 그런 것들을 좀 이렇게 적극적으로 해서 하자

        7) 근데 나는 한 가지 [학교 문제가

(078) Y 1)   [아니 A교수님 잠깐만요

(079) A 1) 예

(080) Y 1) 말씀을 꺼내신 김에[그렇게 학교를 혼란으로 몰아넣는 그런 세
력이 있다면

(081) A 1)   [예

(080) Y 2) 구체적으로 말씀을 하시고[비판을 하시죠

(082) A 1)   [왜 그런가 하면 지금요

        2) 지금 이제 학교에서 분규를 이렇게 보면은 대개 조직의 멤버들이
있다고 우리가 알고 있어요

3) [어떻게 보면은

(083) K 1) [교수님으로서 그런 말은 [부끄러운 말씀인 줄 아셔야 됩니다

(082) A 4)   [예 예 예 왜냐하면은 왜냐 하면 지금
옛날에 우리 저 나도 나도 중학교 선생을 해 봤습니다마는,

5) 학교분규가 있으면 선생님은 학생들이 그런 분규에 합류할 때는
말려야 했었어요

6) 말려야 했었어요

7) 근데 지금은 가만히 보면 우리 선생고 학생들이 이렇게 동조가
돼서 그 분규에 말려가는 현상 같이 이해할 수가 없어요

8) 왜 어린 학생들을 그런 걸 같이 해야 되느냐 하는 것에 늘 내가
[우리 사회가

(084) S 1) [에(:)

(082) A 8) 앞으로 미래가 없다는 [생각을 해요

(085) Y 1)   [네 S교수께서

(086) S 1) 선생님께서는 이해하시기 어렵다는 것을 저는 이해할 수 있습니다

2) 근데 문제는요↗

3) 학교 정상화라는 게 뭐냐↗

4) 애들이 그냥 어떤 불이익을 받던 공부를 못하던, 교사들이 교권
을 침해를 당하든 조용히만 있고 정상 수업만 돌아가면 그게 학
교 정상화인지 교육의 정상화인지,

5) 아니면 정말 진정한 교육이 행해지고 자기가 공부하고 싶고 가르
치고 싶고, 그래서 그게 교육의 효과가, 극대화되는 이게 교육인지

6) [이게 구별이 분명히 되야 되는데,

(087) A 1) [나는 그 얘기 내가 해도[돼요?

(086) S 7)   [제 얘기 아직 안 끝났습니다

8) 아직 안 끝났습니다

(088) A 1) 고 얘긴 좀

(086) S 9) 아직 안 끝났습니다

10) 그게 분명히 되야 되는데,

11) 자기가 권리를 침해를 당했다고 생각하는 사람 당연히 권리를 주
장할 수 있는 권리가 있습니다

12) 그리고 그건 주장해야 되구요

(089) A 1) (???)

(086) S 13) 예

14) 그런데 그것을 무조건 어린애들이 뭐 아느냐라든가 또 어린애들

이 그런 행동을 하는 것은 뭔가 어른들이 부추겨서 그렇다라든
가 이렇게 보신다고 하면 이 논의자체가 성립될 수가 [없습니다 예

(090) A   1)   [글쎄 그러니
깐 제 이 논의가 굉장히 불합리한 데서 시작됐다고 생각을 하는데,

        2) [지금 지금 저 공법학자니까 말하지만은

(091) S   1) [(???)

(090) A   3) 아 문제가 생기면 [우리가 예 예 법률에 우리가 법률에 호소해서

(092) Y   1)   [A교수님 말씀하시고 제가 좀 말씀드리겠습니다

(090) A   4) 가정(가령) 법원에 그 제소를 한다든지 해가지고 그런 거 듀프러
스, 합리적인 절차에 의해서 문제 해결을 할 노력을 해야 됩니다

        5) 근데 우린 집단을 동원해요

        6) 사실 이것들이 정치학적 개념을 말하면 이것도 폭력입니다

        7) 집단의 폭력

        8) 그러니까 저 잠 모든 걸 폭력으로 해결하는데 문제가 있어요

(093) S   1) 제가 [말씀드릴

(090) A   9)   [우리가요

(094) S   1) 그 부분은 제가 법학을[공부하는 입장에서 설

(090) A 10)   [예 법학을 하시니까 그러니까 재판에 모두
가 합리적으로 법의 절차에 의해서 정당한 판결을 받을 때까지
기다려줘야 돼요

(095) S   1) [그러니까

(090) A 11) [그게 가정(가령) 범법자라고 그러면 그 당사자가 범법자라면 지
금 학교를 문을 (???) 그러지 말고[

(096) Y   1)   [네 좋습니다

(090) A 11) [재판에 호소해서 해결을 구했어야 해요

(097) S   1) [아까 예 아까 아까 범법자라는 것은 유죄판결을 받았던, 받았다
는 의미에서 범법자라는 의미고

        2) [객관적인 사실이구요

(098) A   1) [글세 그건 해명을 해주셔야 돼

        2) [이미 (???)

(097) S   3) [지금 ○○고 사태가 해결이 안 되는 이유는 말씀하신 대로 법
에 호소를 해서 법 절차에 의하면 좋은데,

        4) 이 법이 불비해서 법이 그 해결해줄 수 있는 능력이 없는 게 현
행법이기 때문에,

        5) 이 법을 제대로 바로 잡아서 그런 분규가 생겼을 때는 신속하게

법적 판단에 의해서 [해결하도록 하자는 그 뜻이구요

(099) A 1)   [그러면 선생께선 (???)법을 하자는
[말씀인가요?

(100) Y 1) [자(:) 잠깐요
2) 자 S교수님 거기까지 말씀하시고
3) 법을 고쳐서 그런 절차를 만들어 주자는 말씀으로 알겠습니다
4) 여기서 잠깐 그 해당 학교에 다니고 있는 학생 이야기를 한 번 들어보고 넘어가야 할 것 같습니다
5) 여기 방청석에 아마 ○○고 학생이 나와있는 것 같은데요
  <<방청석 쪽을 향해 걸어감>>
6) 네 마이크, 네 마이크가 어디 있습니까?
7) 네 마이크 받아주시구요
8) 자기 소개를 잠깐 해주시죠

(101) B1 1) 예 안녕하십니까?
2) 어 저는 ○○고등학교 삼 학년에 재학중인 ○○○라고 합니다

(102) Y 1) 네 ○○○학생
2) 지금 수업이 제대로 진행되고 있습니까?

(103) B1 1) 어 지금 현재 그러니까 얼마 전까지만 해도 좀 파행이었는데
2) 삼일 전인가 쯤에 그 선생님들께서 합의를 하시고

(104) Y 1) 네

(105) B1 3) 수업에 들어가자 정상적으로 하자 그쪽 재단 쪽에서 발표한 시간표와 그리고 전에 퇴임하신 ○○○ 교장선생님 시간표 그 둘 중에서 많이 이렇게 마찰이 있었는데
4) ○○○ 선생님 걸로 하기로 하자, 이렇게 결론을 내리시고 지금 정상적으로 들어오시는 중입니다
5) 일 학년은 다만 인제 등교거부를 하기 때문에

(106) Y 1) 이삼 학년은 정상적으로

(107) B1 1) 예 그렇습니다

(106) Y 1) 수업이 이루어지고 있다↗
2) 그런데 학생 입장에서 어떻습니까?
3) 학교 자기 학교를 사랑하죠?

(108) B1 1) 아이 그럼요

(109) Y 1) 예

(108) B1 2) 모교인데요

(110) Y 1) 근데 선생님들 어른들이 이렇게 패가 갈려서 싸우고 수업이 진행

이 안되고 어떤 느낌이세요?

(111) B1 1) 솔직히 저희들은 그러니까 참 못 볼 걸 많이 보는 상황이에요

2) 그러니까 사회 그 더러운 것들 뭐 그런 것들이 다 이미 이제 나가기도 전에 고등학교 시절에 이런 걸 다 접하는 건데,

3) 제가 인제 여태까지 그러니까 작년 이월부터 저희들은 보고 왔으니까 그걸 보면서 가장 정말 한심하고 그런 실망이 들었던 것이 그때 보면 유월 이십 구 일날 재판을 했었어요

4) 재판을 했는데 그때 관선이사 업무 집행 정지인가 아무튼 그거였어요

5) 그러니까 구 재단이 들어온 걸 갖다가 그러니까 구 재단이 부패한 재단이 들어오는 걸 갖다가 법원에서 오케이 들어와라, 이런 식으로 승인을 한 겁니다

(112) Y 1) 으흥

(111) B1 6) 그러니까 그런 식으로 부패한 사람들이 들어올 수 있도록 법에서 인정한다는,

7) 그러니까 정의 법을 법을 갖다가 지금 우선 가장 기본적인 건 정의 아닙니까?

(113) Y 1) 으(:)

(111) B1 8) 정의를 갖다가 무너뜨리는 것이 아닌가 그런 거 같고 참

9) 어(:) 정의가 힘을 얻지 못하는 사회란 생각이 들어서[아쉬웠습니다

(114) Y 1)   [예(:)

2) 학생들이 고등학생들이 수업 거부하고 등교 거부 학부모들이 결의를 하고 이걸 보면서 어린 학생들이 저렇게 하는 것이 안타깝다는 반응도 있고,

(115) B1 1) 예

(114) Y 3) 또 외부에서 누군가가 학생들을 저렇게 잘못된 일에 휘말려 들어가게 만든다는 지적도 있는데,

4) 본인 스스로는 학생들이 했던 행동에 대해서 어떻게 평가하세요?

(116) B1 1) 어 일단(:) 그 어 저희가 그렇게 어리진 않다고 생각합니다

2) 일단은 그 우리나라 그 광복 이후 아니 광복 이전만 해도 광주학생운동이나 학생운동 자가 붙지 않습니까?

3) 그리고 삼일운(:) 어 삼일운동 때도 그 이전에 이팔 독립선언이나 이런 것도 보면은 도쿄 유학생들, 학생들이었단 말이죠

4) 그리고 사일구도 그 학생들에서[시작된 거구

(117) Y   1)   [네

(116) B1 5) 그러니까 학생들이 어리다 그렇게 어리다고맨[봐주시는 것은 좀
              그렇지 않나 [싶습니다

(118) Y   1)   [으흐

        2)   [네

        3) 자(:) 지금 삼 학년 졸업반인데요

(119) B1 1) 예[그렇습니다

(118) Y   4)   [대학입시도 내년에 있고[금년 연말에

(120) B1 1)   [예

(118) Y   5) 근데 학교 정상화를 어떻게 하면 학교를 정상화할 수 있다, 어른
              들이 어떻게 해 줬으면 좋겠다 이런 어떤 학생으로서의 해결책이
              랄까요 이런 것이 혹시 혹시 있습니까?

(121) B1 1) 스(:) 일단은 교육청이 이번에 교육청에 대해서 한번 말씀을[드
              리고 싶어요

(122) Y   1)   [네

(121) B1 2) 그러니까, 교육청이 이번에 정상화 뭐 하자 뭐 뭐 얘기는 많이
              하죠

        3) 그 분들도 많이 하시죠

        4) 그러면서 그러면서 또 학생들의 수업권은 또 중요하다

        5) 수업권 중요하니까 너희들 뭐야 저기 뭐야 재배정시켜 주겠다 전
              학 가라고 이런 식으로 하는데

        6) 이런 식으로 사태를 해결할려고 하는 거는 이건 결국은 학교를
              그러니까 실질적으로 보면은 애들이 다 빠져나가면[애들 학교의
              주인이라고 하는 학생들이

(123) Y   1)   [으흥

(121) B1 6) 없는 학교란 있을 수가 없는 겁니다

(124) Y   1) 으흥

(121) B1 7) 그러니까 학교를 없애겠다 이 소리인데 귀찮으니까 없애버리겠다
              고 이런 식의 발상인데

        8) 아주 [위험한 발상이라고 생각이 되거든요

(125) Y   1)   [네

(121) B1 9) 그러니까 교육청에서 좀 신중하게 나서줬으면 하는 그런 바램입
              니다

(126) Y   1) 자(:) 오늘 말씀 고맙습니다

(127) B1 1) 감사합니다

(128) Y 1) 아주 똑 부러지는 말씀이네요

      <<사회자 자신의 좌석으로 돌아감>>

    2) 자(:) 지금 학생 얘기를 들어봤는데 학교가 사라지거나 이렇게 되는 걸 전혀 원치 않는 것 같애요

    3) 그래서 이 ○○고 문제를 꼭 짚어야 하기 때문에 이 문제를 어떻게 하면 ○○고 사태를 해결할 수 있겠는지[그 점에 관해서[잠깐 말씀을

(129) A 1)   [제가   [

     예 예

    2) 그래서 분명한 거는 합법적인 절차에 의해서 문제를 해결하는 훈련을 학생들이 해야 됩니다

    3) 아까 광주학생사건 얘기하겠습니다만 일종의 혁명 논리를 가지고 한다는 얘기로 들리기도 하는데,

    4) 지금은 그럴 때가 아닙니다

    5) 이제 우리가 민주주의라고 하는 것은 정당한 법의 절차에 의해서 법이 지배하는 사회가 민주주의예요

    6) 그러니까 학생들은 이 기회에 문제가 발발할 때마다 법의 절차에 의해서 법이 해결하는 방법을 배워야 됩니다.

(130) Y 1) 네 좋습니다

    2) 그럼 학생한테 발언권을

    3) 핵심만 말씀해 주십시오 예

(131) B1 1) 어(:) 일단은요

    2) 그 올바르지 않은 법입니다

    3) 물론 소크라테스가 그런 말을 했죠

    4) 악법도 법이다

    5) 그렇지만 옳지 않은 법입니다

    6) 그리고 이 이 법은 지금 보통 문제가 아니라 그 국가 백년지대계를 좌우하는 교육에 교육에 관련된 법입니다

    7) 이런 법을 갖다가 지금 그렇게 간단히 그렇게 처리하신다는 건[상당히[지금 발상에 문제가 있지 않나 싶습니다

(132) Y 1)   [

     네

(133) K 1)   [예 제가

(134) Y 1) 잠깐요

(135) K 1) 어떤 법 (???)

(134) Y 2) 제가 A교수님께 여쭤보겠습니다

       <<B1의 (131)에 대한 방청객들의 박수>>

    3) 자 이 법 절차를 통해서 해결하는 법을 배워야 된다고[말씀하셨는데,

(136) A 1)   [예 예

(134) Y 4) 지금 법 절차를 통해서 어떻게 해결할 수가 있습니까?

    5) 혹시 A교수님께서 그 방법을

(137) A 1) 예(:) 예 지금은 오늘날 정상적이고 성숙한 사회에서는 이렇게 그 집단적인 폭력을 동원해서 문제를 해결할려고 하는 경향 같은 거는 누구든지 수용하지 않습니다

    2) 그래서 나는 저 지금 그 지금 그 문제된 학교가 굉장히 우리나라에서는 지식인들이 많이 모인 그 그 부락이라고 생각을 해요

    3) 근데 나는 학부모에게도 분명히 말씀을 드리고 싶은 것은

    4) 굉장히 인식이 높으신 분들이 모인 그런 으 지역에서 그런 그 저 부모들조차도 그 이제 그런 양식들이 이해가 안 된다고 하는 것은

    5) 거 어느 저 우리가 저 이케 시니어리, 저 이 좀 우리 사회가 좀 장로들이 있어 가지고 그걸 꾸지람하넌 그런 사람들이 몇 나와 줘야 됩니다

(138) Y 1)   [네 알겠습니다

    2) 그 말씀은 제가 알겠는데요

    3) 아까도 말씀하셨고

    4) 구체적으로 [어떤 법 절차를 통해서

(139) A 1)   [그래서 지금 그 사람이 범법자다 하면넌[

(140) Y 1)   [아니요

    2) [그게 아니고

(139) A 2) [범법자라 하셨으니까

    3) 그래서 자격이 없으니까 반대한다는 거 아닙니까?

    4) 그래서 아까 예를 들면 저 사람도 아까 얘기했지만

       <<K를 지칭하며>>

    5) 부패된 이사들이다 그러면 과거에 부패했으니까 지금도 부패하리라는 말이 안 되죠

    6) 과거에 그런 죄가가 있으니까 반성해서 더 좋은 사람이 될 수도 있는 겁니다

    7) 그건 논리적으로도 그래요

(141) Y 1) 아니 A교수님

(142) A 1) 예

(143) Y 1) 제가 여쭤본 것은[그 말씀이 아니구요

(144) A 1)   [예

        2) 그러니까 법에 법에 호소하는 거죠

(145) Y 1) 그러니까 법에 호소하는데 어떤 법에 호소해서[어떤 절차에 걸
        쳐서

(146) A 1)   [(???) 고발을 해
        주시든지

(147) Y 1) 어헝

(148) K 1) [예 바로 그 (???)

(146) A 2) [또 가령 또 예를 들면[교장취임 정지처분을 내려 달라고 하시
        든지

(149) K 1)   [제가 예를[합리적인 토론을 위해서 제
        가 법에 대한 설명을 좀 해 드리겠습니다

(150) H 1)   [아이 저 (???)

        2) 아이 그러니까 법이든 뭐든 간에 보세요

        3) 지금[사립학교법 개정에 관해서 얘기를 토론하자고 해서 나왔는
        데

(151) K 1)   [토론에 그(:) 공정하게 하셔야죠

        2) 한 쪽 하면 한 쪽 들어주셔야죠

(152) H 1) 아니지 내가 먼저 얘기를 시작했어요

        2) 가만히 계세요

        3) 했는데(:)

        4) 이 ○○고등학교 특별한 그런 사안을 두고서[이것을 일반화시
        켜서 그러니까

(153) Y 1)   [네

(152) H 4) 이것을 일반화시켜서 그러니까 법 개정을 한다는 쪽에 이 프로를
        몰고 나간다면은[

(154) Y 1)   [아니 몰고 나간 건 아닙니다

(155) H 1) 아니 그러면 현재 여기서 지금 토론 시작해가지고[지금 사십 분
        이 지났는데,

(156) Y 1)   [H회장님

        2) 그 말씀을 드릴려고 하는데요

(155) H 2) 지났는데 이 특정 학교의 문제를 두고서[

(157) Y 1)   [예 예 [좋습니다

(155) H 2)   [도마에 올려놓고
       3) 지금 우리가요
       4) ○○고등학교 학생들을 재학생들을 서로 학생을 생각하고 이 문
          제를 한번 좀 [우리가 논의를 했으면 좋겠어요
(158) Y 1)   [알겠습니다
       2) H회장님 잠깐 저도 말씀드리겠습니다
       3) 사회자도 잠깐 말씀드리겠습니다
       4) 지금 제가 이 말씀드리는 이유는 아까 법 절차를 통해서 해결할
          수가 있다고 말씀을 하셨기 때문에 지금 우리 사립학교 관련법이
          나 기타 다른 법에 이런 문제들이 발생할 때 해결할 수 있는 어
          떤 장치가 있는지를[제가 여쭤보는 겁니다
(159) A 1)   [아니죠
       2) [지금 저 잘 아시는 법률 공법하시는 분이 계시니까 말씀드리겠
          는데,
(160) K 1) [사회자님 이쪽으로 돌려주세요 (???)
(159) A 3) 삼권 분립 하에, 우리가 삼권 분립이죠?
       4) 사법당국에다가 교장이 적당하지 않은 취임했으면 뭐 그 [취임취
          소신청을 내든지
(161) Y 1)   [좋습
          니다
(162) K 1) 예 제가[제가 설명드리겠습니다 제가요
(163) Y 1)   [거기까지 하시구요
(159) A 5) 이해 당사자들이 해결해[주어야 됩니다
(164) K 1)   [네 제가 지금
(165) Y 1) 예 좋습니다
       2) K선생님 잠깐만요
(159) A 6) (???) 동원해가지고 문제 해결하려는 건[좋지 않아요
(166) Y 1)   [좋습니다
       2) 거기까지 제가 말씀을 들었으니까 아까 S교수님께서 법 절차가
          불비하기 때문에 해결할 수 없다고 말씀하셨죠?
       3) 그 근거를 한 번 대보시죠
       4) 왜 그렇게 생각하시는지
(167) S 1) 지금 어(:) 교육관계법과 또 형사법 이 두 영역이 있는데,
       2) 지금 교육관계법 지금 사립학교법 이런 경우에는 이런 문제가 터
          져도 거기에 대해서 효율적인 대처를 할 수 없어요

(168) A 1) 원래 없어요 (???)

(167) S 3) 과태료 뭐 (???) 돈 내면 끝납니다 그죠?

4) 취임승인 취소 이거 굉장히 어렵습니다

5) 그러니까 형사법에 호소해서 그 사람이 구속되거나, 그런 사태가 아니고는 정상적인 교육관계법 절차에 의해서 해결이 안되기 때문에,

6) 이런 집단 행동이 나오고 학교가 붕괴되고 마비되고 하는 사태까지 가지 않으면 법적으로 해결책이 나오지 않는다는 현실 때문에 이게 악순환을 거듭하고 있는 겁니다

7) 그렇기 때문에 그런 형사법이나 그런 공권력이 아닌 합리적인 교육관계법 제도를 정립을 해서 이런 것들이 사전에 해소될 수 있도록 하고,

8) 또 그게 안돼서 어떤 문제를 생겼다면 선생님 말씀하신 대로 합리적으로 그 절차에 의해서 풀 수 있도록[

(169) A 1)   [바로 저 [(???)

(170) K 1)   [(???)

(167) S 9) 이 법이 문제가 되는 겁니다

(171) A 1) 때문에 제가 작업을 오래 전에 했어요

2) 내 동료들하고 같이 해서 미국 교육법집 만들었어요
<<책을 오른 손으로 높이 들며 이야기 함>>

3) 이 사람들 교육법 사립학교법 따로 없어도 재판을 가지고 문제 해결 다합니다

(172) K 1) (???)

(171) A 4) [제가 구 교육법도 가지고 나나왔어요
<<다른 책을 들면서>>

(173) Y 1) [잠깐만요

2) A교수님

(171) A 5) 사립학교 법 없어요

(174) K 1) 외국의 예는 좀 [있다 얘기 하고요 제가

(175) Y 1)   [K선생님 잠깐만요

2) 저한테 발언하실 때 미리 신호를 좀 주십시오
<<A를 바라보고>>

(176) A 1) 예

(175) Y 3) 그렇지 않으면 제가 진행을 못합니다

4) 그 점 다시 말씀드리구요

(177) K   1) 저에게 기회를 주세요
          <<나지막한 목소리로>>

(178) Y   1) 예

(177) K   2) 법에 관한[문제예요

(179) Y   1)   [예 법 법 문제를 얘기를 하죠

(180) K   1) 예

(179) Y   2) 법을 어떻게 바꿔야 된다고 지금 [주장하시는

(181) K   1)   [지금은 인제 법이 어떻게 돼
          있냐 하면,

          2) 대학의 경우도 한 수백 억을 착복을 했어도요 나중에 그것이 형
          사 입건이 되도 나중에 변제하겠다라는 약속만 하면 그냥 다시
          돌아올 수가 있게 돼 있습니다

          3) 특히 임원 이사에 관한 부분 같은 경우는 어떻게 돼 있냐 하면
          사립학교법 지금 이십 조 이 항에 보면

          4) 임원취임의 승인취소권에 관해서 임원간의 분쟁 회계부정 및 현
          (:)저한 부당 행위와 같이 이런 것들이 있을 때만 임원을 취소할
          수 있다 이렇게 돼 있거든요

          5) 이 얘기는 뭐냐 하면 분쟁이나 회계의 부정을 저질렀어도 그게
          현(:)저한 부당행위여야 된다라는 애매 모모한 문구가 있어서

          6) 수백 억을 착복했어도 그것이 만약에 검찰의 비호를 받거나 뭐
          정치권의 비호를 받으면 이것이 그냥 유야무야 되는 겁니다

          7) 그리고 다시 그걸 변제하겠다는 각서만 쓰면 다시 또 금방 돌아
          옵니다

          8) 이래서 결국은 악순환이 되풀이되는 거죠

          9) 지금 그런 학교가 대학교 같은 경우 수도 없이 많습니다

          10) 제가 한번 불러드릴게요

          11) 하도 많기 때문에

          12) 예를 들면 ○○○○대 ○○대 ○○대 ○○대 국고보조금
          사백 이십 육 억 횡령했습니다

          13) ○○대 백 오십 삼 억 학원토지 횡령했습니다

          14) ○○학원 등록금 백 오 억 원 횡령했습니다

          15) ○○대 학생등록금 천 이백 오십 이 억 불법 전용했습니다

          16) ○○대 교비 [삼십 일 조 천 이 백

(182) H   1)   [아이 아이 (???)

(181) K   17) 너무 많아서 [셀 수가 없습니다

(183) H 1)　　　　　　[아니죠 회의 [이렇게 토론을 진행하면은 어

(181) K 18)　　　　　　　　　　[대학은 주로 수백 억이구요

　　　　19) 고등학교는 ○○학원 같은 경우는 수십 억을 전부 다 횡령했습
　　　　　　니다.

　　　　20) 이런 사례가 불거진 거는 물론 수십 개 수백 개 이렇게 되겠지만

　　　　21) 실제로 이런 것들이 가능하게 할 수 있는 말하자면 [돈을 유용하
　　　　　　게 함께[

(184) A 1)　　　　　　　　　　　　　　　　　[아니 그런데
　　　　　요

(185) H 1)　　　　[(???)[

(186) Y 1)　　　　　　[맺어주시고 발언권 드리겠습니다

(187) H 1) 네 말씀

(181) K 22) 그것을 투명하게 할 수 있는 제도적 장치가 없다는 겁니다

　　　　23) 예를 들면 중고등학교 같은 경우 지금 학교 운영위원회가 만들어
　　　　　　져서요

　　　　24) 교사 학부모 지역인사 그리고 교장 이 분들이 모여 앉아서 예결
　　　　　　산 심의를 합니다

　　　　25) 저도 저희 학교 같은 경우도 그런 예가 있었습니다

　　　　26) 실제로 그 쪼그만 돈에서도 유용될 가능성이 있는데 요 부분 공
　　　　　　사비 뭐라 이런 부분을 다 사전에[예방할 수 있는 있다는 겁니다

(188) Y 1)　　　　　　　　　　　　　　　[네 좋습니다

(181) K 27) 제도적 장치만 만들면

　　　　28) [이걸 왜 막는 겁니까?

(189) Y 1) [예 좋습니다

　　　　2) 제도적 장치가 필요하다는 말씀까지 듣고요

　　　　3) [(???) 말씀하시죠

(190) H 1) [그러니까 이 삼천 몇 백 개 되는 사학에서 그(:) 비리부정이 하
　　　　　　나도 없다 한다면은 그것이 도리어 오히려 이상한 겁니다

　　　　2) 있어요

　　　　3) 어느 사회나 다 있습니다

　　　　4) 아이 선생님들 교직 사회는 없습니까?

(191) S 1) 다 있습니다

(190) H 5) 있죠?

(192) S 1) 예

(190) H 6) 있는데

　　　　　7) 그러면은 지금 말씀하시는 그런 식으로 교직 사회에 여러 가지
　　　　　　　비리부정을 몽땅 내가 여기서 털어 내놓으면서 어↗
　　　　　8) 그러니 이걸 없애기 위해서 교권을 침해하거나 박탈하는 법안을
　　　　　　　만들자, 그렇게 내가 주장하고 나선다면 받아들이겠습니까?

(193) S　　1) 아니죠

(190) H　　9) [아니죠↗

(194) S　　1) [정확하게 얘기를 해 (???)[

(195) H　　1)　　　　　　　　　　　　[그러니까, 그러니까 뭐냐하면은 여기
　　　　　　　서 이 자리에서 특수한 예 이런 예들을 가지고 요는 그겁니다
　　　　　　2) 여기는 비리집단이고 비리사학이고, 이것은 건전한 사학이다 이겁
　　　　　　　니다
　　　　　　3) 이 비리사학만을 딱 꼬집어서 처벌할 수 있는, 무법 처리할 수
　　　　　　　있는 법이 있다면은 저 절(:)대 같이 협조해서 만들자고 합니다
　　　　　　4) 그러나 요것을 규제할라고 처벌할라고 하다보니까 건전 사학까지
　　　　　　　함께 몰아쳐 싸잡아서 규제할 수밖에 없넌[

(196) K　　1)　　　　　　　　　　　　　　　　[건전 사학이 앞장서서
　　　　　　　이 법을 만드셔야죠

(197) H　　1) 아니 왜 [지금 내 얘기를 끝나고 얘기를 하세요

(198) K　　1)　　　　[건전하게 한다면서 왜 못해요 (???)

(199) H　　1) 왜 자꾸 얘기를 중간에서[

(200) Y　　1)　　　　　　　　　　[예 선생님 잠깐만요
　　　　　　2) 말씀 끝나시고 하십쇼
　　　　　　3) 제가 발언권 드립니다

(201) K　　1) 마치 건전 사학은[투명하게

(202) Y　　1)　　　　　　　　[네 K선생님

(203) H　　1)　　　　　　　　[아니 얘기를 하고 나서 얘기를 하시라잖아요

(204) K　　1) 네 말씀하십쇼

(205) Y　　1) K선생님
　　　　　　2) 아까 최초 약속한 대로 발언 끝나고 [발언하시기 바랍니다

(206) K　　1)　　　　　　　　　　　　　　　　[알겠습니다

(205) Y　　3) 자꾸 반칙하시면 [제가 발언권 제안합니다

(207) K　　1)　　　　　　　　[예 알겠습니다

(208) Y　　1) 말씀하시죠 H회장님 예

(209) H　　1) 아니 그러니까 그 논법은 무슨 얘기냐 하면은 건전 사학의 힘을
　　　　　　　다 빼버리고 가장의 힘 다 빼버리고 니가 경영 지금 니가 가장

노릇해라 하는 법과 똑같은 얘기란 말이에요

2) 건전 사학 힘을 다 빼는 그런 법을 만들어서는 안 되는 거고,

3) 여기에 뭐냐하면은 요것만 요것만 건드는 법은 얼마든지 만들라 이겁니다

4) 왜 이것을 건전 사학을 계속 몰아쳐 가지고

5) 아까도 그랬지만 육십 삼 년도에 처음에 사립학교법 만들 때는 이것이 뭐냐하면은 육성법이었습니다

6) 어떻게 하면 사학을 육성시킬 수 있냐 그래서 자주성이란 말이 들어간 거예요

7) 근데 이것이 뭐냐하면은 한 사건이 터지면은 그걸 또 뭐냐 빌미로 해 가지고 또 규제법 들어가고 또 스물 여덟 번 고쳤단 말이에요

8) 고칠 때마다 계속 규제법이 되어 가지고 이 세계적으로 이렇게 지금 규제가 강한 그런 사립학교법 아마 이거 박물관에 내놓아야 될 거예요 아마 이게요

9) 근데 여기다 아까 말씀드린 것처럼 우리가 지금 육십 삼 년도까지 사립학교법이 없었을 때도 이 문제가 안 생겼고 미국이 현재 사립학교법이 없어도 지금 아무런 문제가 없습니다

10) 근데 왜 이것을 꼭 그냥 법이 있어야 하고 법을 꼬집어 가지고 계속 이걸 처벌을 해야 하고 하는 식으로

11) 다시 바꿔 얘기를 하면 선생님들이시니까 말씀드리는데

12) 학생을 가르치실 적에 음 공부 못하는 애들만 붙잡아놓고 그 놈을 꾸짖으면서 따라서 공부 잘하는 성실한 학생까지 다 벌 줄라고 하지 마시고

13) 공부 잘 하는 학생들한테 참 공부 잘 하라고 어 칭찬도 하고 이렇게 하면서 공부 못한다고 본받도록 해주고 이러면서 이것이 되어 나가야 하는 것이지

14) 이 나라는 어떻게 돼 가지고 계속 뭐냐하면은 결국 그 비리부정이 일부 비리를 전체 비리로 자꾸 해 가지고[

(210) S 1)   [같은 얘기 되풀이하지 말고 제개[

(211) Y 1)   [네 아니 여기서 잠깐 H회장님[

(209) H 15)   [이 자리에서 결국 뭐냐하면은 그토록 애쓴 사학 경영자들 [잘 한 사람 다 모두 매도하는 말이지,

(212) Y 1)   [H○○ 회장님 잠깐만
         요
      2) 예
(209) H 16) 어느 학교가 얼마 횡령했다 횡령했다 이런 식이라 하면은
      17) 나는 어느 학교 선생님이 [이런 일을 했다 계속 나보고 하란 애
         기냐 이거야 결국 말야
(213) K 1)   [왜 그런가 (???)
(214) Y 1) H회장님 잠깐만요
(209) H 18) 그러니까 그런 얘기 그만 좀 하세요 이제요
(215) Y 1) 잠깐만요
      2) 지금 건전 사학까지도 힘을 빼는 규제를 새로 만들려고 한다는
         말씀을[하셨는데,
(216) H 1)   [그렇죠 그렇죠
(215) Y 3) 구체적으로 지금 사립학교법 개정 국민운동본부나[또는 ○○당
         교육위원회 소속 의원들이 추진하고 있는 법 개정안 중에[어떤
(217) H 1)   [네
(215) Y 3) 부분을 사립 학교 전체 혹은 건전 사학까지도 힘을 빼는 그런
         규제라고 생각하십니까?
(218) H 1)   [네
(219) H 1) 음(:) 전부 다죠
      2) 아마 [그게요
(220) Y 1)   [중요한 것만 몇 가지 말씀해 주시죠
(221) H 1) 전부 다입니다
      2) 몇, 그 방청석 너무 한다 참
         <<방청객들의 수군거림에 대한 불평의 말>>
(222) Y 1) 예 방청석 좀 조용히 해주십시오 네
(223) H 1) 거의 다입니다
      2) 왜냐면은 [하나 그 중에 하나 중요한 거 말씀을
(224) A 1)   [제가 오늘 좀 보여드릴게 있습니다
(225) H 1) 아(:) 아니 제가 지금 말씀드릴게요
(226) Y 1) 아주 중요한 것만 몇 가지
(227) H 1) 지금요, 우선 교직원 교직원 임면권 임면권이 지금 현재 학교법
         인에 있습니다
      2) 지금 표현이 환원이라고 돼 있는데 그 말도 저는 불만이에요
      3) 왜냐 하면은 지금까지 교직원 임면권이 재단에서 학교법인에서

행사를 했지 학교장한테 넘긴 적이 한번도 없습니다

4) 이(:) ○○○ 대통령 때 한 삼 년 동안 잠깐 총학장한테 임면권이 넘어간 적이 있었어요

5) 다시 돌아온 겁니다

6) 그러니까 환원이라는 말도 잘못된 거예요

7) 마치 그러니까 우리가 지금 교장한테 임면권 있는 것을 우리가 뺏어온 것처럼 그런 표현들을 자꾸 쓰는데 잘못된 것이고,

8) 그러면은 건전한 사학이 교직원 임명을 제대로 제대로 잘하고 있는데,

9) 왜 일부 사학에서 인사 인사비리가 있다고 해 가지고 인사비리 있으면 사법처리 할 수 있는 법이 얼마든지 있고

10) 심하면은 학교까지 뺏어서 딴 사람한테 줄 수 있는 그런 뭐냐하면은 법이 엄연히 있는데도 불구하고

11) 그런 건 다 저거하고 왜 어떻게 해서 그럼 뭐냐하면 가서 임면권을 뺏어 가지고 뭐 선생한테 학부형한테 이렇게 나눠 주느냐[

(228) Y   1)   [
          네 좋습니다

     2) [일단 거기까지 교원 임면권 문제부터 말씀하시죠

(229) H   1) [아니 아니 그것이 그것이 지금[그것이 건전 사학의 권한을[경영권 침해하는 것입니까? 아닙니까?

(230) Y   1)   [잠깐만요 H회장님께서   [네
          좋습니다

     2) 아이 제가 좀 있다 [또 말씀을

(231) H   1)   [아니 아니요

     2) 아까 물었으니까 한번[내가

(232) Y   1)   [제가 답변할 사회자가 답변할 의무가 전혀 없기 때문에

     2) 일단 교원 임면 임면권을 교장에게로 넘기는 이 문제에 관해서 S 교수께서 말씀해 주시죠

(233) S   1) 앞의 부분 얘기를 조금 드리려고 했는데 좀 넘어갔는데

     2) 앞에 부분 조금만 보충하고 하겠습니다

     3) 옛날엔 사립학교법이 없었다↗

     4) 미국에는 없다↗

     5) 하여간 없이 되면 제일 좋죠 그죠?

     6) 근데 거긴 없어도 되는데 우리는 왜 없으면 안 되느냐↗

7) ○○고 사태 이런 게 그런 나라엔 안 터졌기 때문이에요 예?

8) 그리고 우리는 그런 법이 없이는 이 문제를 해결 못하기 [때문입
니다

(234) H 1)   [(???)
<<사회자에게 다음에 말할 기회를 달라고 말하는 듯 함>>

2) 말씀하세요 네
<<S를 바라보며>>

(233) S 9) 그리고 왜 일부 사학의 문제를 전체 건전 사학에까지 못하게 하
느냐?

10) 법이라는 게 그렇지 않습니까?

11) 문제가 생겨서 해결하기 위해서는 열 명중에 하나라도 문제가 생
기면 그것을 해결할 수 있는 최후의 보루가 법입니다

12) 그런데 그것을 다른 데 피해가 간다 그렇기 때문에 안 된다↗

13) 그런데 저희들이 볼 때는 다른 데 피해가 가는 것이 아니라 잘
못된 것을 최소한 제재할 수 있는 법을 만들자는 게 지금 개정안
입니다

14) 그렇게 좀 이해를 해주셔야 되구요

(234) H 1) 음 음 음 음
<<S의 이전 발화 내용에 대한 부정적인 반응인 듯함>>

(233) S 15) 그리고 과거에 육십 삼 년에 없던 법이 만들어진 것도 사학이 오
늘날처럼 이렇게 비리가 폭발하고 그런 상황이 아니죠

16) 그때야 뭐 살기 바빠가지고 그런 문제 터지진 않았지만

17) 군사정부가 보니까 이거 사학비리가 많다 해서 그 법을 만든 걸
로 저는 이해하고 있습니다 그죠?

18) 그 다음 구십 년에 다시 인사권이 임면권이 넘어갈 때도 국민적
인 여론이나 공개했던 적이 없습니다

19) 국회 마지막 날 본회의에서 땅땅 두드리고 나서야 전부 기자들도
그때 알았어요

20) 공개적으로 얘기해서 이게 어떤 절차로 합리적으로 가는가를 따
져야 하구요

21) 내용으로 들어가서 교원 임면권이 왜 법인보다는 학교장에 가야
하느냐↗

22) 그 이유에 대해서 말씀을 드릴게요

23) 그 이유는 어떻게 하는 것이 학생 교육을 위해서 최선의 교사를
채용할 수 있는 것인가에 달려있는 겁니다

24) 학교는 교원들이 전문성과 자주성을 가지고 질 높은 교육을 애들
한테 해주는 것 이게 최고의 목표입니다

25) 그럴 때 어떤 교원이 가장 적합한가 그죠?

26) 특히 대학의 경우는 더 그렇습니다

27) 전공 분야가 깊이 들어가기 때문에 전문성이 더 고도로 요구되는데

28) 과연 우리와 같은 이사회, 그러니까 그 대학 그 대학의 교수들은
이사로 전혀 못 들어가게 금지해 놓고 있는 게 지금 현행법입니다

29) 그러니까 그 대학 사정이나 그 내용을 모르는 사람들이 일방적으
로 임명을 한다 그게 바람직한 교육과 [교원 임명이 될 것인지,

(235) A 1)   [내가 (???)

　　　　<<H에게 자기가 이야기하겠다는 말을 하는 듯 함>>

(233) S 30) 아니면, 아니면 학교 내에서 학교의 장이 한다고 하더라도 학교의
장이 혼자 독단적으로 해서는 좋은 결과를 얻지 못합니다

31) 관련 분야의 교원들과 전문가들이 합의를 해서 최선을 찾아내는
방법, 이것을 했을 때 가장 좋은 선생님을 모셔올 수 있다는 겁
니다

(236) Y 1) [네

(237) A 1) [저(:) 사실은 이 제가 이 땅에 교육법학회를 에 창설해서 한국의
교육법학회라는 새로운 학문 영역을 만든 장본인입니다

2) 그래서 교육법에 관한 한 어 좀 전문가로 자부해[하고 있습니다

(238) Y 1)   [예 지금 교육
임면 교사 임면권 [문제에

(239) A 1)   [예 예 근데 교육법 자체에 사립학교법 자체에
대해서 말씀을 드릴게요

(240) K 1) 임면권에[관한 얘기를 먼저 안 하실거면

(241) Y 1)   [아니 지금 지금 A교수님 잠깐만요

2) [다른 (???)

(242) A 1) [이 얘기가 돼야 그 얘기가 됩니다

2) 그게 이제[

(243) Y 1)   [요지만 말씀해 주십시오

(242) A 2) 사립학교법, 카메라가 잡아줄 수 있으면 한 번 잡아줘도 좋습니다

3) 이게 천 구백 팔 년 융희 이 년에 나온 사립학교령입니다

4) 이게 최초의 우리나라의 사립학교법입니다

5) 이 법이 뭐냐 그러면 우리가 그 강제로 보호조약을 당해 가지고
삼차 어 어 조약이 강행된 다음에 외인 관료들이 한국의 행정부

에 들어왔어요

6) 표씨 다우라라고 하는, 한문으로 표씨 성을 가진 사람들이 차관
으로 들어가서 한국 사람들이 사립학교를 만들어서 자꾸 한국사
람들이 저 이 새로운 학문을 익혀 가지고 자꾸 융성해질려고 하
니까 그걸 막을려고 만든 법입니다

7) 그러니까 사실은 아까 저 뭔가 저 일제 때 뭐 학생들이 항거했던
데 이게 학생들이 항거해서 [막을 법이에요

(244) Y 1)   [A교수님, A교수님 잠깐만요

(242) A 8) 식민지 잔잽니다[식민지 잔재

(245) Y 1)   [A교수님 잠깐만요

2) 죄송한데요

3) 잠깐만요

4) 지금 논의가 어디까지 와 있냐 하면은요

(246) A 1) 예

(245) Y 5) 교육을 위해서 교원[교원 채용을

(247) A 1)   [그러니까 저는 저는[

(248) Y 1)   [잠깐만요

2) 제가 더 말씀드리겠습니다

3) 이 학생 교육을 위해서 교사를 뽑을 때[재단에서 하는 것이 좋
으냐, 교장 선생님이[하시는 게 좋으냐 제가 말씀드리는 것은
(???)

(249) A 1)   [예

(250) A 1)   [아니 그래서 제가 말씀드릴려고

2) 이런 법이 없으면 이런 법이 없으면 사학이 자율적으로 자기들이
구성원들하고 합의가 되든 또 어떤 자기들 특유의 어떤 시스템에
따라서 자기들이 이런 방법도 하고 저런 방법도 해야 되지 않느냐

3) 왜 전국에 있는 학교가 다 같은 사립학교법에 메여 가지고[똑같
은 방식의 방법을 해야 하느냐,

(251) Y 1)   [으흐

(250) A 4) 그래서 아까 내가 여기 들어오기 전에 우리 객실에서 말씀했지만

5) 이거 네오파시즘이에요

6) 신독제주의와 같은 거예요

(252) Y 1) 네 좋습니다

2) 그런 규정 자체를 둘 필요가 없다던[말씀이죠

(253) A 1)   [없습니다 없습니다

(254) K 1) 지금[우리나라의

(253) A 2)   [사립학교가 자기가 알아서 할 일이지 [왜 그러냐 (???)

(255) Y 1)   [네 거기까지 하시구요

2) K○○ 선생님

(256) K 1) 설립자들은 자기가 교육의 전문가라고 생각해서

2) 지금 모든 그 경영에서부터 뭐 교사의 임명이라든지 또는 또 교수의 임명까지 다 가지고 휘두르고 있는데요

3) 실제로는 이거 법을 만들어도 별로 사실은 실효가 없습니다 어떻게 보면

4) 왜냐 하면 실제로 총장을 대개 국공립 경우는 선출하는 경우가 많지만 대개 사립대학의 경우는 대개 총장을 대개 재단이 임명을 하구요

5) 그 다음에 사립학교의 경우 교장은 대개 다 재단이 또 임명을 합니다

6) 그러면 이것은 교장과 재단이 함께 운영하는 것이고 거의 재단의 입김이 거의 교장에게 가기 때문에 실제로 아무 문제가 없는 겁니다

7) 실제로 외국의 예를 많이 드셨는데

8) 영국 같은 경우도 그렇고[일본 같은 경우도 그렇고 실제로 설립자가 곧 경영

(257) A 1)   [그거는 저

(256) K 8) 을 학교를 운영하는 경우는 그렇게 많지 않습니다

9) 실제로 설립은 설립 자체로서의 고유한 명예로서 일본 같은 경우도 사립학교가 좀 비율이 높지만 실제로는 학교를 설립했다는 건 기부 행위로 보고 있구요

10) 법으로 엄격하게 그러한 것들을[공정성을 규정하기 위한 그런 법률을 가지고 있습니다

(258) A 1)   [그 저 미안하지만 내가 이런 이야기를 좀 해야되겠어요 이런 얘기

(256) K 11) 외국[

(259) Y 1)   [잠깐만요

(256) K 11) 외국의 예를[

(260) Y 1)   [맺어주시죠 이제 예

2) 네 A교수께서 이 문제에 관해서 말씀해 주십시오

(261) A 1) 아까 그 전문성 얘기 하셨는데요

2) 최근의 경향은 모든 교사가 전문성이 아니다 이겁니다
3) 그렇다고 [어(:)
(262) K 1)　　　 [교장은 전문성이 있어야지 [(???)
(261) A 4)　　　　　　　　　　　[그러니까 말씀드리면 어 그
전문성은 경험에 따라서 어 그 법인 쪽일 될 수도 있고 또 그
쪽이 약하면 이쪽에 있을 수 있을 거예요
5) 그러니까 상황에 따라서는 이쪽이 전문성이 아니면 자연히 그 쪽
이 위임을 해요
6) 그리고 또 이거 과학입니다
7) 이 조직 과학이라는 게 있어서 이렇게 조직이 있으면 이게 제일
위에 있는 톱 제일 윗사람에게 그 그 모든 책임과 권한을 같이
줘야 됩니다
(263) Y 1) 네 [좋습니다
(261) A 8)　　 [이걸 두 사람으로 나누면[
(264) K 1)　　　　　　　　 [일인 독재 체제 [(???)
(261) A 9)　　　　　　　　　　　　　 [쉬운 예를
[들면 예를 들면
(265) Y 1) [잠깐만요
(261) A 10) [아니 이건 아주 쉬운 얘기예요
(266) Y 1) [잠깐만요 A교수님 잠깐만요
2) 아까부터 H회장님[
(261) A 11)　　　　　　　 [쉬운 얘기 [이건 이해할 수 있을 거예요
(267) Y 1)　　　　　　　　　　 [잠깐만요 잠깐만 잠깐만
(268) K 1) 절대 권한은 부패하게 돼 있습니다
(261) A 12) [우리가 벌을 키워보면[여왕벌이 두 개면 분열이 생겨요
(269) Y 1) [A교수님 A교수님
(270) K 1)　　　　　　　　 [사회자 말씀에 따라주세요
(271) Y 1) 자 K선생님
2) 두 분 다 두 분 다 조용히 해주시구요
3) 지금 H회장께서[
(272) H 1)　　　　　　 [저(:) 아까 저 [S교수님 말씀에
(273) Y 1)　　　　　　　　　　　 [제가 그 말씀을 청하겠습니다
2) 네 그 문제에 관해서
(272) H 2) 이 학교장한테는 전문성이 있고 법인한테 없다 말씀하셨는데
3) 이 학교법의 이사 구성을 알죠?

4) 이사 중에 삼분의 일 이상은 교육경력자여야 한다고 돼 있어요
5) 그리고 이사장이든 누구든 다(:) 나 나 나 수학 전공했습니다
6) 그리고 어 이사장이 중심이 되어 가지고 결국은 뭐냐하면은 이사회가 중심이 돼서 선생을 뭐냐면 임명을 하면은 전문성이 결여되고
7) 또 뭐냐하면은 결국 교장이 중심이 됐으면 전문성이 뭐냐하면 저거 된다는 얘기는 그건 맞지 않는 얘기고,
8) 또 하나는, 이 대학이 그러니까 대학이 그런 문제에 있으니까 중고등학교도 따라서 그렇게 하라 한다던가 또 중고등학교가 그러니까 대학에서도 한다는 것은 그것은 이 대학하고 중고등학교는 설립목적도 다르고 교육내용도 다르고, 어 그런 건데
9) 그것을 싸잡아서 한다는 생각도 나는 뭔가 좀 생각이 필요가 있지 않나 보고 있구요
10) 그리고 뭐냐하면은 아무 문제가 없다, 뭐냐하면 본인이 임명했으니까 임명한 사람이 뭐 임명권자 이사장말 잘 들을 거다,
11) 그러면 굳이 그러면 교장한테 임면권 줄려고 뭐 할 거 뭐 있어요 마찬가지인데
12) 몇 가지 묻겠어요
13) 임면권에 관해서 묻겠습니다 제가요
14) 우선요 이 사학의 생명이 건학 이념입니다
15) 그러면 교장하고 선생님들한테 인사권을 주었을 때 건학 이념이 구현된다고 봅니까?
16) 몇 가지 문제 이따 오늘 대답하셔도 좋고, 이 다음에 나중에 끝나고 대답해도 좋습니다 이

(274) S 1) 하나씩 하십시다 [하나씩 (???)
(275) H 1)　　　　　　　　[아이 아니 아니 아 들어보세요
(274) S 2) 너무 한꺼번에 다 하면
(276) H 1) 예를 들어보면 이런 얘기입니다
(277) S 1) 아이 예를 안 들어도 좋고[
(276) H 2)　　　　　　　　[기독교 학교[
(277) S 2)　　　　　　　　　　　[제가 지금 대답을 하겠습니다
(276) H 2) 기독교 [학교가
(278) Y 1)　　　　　　[무슨 말씀인지 아시는 것 같으니까
(279) H 1) 왜냐면 충분히 알아야 하니깨[충분히 알아야 하니까 이

(280) Y 1)   [네 네
(281) H 1) 기독교 학교가 어떻게 인사권 재정권 다 또 뭐냐면 심지어 학사
              권까지 전부다 다 넘겨놓고 보니까 어느 세월이 지나고 보니까
          2) 좀 특정 종교 말씀 드려서 안됐지만 그런 뜻은 없으니까 양해하
              시기 바랍니다
          3) 불교 신자들이 좀 더 많아졌다↗
          4) 이 분들이 기독교하고 관계없다↗
          5) 건학 이념에 결국은 뭐냐하면 이것은 소홀히 하거나 외면하거나
              오히려 저해되는 행위를 한다고 할 적에 어떻게 할거냐↗
(282) Y 1) 네 거기까지[물으시고
(281) H 6)   [한 번 나하고 서너 가지 나하고 질의 응답을 한 번
              해 봅시다
          7) 어떻게 하시겠습니까?
(283) S 1) 교원임면권을[학교장이나[또는 학교 쪽에[
(284) H 1)   [응   [응
          2)   [아니 그 문제에 대답
              을 좀 해주란 말이에요
(285) S 1) 네 말씀 들으세요
          2) 그렇게 넘긴다고 해서[건학 이념을 무시하고 마음대로 뽑는다고
              하면 그죠?
(286) H 1)   [응
(285) S 3) 그렇다고 하면 그럴 가능성은 제가 볼 때는 거의 희박한데
          4) 만약 그런 가능성 때문에 못 준다고 한다면[
(287) H 1)   [아닙니다 [그건
(288) S 1)   [마저 말씀
              들으세요
(289) H 1) 응
(290) S 1) 기본적으로 이 문제는 법인의 경우에는 이사장 한 사람이 모든
              걸 다 알고 있고 모든 능력을 전지 전능하게 가지고 있고
          2) 교사나 교수나 이 사람들은 부려먹는 종이나 마찬가지고 아무 것
              도 모르는 사람이라는 전제입니다
          3) [전부 상식을 갖고 있고
(291) H 1) [(???) 그렇게 비하시켜서 말씀하실까?
(292) S 1) 극단적으로 지금 말씀하시니까[저도 극단적인[대답을 드리는
              거죠

(293) H 1)   [으응   [으으응
　　　<<그렇지 않다는 듯 고개를 가로 저으며>>
(292) S 2) 상식을 갖고 있는 사람이 교수가 되고 교사가 돼야 돼요
　　　　3) 그래야지만 교육이 제대로 됩니다
　　　　4) 그런 사람들을 뽑기 위해서 이런 걸 마련하자는 것인데
　　　　5) 그런 사람이 다 들어오면 어떻게 하느냐, 이건 논리의 순환이[
(294) H 1)   [
　　　　아니 보세요
　　　　2) 지금 ○○당에서 만들어 놓은 안이 또 이 지금 저 그쪽에서 관
　　　　　계도 한 걸로 나는 알고 있습니다마는
　　　　3) 그것이 어떻게 돼있냐 하면은 학사에도 일체 간섭을 못 하게 돼
　　　　　있어요
　　　　4) 인사에도 일체 인사나 학사에 관여하면은 그냥 그날로 이사장이
　　　　　든 이사든 쫓겨나게 돼 있습니다
(295) S 1) 무슨 [그런 게 있습니까?
(296) K 1)   [전혀 그렇지 않습니다
　　　　2) [그런 법이 어디에 있습니까?
(297) S 1) [어떤 게 그런 게 있어요?
(298) H 1) 아 아 아 아 아
　　　　　<<부정의 의미로 한 발화임>>
　　　　2) 뭐라 그랬냐 하면은 이사취임승인 승인취소 하는 그 요건에 뭐라
　　　　　고 돼 있냐하면은
　　　　3) 인사에 관여할 때, 학사에 관여할 때 이사나 저 이사장이, 이런
　　　　　경우에 전부 다 뭐냐하면은 그냥 승인 취소하도록 돼 있어요 [만
　　　　　들어진 법이 그러니까
(299) K 1)   [법
　　　　에 대해서 잘 모르고 하시는 말씀이세요
(300) H 1) 법에 대해서 모르다니요
(301) K 1) 네 말씀하셔요
(302) H 1) 왜 그렇게 자꾸 아니 말씀을[
(303) Y 1)   [정말 그렇게 돼 있습니까?
　　　　　<<S를 바라보며>>
(304) S 1) 아니 여기서 답변하세요
　　　　　<<H를 가리키며>>
(305) H 1) 아니 좀 내가 지금 자료를 안 가지고[

(306) Y 1)   [사실 관계에 대한[입장이
         다르기 때문에[실제로 그렇게 돼 있는지 한번 말씀해 주시죠
(307) H 1)   [아 아
                [응
         2) 어떻게 좀 거 내용을 좀 한 번 읽어보세요
(308) Y 1) 법조문을
(309) K 1) 핵심적인[내용을 한 번 보여드리겠습니다
         <<준비한 차트 자료를 제시함>>
(310) H 2)   [엄연히 있는 걸 없다고 그래
(311) Y 1) 예
(309) K 2) 어 지금 그 아마 학생 학부모 교직원 공익단체 이런 분들이 이사
         로 참여해서 같이 활동할 수 있도록 하기 위한 이제 그 부패 방
         지를 위한 예방차원에서 법이구요
         3) 그 다음에 학교 운영의 구조의 민주화 이겁니다
         4) 그래서 사학비리 당사자가 학교를 가능하면 십 년 이상 복귀할
         수 없도록 만드는 겁니다
         5) 근데 ○○당 안에는 오 년으로 지금 이게 나타났습니다
         6) 오 년이 지나면은 복귀할 수 있는 거죠 사실은
         7) 그래서 좀 문제가 있죠
         8) 그러니까 문제 사학이 즉각 임시이사 문제사학이 됐을 때 즉각
         임시이사를 파견할 수 있는 법안입니다
         9) 근데 여기에 임시이사를 파견할 때 실제로 어 구재단측, 그 사람
         들이 더 많이 들어오지 않도록 하기 위해서 그 단위의 학교 운영
         위원회나 교수협의회에서 추천하는 사람들이 이분의 일 이상 들
         어올 수 있도록 하는 법안입니다
         10) 그 다음에 친인척 이사가 지금 너무 많이 들어와 있지 않도록
         하기 위해서 오분의 일로 친인척을 제한하는 법안입니다
         11) 그 다음에 사립학교 설립인가를 할 때 돈도 없고 실제로 그런 자
         격도 없는 그리고 수익도 없는데 학교를 마구잡이로 설립하는 사
         람을 방지하기 위해서 자격 요건을 좀 강화하는 법안입니다
         12) 그 다음에 학교 운영 구조의 민주화에서는[
(312) Y 1)   [네 거기까지
(313) A 1) 제가 한 마디만 좀
(314) Y 1) 잠깐만요
(315) H 1) 지금[지금 아까 물어본 거에 대한 대답을 애매하게 하면서 [왜

지금

(316) Y 1)　　　　[아니요　　　　　　　　　　　　　　　　　　　　[그
법안에 인사나 학사에 개입할 경우에[

(317) H 1)　　　　　　　　　　　　　　[학사에 개입할 경우는 이사
승인[취소를 할 수 있도록 법문으로 딱 돼 있는데 왜

(318) Y 1)　　　　[취소한다

(319) S 1) 그게 몇 조입니까?

2) 몇 조입니까?

<<법조문을 꺼내어 찾으면서>>

(320) H 1) 내가 몇 조를 기억을 합니까?

2) 내가 그걸

(321) S 1) 어느 어느 부분입니까? 지금

(322) A 1) 그런데 그런데 [나는 저

(321) S 2)　　　　　　　　　[(???) 알려주시면 분명해지는데요

(322) A 1) 나는 저 대한민국에 저 상식 있는 사람의 한 사람으로요[나는
모든 선생님들이 지식인이라고 굉장히 존경을 하고 있는데,

(323) Y 1)　　　　　　　　　　　　　　　　　　　　　　　　　　　[네

(322) A 2) 그 지식인이 공권 권력과 야합을 해서 자기가 몸담은 학교를 통
제해 달라고 하는 그런 법을 만들자고 하는 거는 우리나라 뿐이
라고 생각을 해요.

3) 사실은 우리 모두가 동원돼서 우리 스스로 우리를 규제하는 법은
우리들끼리 자율적으로 만들자하고 얘기를 끌어가야 그게 성숙된
사회의 모습입니다

4) 그런데 이건 나쁜 일이에요

5) 아주 나쁜 일이에요

6) 이건 좀 우리 모두가 동원해서[우리 설사 설사 제가[권력 권력
쪽으로 이것을 통제하겠다고 나와도 우리 모두가 합쳐서 이건 막
아줘야 합니다

(324) S 1)　　　　　　　　　　　　　　[말씀을 하셨으면　　[제가 제가
말씀드리는 것은

(325) Y 1) 네

(326) K 1) 잠깐만요

2) 주제를 흐리지 마시고요

(327) Y 1) 자(:) 좋습니다

2) 지금 잠깐요

    3) 잠깐 찾으시는 동안 방청석 의견을 듣도록 하겠습니다

    4) 그때까지 한번 정밀하게 확인해 보시기 바랍니다

    5) 방청석으로 마이크를 넘기겠습니다

    6) 혹시 이 저 사학 분규 문제, 지금 토론되고 있는 교장 임면 교사 임면권 문제라든가 이런 제반 문제에 대해서 말씀하실 분 계십니까?

      <<자리에서 일어나 양쪽 방청석을 둘러보며>>

    7) 어느 쪽부터 드릴까요

    8) 네, 말씀해주시죠

    9) 자기 소개부터 간략히 해주시구요

(328) B2 1) 예 저는 저 서울에 있는 이 년제 대학입니다

    2) ○○대학에서 근무하고 있는 ○○○교수입니다

(329) Y 1) 아 예 예 ○교수님

    2) 어떤 말씀 주시겠습니까?

(330) B2 1) 예 저는 뭐 아까 A교수님이신가요?

    2) A교수님 논리대로라면 저는 우리 대학 우리나라의 이천 분의 일의 비리사학의 하나로 지금 얘기하 얘기 중인 겁니다

(331) Y 1) 네

(330) B2 3) 저희 대학은 지금 관선이사 파견이 세 번째입니다

    4) 삼백 오십 억 정도의 공금을 유용해서 관선이사가 지금 파견돼 있는데

    5) 문제는 아까 A교수님께서 말씀하신 것처럼 자 비리를 한 번 저지른 사람이 다시 돌아왔을 때 똑같이 다시 비리를 저지를 수 있느냐 라고 말씀하셨는데,

    6) 저희 대학은 이렇게 악순환이 계속되면서

    7) 그 동안 비리를 저지른 이사장이 퇴진하고 임시 이사가 파견되고 다시 아무렇지 않게 돌아와서

    8) 마치 무슨 돌아온 용팔이처럼 제일 먼저 한 일은 교사들 교수들 줄줄이 목 친 일 밖에 없습니다

    9) 이 반복되는 일을 두고서 아니, 대학이 학생들 가르치는 곳이지

    10) 무슨 잘못 저지른 사람들이 아 언제까지 잘못하면 잘하는지 한 번 보자, 이렇게 두고 보는 곳입니까?

    11) 그 말씀을 좀 여쭤보고 싶구요

(332) Y 1) 네 지금 거기까지 하시고

(333) B2 1) 예

(332) Y 2) 바로 A교수께서 대답하시겠습니까?

      3) 이 질문에 대해서

(334) A 1) 에 뭐 저 그 학교의 특수한 사정은 모르지만 그쪽도 그 구성원들이 다 현명하시니까

      2) 에 그 이 좀 그게 이 바게인을, 서양에서는 이 협상한다는 말을 쉽게 얘기합니다

(335) B2 1) 네

(334) A 3) 네

(336) B2 1) 아니 협상도 않구요

(334) A 4) 그래서[

(336) B2 2)　　　[지금 법적으로도 호소를 하고 있는데[

(334) A 4)　　　　　　　　　　　　　　　　　[네 네 누구 하나 죽고 죽이는 그런 싸움들 하지 마시고 좋은 타협들 해주시기 바랍니다

(337) B2 1) A교수님[지금

(334) A 5)　　　　[제가 충고할 수 있는 건 그것뿐입니다

(337) B2 1) 예 교수들 교수생활을 지금 편안하게 오래 하셔서 그런 지 몰라도 행복해 보이시는데

      2) 저는 지금 언제 잘릴지 모르는 입장에 있습니다

      3) 언제든지 돌아와서 지금 할 수 있는 일이 뻔한 일이기 때문에 그렇습니다

(338) Y 1) 지금 그 말씀은 비리재단 이사내[이사장이 복귀하는 것을 막아야 한다 그런 [주장이십니까?

(339) B2 1)　　　　　　　　　　　　　　　　[예

         [당연하죠

      2) 근데 그것을 막을 수 있는 최대한의 장치가 자, 비리를 저지른 인사가 돌아올 때는 어느 시기의 유예기간을 두고 아예 막으면 더 좋구요

      3) 아니면 돌아와서도 어느 정도의 인사권이나 경영권을 제한하는 일밖에 없다고 생각합니다

      4) 그게 사학법이 가야 할 길이라고 생각하구요

(340) Y 1) 네

(339) B2 5) 그리고 아까 저기 H회장님께 한 번 여쭤보고 싶은데

      6) 그 힘의 논리 건학 이념 말씀하셨는데 참 정석같은 말씀을 하시는데

7) 그런데 건학 이념, 저희 학교의 건학 이념이 초지일관입니다 (???)가 내세운 게

8) 근데 지금까지 초지일관 그 양반이 하고 있는 일이 엄청난 비리와 해직 교수들 해직시키는 일입니다

(341) Y 1) 네

(339) B2 9) 이게 건학 이념과 뭐[어떻게 연관이 되는건지

(342) Y 1)   [자 좋습니다

2) 그 문제는 H회장 H회장께서 답변할 성질의 문제가 아닌 것 같아서 다른 쪽으로 넘기겠습니다

2) 혹시 이 문제에 관해서 다른 의견 말씀해 주실 분 계신가요?

3) 네

(343) B3 1) 네 저는 한국 사학연합회 소속 ○○○입니다

(344) Y 1) ○선생님

2) 어떤 의견 주시겠습니까?

(345) B3 1) 아 사립 학교법 개정에 관한 방향에 대해서[좀 말씀드리고 싶습니다

(346) Y 1)   [네

(345) B3 2) 저는 어 한국에서 대학을 졸업하고 독일로 유학을 가서 거기서 십 사 년 간 있다가 천 구백 구십 구 년에 교육학 박사학위를 받고 한국에 돌아왔습니다

3) 한국에 와서 뭔가 교육에 공헌을 하고 싶어서 왔는데

4) 어 그곳에서 어 여러 가지 교육 문제에 대해서 연구를 하고 또 저희 자녀를 학교에 보내면서 어 그곳의 실정을 자세히 접하게 되었는데

5) 사실상 거기서는 사립학교는 자유로운 주체에 의한 학교, 그러니까 즉 말해서 자유로운 학교라는 개념으로 그러니까 그렇게 재단의 지위가 보장되고 있는 상태에서 어 여러 가지 학습권이라든지 학사 운영의 자유, 그리고 또 어 학생을 자유롭게 뽑을 수 있는 그러한 모든 자유권이 있습니다

6) 아 그런데 어(:) 한국에 돌아와서 인제 저가 한국의 실정을 다시 재인식해 보면서 사실상 어 중등사학, 사학의 경우는 그 모든 자율권이 박탈된 상황에 처해 있지 않습니까?

7) 어 그리고 또 전반적으로 볼 때 모든 어(:) 사학에 관한 관련법에서도 알 수 있는 것과 같이 관할청의 감독과 통제가 상당히 어(:) 심하게 심하게 느껴지고 있어요

(347) Y 1) 네

(345) B3 8) 음 그렇기 때문에 제 생각에는 지금 음(:) 사립학교 개정 방향에
대해서 말씀드리고 어 드리고 싶은 것은 그 비리와 그리고 부정
그런 문제에 초점을 맞춰서 그것을 사학의 일반화 사학 전체로
일반화 시켜서 법이 개정된다면
9) 어(:) 전체 사학의 자율 자율[자율권을 더욱 더 침해하는 방향이
아닐까 생각을 하기 때문에

(348) Y 1)   [네

(345) B3 10) 어 사학에 관한 법이 개정이 될 땐 전 꼭 개정이 되어야[한다
고 생각합니다

(349) Y 1)   [네
2) 그러니까 개정하되 사학의 자율성 자주성을[더 강화하는 방향으
로 개정되어야 한다[그런 말씀으로 알겠습니다

(350) B3 1)   [예
2)   [예 그래야지 모든 그 구성원의[소속인들의
민주적인 운영과 또 어떤 자율적인 의사개[존중되넌 것으로 생
각됩니다

(351) Y 1)   [네 네
2)   [네
3)   [네 좋습니
다
4) ○선생님 의견 의견 고맙습니다

(352) B3 1) 예

(353) Y 1) 자 지금 두 분의 방청객 의견을 들어봤는데요
2) 그 사이에 좀 진전이 있었습니까?
3) 법조문 문제에 관해서

(354) S 1) 말씀드릴게요

(355) Y 1) 네 정리를 좀 해주시죠

(356) S 1) 예 회장님 말씀하시는 것은 이십 조에 의해 임원취임의 승인취소
해서 교직원 인사에 관여하거나 회계 부정을 한 때 이렇게 안에
들어있습니다

(357) Y 1) 네

(356) S 2) 교직원 인사에 관여했을 때 임원승인취소가 가능하다 하는 그런
안인데요

(358) Y 1) 으흥

(359) H 1) 현행법에는 또 학사에 관여하면 취소하게 돼 있어요 현행법에는
        2) 그러니까 결과적으로 인사에 관여하거나 학사에 관여하면은 취소
          할 수 있다, [이런 얘기가 그 얘기고

(360) S 1)   [그건 아까 말씀하셨으니까 제가 마저 말씀드릴게요

(361) H 1) 그 말씀 맞죠?

(362) S 1) 아니, 이것을 형식적으로만 조문 문귀만 가지고 임의적으로 해석
          을 하시면 전체의 뜻하고 어긋날 수 있다는 것을 말씀드리고 싶
          습니다
        2) 그러니까 기본 ○○당의 개정안의 골격이 재단의 운영과 학계의
          운영을 분리하자는 겁니다
        3) 즉 이 법 재단 법인하고 학교를 지금 구별을 안하고 보통 얘기를
          하는데
        4) 법인이 설립한 학교입니다
        5) 법인하고 학교는 다른 겁니다
        6) 즉 법인은 재산을 내놨기 때문에 내놓은 재산을 유지 관리할 권
          리와 의무가 있습니다
        7) 그러나 학교 교육을 담당하는 건 학교이지 법인이 아니거든요
        8) 학교는 학생교육을 위해서 교육의 전문성과 학사의 운영 여기에
          중심을 걸기로 권해야지 이런 문제가 없어진다는 취지에서 재단
          운영과 학교운영을 분리하자는 뜻에서
        9) 재단은 여기 보면은 학교를 위한 수익용 기본재산과 교육용 기본
          재산의 관리운용, 그 다음에 학교 운영을 위한 예결산 권한, 그
          다음에 학교 운영의 중대사항 총장임면 등에 관한 것들을 재단이
          쥐고,
       10) 총장은 학교 운영과 교원 임면 교수와 학생지도 학사전반에 관
          해서 책임을 지는 이렇게 분리를 하되,
       11) 사학의 의견도 반영될 수 있도록 교원 인사위원회에 이사회에
          참여를 법적으로 보장한다 이렇게 돼 있습니다
       12) 그렇게 해놓음으로 해 가지고 일방적으로 이사회가 인사권을 완
          전히 배제 당하는 것도 아니고, 일단 여기에 분리하자는 기본 방
          침에서 출발한 것이기 때문에[분리해놨는데

(363) Y 1)   [네

(362) S 13) 교직원 인사에 이사회가 관여를 한다고 하면 이건 분명히 법 위
          반이 되는 것이고[잘못되는 것이고

(364) Y 1)   [자 자 S교수님

(362) S 14) 과거에 인사 비리가 많았기 때문에 이건 필요한 거다

(365) Y 1) 거기까지 정리하시구요

     2) 아까 ○○대 계신 분이 말씀을 하셨는데

(366) H 1) 네

(365) Y 3) 같은 맥락에서 아마 그 사학법인 연합회 쪽에서는 이 비리 이사의 복귀를 사실상 막아버리는 이번 법 개정안에 대해서도 반대를 하시는[

(367) H 1)　　　[근데 아까 저 문제에 대해서 얘기를 먼저 하고 난 뒤에 발언권 주세요

     2) 아니면 그 문제 말씀을 드릴게요

     3) 이(:) 지금 우리 사회는요

     4) 지금 사학 경영자들한테까지도 이 성직자나 교직자와 같은 그런 자세를 요구합니다

     5) 그렇기 때문에 보통 사람들이 어떤 일을 저지르는 것이 예사롭게 지나가던 일들도 사학 경영자가 똑같은 일을 저지르면 또 교육자가 그랬네 뭐네 그래서 화살을 맞는데,

     6) 부담스럽기도 하긴 합니다만 달리 보면은 도덕적 위상을 그만큼 높여준 것에 대해서는 우리는 또 자부심도 갖습니다

     7) 그런 맥락에서 비리 비리 이사가 그 결국 그 승인 취소 돼서 나갔다가 다시 들어오는 과정은 상당히 어렵게 만들 필요가 있다 저는 동감을 합니다

     8) 동의를 합니다

     9) 그런데 현재 이 개정안을 보면은요

    10) 비리 이사가 다시 오는데 어렵게 만들자는 것이 아니에요 이게요

    11) 다시 말씀드리면은 현행법에도 비리 이사가 뭐냐하면은 비리로 인해 가지고 금고 이상의 선고를 받은 사람이 형을 마친 후에 오 년이 지나야 다시 학교로 복귀를 할 수가 있습니다 법인으로

    12) 현행법도 그래요

    13) 그런데 지금 현재 이 개정안의 내용을 보면 무슨 얘기냐 하면은 어떤 이유든 간에 소위 관선이사가 들어오면서부터 밀려난 이사는 이사는 나가서 오 년 또는 십 년 이후에나 된다 이런 얘기입니다

    14) 그럼 보세요

    15) 어떤 학교 분규가 났다 이거예요

16) 그 이사들 중에는 분규에 책임이 없는 사람이 있습니다

17) 전혀 분규에 책임이 없는 사람이 있어요

18) 그러나 분규가 수습이 안되다 보니까 관선이사를 내보낸다 이거
예요

19) 그걸로 인해서 그 이사는 그 학교를 그만 두게 되는 겁니다 법
인을

20) 그러면 다시 이 관선인사가 학교가 정상화가 됐다 이겁니다

21) 그럼 정 이사를 뽑는 과정에서 그 사람은 안 된다 이런 얘기입
니다 지금

22) 또 하나를 또 봅시다 그러면

23) 도덕적으로 본다면은 선생님들이 더 경영자보다 더 위가 되어야
맞겠죠

24) 그러면은 선생님들은 결국은 뭐냐하면은 어떤 이 비리행위를 해
서 형을 받고 뭐 하고 난 뒤에 이 년 후에는 다시 뭐냐하면은
복권이 돼서 제자리에 갈 수가 있는데 학교 경영자는 오 년 십
년 이후에 한다↗

(368) Y 1) 네

(367) H 25) 이 형평성 문제를 또 어떻게 보느냐↗

(369) Y 1) 좋습니다

　　　　 2) 혹시 그 문제에 관해서 어느 분이 하시겠습니까?

(370) S 1) 제가 제가 얘기할게요

(371) Y 1) 네

(372) S 1) 비리가 있다할 때도 그 내용에 따라서 다릅니다

(373) H 1) 그러니깨[그런데 이 법인 법인은 (???)

(372) S 2)　　　　 [선거법을 위반한 사람이 선거에 출마할 때 제한하는 거
하고 도로교통법을 위반한 사람을 선거에 제한하는 거하고는 다
르죠

　　　　 3) [어떤 종류의 위반이냐에 따라 다릅니다

(374) H 1) [아 아니 그러니까 법인의 경우 어때요

　　　　 2) 자꾸 보세요

　　　　 3) 내 말 이해고 못하고 하시는 말씀인데

　　　　 4) 법에는 지금 어떻게 개정이 나와 있냐하면은

　　　　 5) 임원승인취소가 된 사람은 사람은 다시 복귀할려면 오 년 ○○
당 안은 오 년이고 국회의원들 안은 십 년으로 돼 있다 이겁니다

　　　　 6) 그러면 임원 취소된 것은 취소될 사유가 많은데 아까 비리로 인

해서 취소된 사람은 한 십 년 정도 어렵게 만든 것도 좋다 이겁
니다

7) 그러나 아무 죄 없이 나간 사람을 왜 십 년 오 년으로 왜 묶느
냐 이런 얘기예요

(375) K 1) 상식적으로 말이 안되죠

(374) H 8) 그런데 그것이[그것이

(375) K 2)   [공동책임을 지고 학교를 운영하는데

(374) H 9) 그것이 잘못됐다 이런 얘기예요

10) 그리고 또 한가지넌[

(376) Y 1)   [자 일단 거기까지 하시구요

2) 이 문제에 관해서 다시 한 번 답변을 하시겠습니까?

(377) S 1) 예 예

2) 근데 교사들의 경우에 예를 들어서 국공립 공무원 같으면 그런
일이 있으면 파면입니다 이거

3) 퇴직금도 못 받아요

4) 영원히 추방입니다 그건 예↗

5) 교수들도 마찬가지예요

6) 그런데 수백 억하고 더 큰 비리에 연루됐는데 이 년 만에 그대로
돌아올 수 있다↗

7) [그리고

(378) H 1) [아니 오 년이라니까요

(379) S 1) 아니 지금 현행법은 이 년이지 않습니까?

(380) H 1) 아뇨 오 년이예요

2) 금고 이상은 오 년입니다

(381) S 1) 금고 이상이 아닌 경우 지금 현행법에 돌아올 수는 있는 최단 기
간이 이 년이니까 그래서 오 년으로 늘리자는 거죠

2) 근데 지금 자 이거 너무 시간도[

(382) H 1)   [아니 지금 말씀이 딴 데로 돌아
가는데 그 얘기가 아니지 않습니까?

(383) Y 1) H회장님 잠깐만요

(384) S 1) 시간이 지금 다 돼 가는데 너무 지엽적인 기술적인 문제로 자꾸
가는 것 같아요

2) 조금 본질적인 얘기로 넘어가서 한마디만

(385) Y 1) 예 그러죠

2) 우선 S교수께서 제안하시고 H회장께 드리겠습니다

(386) S 1) 지금 아까 한 분 말씀하셨습니다만 너무 비리나 여기에 초점을
맞춰서 가는 게 아니냐 저도 그 얘기 동 동의합니다

2) 너무 어 문제들을 너무 비리 이쪽에만 초점에 맞추다 보니까 우
리나라 사람들이 그런 쪽이라야 움직여지니까 이러는데 사실은
그게 문제가 아니죠

3) 어떻게 하면 학교가 정말 학생들이든 선생님이든 모두가 다 참
신나고 즐겁고 효과를 높일 수 있는가 이쪽으로 가야 됩니다

4) 그게 문제예요

5) 비리에 초점을 맞추면 자꾸 문제가 되는데 저는 반대입니다

6) 또 그렇게 됐을 때 사학에 자율성을 줘라, 그건 당연한 얘기입니다

7) 그거는 교과서적인 얘기인데

8) 지금 우리의 경우에는 사학의 자율성이라는 게 법인의 자율성이
지 학교의 자율성이 아니라는 거죠

9) 법인이 지금 모든 권한을 다 갖고 있습니다

10) 학교의 장이나 교사 교수 학생 아무 권리 없어요 사실은

11) 모든 권한을 이사장이 사실 다 행사하고 이사회도 거의 들러리로
서는 경우들이 다수입니다

12) 자 그렇게 했는데 이사회에는 그 학교의 교수나 교사가 아무도
못 들어가게 막아놓고,

13) 이사장이 모든 권한을 다 가지면서 폐쇄적으로 하는 것, 이사회
가 어떤 일을 했는지조차도 모르는 경우가 허다합니다

14) 이러다 보니까 이게 폐쇄성 때문에 부패나 비리의 소지가 생기는
것이고,

15) 그러니까 이걸 투명하게 하자는 거죠

16) 공개해야 된다는 겁니다

17) 공개를 해야 되는데[

(387) Y 1)   [네 그래서 그 대안으로 제시하시는 게 뭡니까?

(388) S 1) 그러니까 이사회의 구성을 이사회가 지금처럼 모든 권한을 행사하
겠다고 하면 이사회의 구성을 개방해 가지고 학교 구성원들이 참
여할 수 있도록 길을 열어줘야 된다는 겁니다

2) 자기들끼리만 딱 폐쇄적으로 숨어서 모든 걸 마음대로 하겠다고
한다면 권한은 권한은 그 대신 축소해 가지고[재산 유지 관리에
만 해야 되고

(389) Y 1)   [네

(388) S 3) 교육 자체 이쪽에는 직접 관여하면 안 된다는 거죠

(390) Y 1) 좋습니다

(391) H 1) 저 [저 저

(392) K 1)   [사회자님

(393) Y 1) 예 H회장 말씀하시고 제가 발언 기회 드리겠습니다

(394) H 1) 선생님이 선생님은요 연구하고 가르치기 위해서 학교에 오신 거지

2) 사학의 경영 남의 권리나 넘보면서 그걸 뺏어서 어떻게 뭐냐하면
행사할려고 오신 것 아니지 않습니까?

3) 지금 한 가지 제가 말씀을 좀 근원적인 얘기를 말씀을 드릴게요

4) 현재의 법안을 쭉 보고, 또 지금 말씀하신 내용을 보면은 이 얘
기입니다

5) 학교에 학생회 또는 학생회는 이번에 빠지는 것 같고

6) 교수회 교사회 학부모회 물론 운영위원회는 이미 법적인 기구가
됐지만은,

7) 이것들을 법정 기구화 만들어 가지고 그래 가지고 이분들이 인사
권과 상당한 재정권을 가지고 학교운영을 하겠다 이겁니다

8) 그러면 이것은 이제 상당히 중대한 얘기입니다 이 얘기는

(395) Y 1) 지금 이번 개정 법률안에 관해서[말씀하시는 거죠

(394) H 9)   [그렇습니다

10) 내용의 골자가 그 얘기입니다

11) 상당한 중대한 얘기인데

12) 그러면 이것은 마치 사립학교를 학교법인을 사단법인처럼 운영하
겠다 이 말입니다

13) 이 교총 같은 것이 아마 사단법인일 거예요

14) 사단법인이라는 것은 사원들이 회비를 내 가지고 그 총회를 통해
가지고 자기 의사를 반영시켜서 총회 결의가 법인이 나가는 방향
을 결정하는 겁니다

15) 그래서 일반 회원들도 어느 사원들도 회장을 출마해서 회장이 되
기도 하고 모든 권한을 회원들이 다 가지고 행사하는 사단법인입
니다

16) 그런 식으로 학교를 운영하겠다는 얘기인데

17) 이 재단법이라는 것이 뭐냐↗

18) 학교법이라는 게 뭐냐↗

19) 법인설립 목적이 있고, 또 법으로서 일정 금액 이상 돈을 뭐냐하
면 결국 자금을 내라는 것이 있고 재원이 있고,

20) 거기에 따라서 그것을 설립 목적을 달성하기 위해서 당신한테는

재정권 인사권 감사권 또는 학교운영권 이런 종류의 권한을 줬다
이거예요

21) 이 삼박자가 딱 맞아서 엉켜진 것이 재단법인입니다

22) 그러면은 그러면 재단법인에는 그러면 설립 목적을 달성하기 위
해서 권한을 가져야 하는 건데

23) 그 권한을 그 이상을 실현하기 위해서 온 구성원이 선생님이 그
재단을 권한을 가지고 가기 위해서 하겠다 이 말이 되는데

(396) Y 1) 네

(394) H 24) 그럼 거기서 어떤 문제가 발생하느냐 할 것 같으면은

25) 그럼 애당초 그러면 어떤 바보가 돈 수백 몇 백만 원도 아니고
수백 억 수천 억을 내 가지고 학교를 지었는데 수십 억을 내 가
지고 지었는데 시작을 하는데

26) 그런 권한을 준다고 하니까 자기 이상을 달성할 수 있다고 생각
해서 그 돈을 내서 재단 법인을 만들었지[그 돈을 뭐냐하면 권
한을 안 준다면

(397) Y 1)   [네

(394) H 27) 어떤 사람이 내놓고 나머지는 당신들이 권한 가지고 하시오[사
단 법인 하시오

(398) Y 1)   [네

2) 좋습니다

(399) H 1) 아니 아니 제가 [마지막 기회를

(400) Y 1)   [아이 또 발언 기회를 드리겠습니다

2) [여기까지 하시구요

(401) H 1) [아니 아니 그렇게 하려면은[그렇게 하려면은 그러면은

(402) Y 1)   [네

(401) H 1) 그 돈을 내놓은 돈을 변상을 하고 하든지

2) 아니면은 이것을 헌법을 고치고 민법도 고치고 그 다음에 하든지
[

(403) Y 1) [네 좋습니다

(401) H 3) 자유 민주주의의 핵심 가치를 근본적으로 부인하는 그런 발상에
서 출발된 안이다[이런 얘깁니다

(404) Y 1)   [네 좋습니다

2) K부위원장 하시겠습니까?

3) 네

(405) K 1) 외국의 경우도 독일 같은 경우에 보면은 이제 사립학교는 보충학

교나 대행학교라서 상당히 제한하고 있구요

2) 대학을 설립할 때는 대학기본법이라는 것이 있어서 여기서 이미 대학 자치, 그러니까 학생 노조 또 교수 이런 대학구성원들이 동 문 이런 사람들이 실제로 어 자치를 할 수 있는 대학기본법이라 는 것이 설립할 때 그것이 기본입니다

3) 그것이 전제가 돼야 재단을 승인하는 겁니다

4) 저희는 일단 대학을 운영할려고 하면 대학에 있는 구성원들이 일 정 정도 그런 것들에 운영을 참여할 수 있는 길을 공개적으로 보 장하자는 겁니다

5) 중고등학교의 경우는 그 주체인 학생 교사 학부모 지역인사들이 교장선생님과 함께 학교 운영위원회를 만들어서 학교를 더 건전 하게 운영해 나가자는 겁니다

6) 그러나 교장의 권한을 침해하거나 이런 것들은 굉장히 적습니다 실제로 아직은

7) 그런데 실제로 그 사립학교의 학교 운영위원회를 도입하려고 구 십 구 년에 법안을 만들었을 때 사학재단의 강력한 반발로 국공 립학교와 똑같은 심의 의결기구가 되지 못하고 실제로 자문기구 라는 형태로 이렇게 전락됐습니다

8) 그 학교 운영위원회가 자문기구가 됐다는 건 뭐냐하면 실제로 학 교의 예결산을 심의한다거나 학칙을 재개정한다거나 이런 것들이 다 중요 사항은 빠져버리고

9) 또 실제로 민주적인 선출에 의해서 구성되는 것이 아니라 어 복 수로 추천하면은 교장이나 재단이 이렇게 위촉하는 형태로 돼 버 렸습니다

10) 그래서 실제로 일 인이 모든 권한을 다 가졌을 때 부패할려고 했을 때 그것을 구성원들이 사전에 방지할 수 있는 그러한 제도 적 장치가 없어졌다는 겁니다

11) 그리고 학부모들은 대표로 뽑으려고 해도 잘 안 나서다 보니까 또 교장선생님이나 또 일부가 이렇게 임명을 해서 이렇게 들어오 게 되기 때문에

12) 학부모회나 이런 것들을 법적 기구로 만들어서 합리적인 선출 방 식에 의해서 민주적으로 선출되고 거기서 학교를 같이 운영해 나 가넌 이러한 제도를 도입하자는 겁니다

(406) Y 1)   [자 지금

2) K부위원장님 말씀은 지금 학교 운영위원회를 사립학교에 대해서

도 공립학교와 마찬가지로 심의 기구로 두어서[학부모들이 참여
할 수 있게 하자

(407) K 1)   [예

       2) 저희넌 의결기구이고 싶지만[심의기구까지도 저희는 양보하고
있는 겁니다

(408) Y 1)   [교사들이   [네

(409) A 1) 저는 뭐 제가 계속 발언을 못 했으니까[좀 (???)

(410) Y 1)   [네 이 문제에 관해서[말
씀하시죠

(411) A 1)   [예

       2) 에 그 지금 주장하시는 그런 내용들을 찬성하는 사학은 그걸 선
택하고, 또 그걸 반대하는 사학은 그걸 선택 안 하도록 사학들이
자율적으로 해결 해주자

       3) 어느 저 이 정치 권력이 법을 만들어서 전체 사학들에게 그걸 강
제하는 거는 이건 성숙된 사회 또는 민주적인 사회가 아니다 이
렇게 생각을 합니다

       4) 그래서 그런 모델이 있으니까 이런 걸 좋다 하는 걸 사학들이 선
택해라 하는 건 좋지만

       5) 법을 만들어서 모든 사학들에게 강제하는 것 나는 그건 성숙된
사회가 아니기 때문에[아니라는 것 때문에 반대합니다

(412) S 1)   [네

       2) 제가 말씀드릴게요

       3) 어차피 우리가 성숙되지 못한 사회이기 때문에 이런 사학 분규들
이 계속 터져 나옵니다

       4) 그렇기 때문에 법이 필요한 것이구요

       5) 성숙되게 잘 할 수 있다면 법이 필요 없죠

       6) 지금 우리 현실에 법이 절실히 필요하기 때문에 지금 법 얘기를
하는 겁니다

(413) A 1) 근데[

(412) S 7)   [그런데 아까 저 H○○회장님 말씀 중에 그런 경영권의 문
제 사유 재산의 문제를 말씀하셨는데

       8) 이게 사실 지금 논쟁의 가장 핵심 본질의 문제인 것 같아요

       9) 사립학교가↗ 사유재산이냐↗ 사기업이냐↗

      10) 그러면 이런 통제들이 공공성을 높이고자 하는 이런 통제들이
그럼 사유재산권의 침해냐 이 문제를 분명히 좀 짚어야 합니다

11) 사립학교가 개인이 물론 재산이 냈습니다마는 그 개인의 재산은 아니죠

12) 이미 법인으로 분립돼 있습니다

13) 왜 그러냐 하면은 이것은 교육이라고 하는 공익 목적을 달성하기 위한 것이고

14) 국가가 국민의 교육을 받을 권리를 보장해주기 위해서 국가가 해야 할 일을 국가 능력이 부족하니까 또는 다양한 것을 허용하기 위해서 사립을 인정하는 것뿐입니다

15) 아무리 사립학교라고 하더라도 이건 공교육 기관이고 공적 기관입니다

16) 그렇기 때문에 국가를 대신해서 학력 인정도 해 주고 학위도 수여할 수 있는 거죠

17) 그렇기 때문에 이것을 영리를 목적으로 하는 사기업과 분명히 구별을 해야 됩니다

18) 그런데도 불구하고 그것을 계속 이건 내가 돈 내고 내가 만든 건데 왜 누가 끼어 들려 하느냐 이런 사고를 갖고 있는 한은 얘기가 더 이상 진전이 될 수가 없는 거죠

19) 어떻게 하면 이 교육을 국민과 어린애들 학생들을 위해서 최선의 교육을 만들 것인가를 의견을 모아가야 되는데

20) 나 혼자만 내거니까 내 혼자만 결정하니까 너희들은 끼지 마라 시키는 대로만 해래 이렇게는 도저히 안 된다는 얘기죠

(414) Y 1)   [네
      2) H회장님

(415) H 1) 예 내가 수학을 전공했고 법을 하셨는데
      2) 그래서 내가 이해를 못 하는가 모르겠습니다
      3) 그러나 보세요
      4) 제가 사립학교를 설립을 할 때 정부가 이러는 거 아닙니까?
      5) H○○도 못 믿겠다
      6) 그러니까 법인 하나 만들어라,
      7) 이사는 응↗ 칠 명 이상 십 오 명 이내로 이사를 법인을 만들어서 거기다 돈을 내서 그 법인으로 하여금 이 건학 이념을 구현하도록 해서 학교를 설립해서 하도록 해라,
      8) 그것이 소위 학교 법인 아닙니까?

(416) S 1) 예

(415) H 9) 그러면은 내가 내놓은 돈을 가지고 지은 학교 사립학교의 모든

재산은 분명히 내 재산이 아닙니다

10) 내 개인 재산이 아니에요

11) 그렇기 때문에 내 개인 재산인 양 그것을 여기고 그걸 뭐냐하면
은 취급하고 행동해서는 안 된다 이겁니다

(417) S 1) 그렇죠

(415) H 12) 그러나 이 학교 법인이 사적 재산인 것이 분명한 건데 법을 하
신 양반이 그것이 아니라고 부인을 하십니까?

(418) S 1) 아니에요

(419) H 1) 그럼 학교 법인의 사적 재산을 재산을 왜 이것을 마치 공적 재
산이고 사유재산이고 모인 것 얜[꼭 이렇게 틀리냐 이런 얘기로
[

(420) Y 1)   [네

2) [좋습니다

(419) H 2) 거기서 한 가지 더 이제 덧붙여서 아까 말씀에[

(421) Y 1)   [너뭐[길게 덧붙
이지는 마십시오

(419) H 3)   [아니 그러니
까 그렇게 그렇게 뭐냐하면은 사단법인 식으로 하시고 싶으시다
한다면은

4) 선생님들하고 학부형들하고 뭐 백 명 안되면 천 명이든 이천 명
들 모이서 가지고 회원 모집 해 가지고 회비 내서 어↗ 그 회원
들끼리 모여서 학교 하나 설립을 해서 그래서 운영을 하세요

(422) Y 1) 네

(419) H 5) 아니[권한은 가지고 운영하면서

(423) Y 1) [H회장님

2) 아까[그 말씀 하셨기 때문에

(419) H 6)   [돈은 딴 사람보고 내라고 한다면은[민주주의에서 권리만
주장하고 책임은 다 안 한다는 얘기입니까?

(424) Y 1)   [H○○회장님

2) 자 H회장님 잠깐만요

3) 아까 그 말씀 하셨기 때문에 여기서 자르구요

4) K○○부회장께 잠깐 반론 기회 드리고 전화 연결 하겠습니다

(425) K 1) 예

2) 지금 우리 그 그 동안은 대부분의 기업들에게 족벌 체제니 무슨
그런 문제들이 참 많았는데요

3) 그런데 실제로 그 우리가 비난하는 기업들 상당히 그 문제가 많
은 기업들이라 하더라도 지금의 우리 지금 사학하고 또 비교가
할 수 없을 만큼 사실은 공공성이 오히려 보장돼 있습니다

4) 주식회사임에도 불구하고요

5) 제가 예를 들어보겠습니다

6) 기업은 사사로운 이익을 취할려고 사실은 만든 겁니다

7) 돈을 벌기 위해서 만든 거죠

8) 그러나 사학은 장학 사업 교육 사업을 위한 공익으로 만들어진
것입니다

9) 그런데 주식회사하고 재단법인이죠

10) 그런데 기업은 사십 오 퍼센트의 최고 세율을 받습니다

11) 학교 재단은 세금 면제됩니다

12) 근데 지배주주 상속시 실제로 여기는 부자 손 고손까지 쭉 내려
가면 이렇게 해서 퍼센트가 떨어집니다 [법적으로 보장돼 있죠

(426) Y 1)   [K부회장님

2) 좀 압축해 주시죠

(425) K 13) 예 예

14) 그런데 여기는[

(427) Y 1)   [말씀하시고자 하는 내용이 뭡니까?

(425) K 14) 세습하고자 하는 내용 백 퍼센트 그대로 세습되고 있습니다 지금
현재

15) 그 다음에 회계 제도 공개 여부도 보면은요

16) 복식부기를 하고 있고 공개하고 투명하고 이런 세무감사나 회계
감사 사외이사 뭐 직원노조 내부자 이런 부분들이 다 보장돼 있
습니다

17) 그런데 실제로 어 사학재단은 단식부기고 비공개 불투명합니다

18) 그리고 평상시에는 감사를 받지 않다가 분규가 나면 그때 교육부
가 와서[형식적 감사를 합니다

(428) Y 1)   [자 K부위원장님

2) 예

(425) K 19) 관료주의이고[독재적이고 보수적입니다

(429) Y 1)   [지금 말씀하시고자 하는 요지가 기업에 비해서 사
학 쪽이[

(430) K 1)   [훨씬 데[불투명하다라는 것입니다 예

(429) Y 2)   [불투명하다는

3) 자 잠깐요

4) 지금 전화 연결이 돼 있기 때문에 전화 말씀을 듣겠습니다

5) 여보세요?

(431) C1 1) 여보세요?

(432) Y 1) 네 네

2) 어디 사는 누구십니까?

(433) C1 1) 네 ○○구에 ○○○입니다

(434) Y 1) 네 ○선생님

2) 어떤 의견 주시겠습니까?

(435) C1 1) 네 저는요

2) 이 사립학교법 개정이라고 하는 명칭 자체가 비리학교법 개정이
라는 명칭으로 바뀌어져야 된다고 봅니다

(436) Y 1) 네 네

(435) C1 3) 왜냐 하면 일부 비리학교 그 재단으로 인해서 전체 사립학교 재
단을 갖다가 대상으로 개혁 대상으로 삼는다는 것 자체가 모순이
구요

(437) Y 1) 네 네

(435) C1 4) 제가 꼭 말씀드리고 싶은 건 뭐냐하면 정말 우리 주변에 올바르
고 훌륭하게 학교를 운영하는 그 이사장님들이 얼마든지 계십니다

(438) Y 1) 네 네

(435) C1 5) 그런 분들을 거론하고자 하는 것에는 너무 인색해 가지고

(439) Y 1) 네

(435) C1 6) 제가 바로 저 직접 뵙고 또 주변에 말씀 듣고 하는 분 중에서는요

7) 여름에 이사장실에서 에어컨 켜지 않고

8) [겨울에 난로를 떼지 않고

(440) Y 1) [네 네

(435) C1 9) 정말 신문지상에 사이에 오는 광고물을 잘라서 메모지를 사용하
시면서

10) [그 비용을 학생들을 위해서 쓰시겠다고 하는 그런 이사장님들
도 얼마든지 계십니다

(441) Y 1) [네

(442) Y 1) 네 네

(435) C1 11) 그런 분들까지 전부 몰아서 예를 들어서 ○○고 사태가 있다고
할 것 같으면 예를 들어 그 썩은 사과가 하나 있으면 썩은 사과
하나를 떼어내면 되는 것이지

　　　　　12) 사과 나무 자체를 뿌리를 뽑아버리자[그래서 다른 나무를 심자
(443) Y　 1)　　　　　　　　　　　　　　　[네
(435) C1 13) 이런 좀 우리가 앞뒤를[올바르게 곰곰이 생각해 보아야 될[문
　　　　　　제가 너무나 있구요
(444) Y　 1)　　　　　　　　　　[네 네
　　　　　 2)　　　　　　　　　　　　　　　　　　　[네
　　　　　알겠습니다
(445) C1 1) 한 가지만 말씀 더 드리겠습니다
(446) Y　 1) 네
(445) C1 2) 짤막하게요
　　　　　 3) 저 국회의원 중에서 이 문제를 이제 앞장서서 거론하시는 분이
　　　　　　계시는데요
　　　　　 4) 그러면 국회의원들께서도 일부 비리 국회의원이 있으니 그 국회
　　　　　　의원 전체가 비서관들이 대신해서 법안 상정을 하고 그 권한을
　　　　　　대신해서 한다고 그러면 그분들이 허용하시겠습니까?
(447) Y　 1) 네 알겠습니다
(445) C1 5) 이런 문제는 우리가 앞뒤를 곰곰이 생각해서
(448) Y　 1) 네 네
(445) C1 6) 훌륭하게 앞장서신 교육에 앞장서서 일생을 자부심과 자존심을
　　　　　　가지고 일하시는 일해[오신 그 분들을 또는 우리 한편으로 충분
　　　　　　히 더[(???)
(449) Y　 1)　　　　　　　　　　　[네 네
　　　　　 2)　　　　[네 알겠습니다
　　　　　 3) ○○구에 ○선생님
(445) C1 6) (???) 해주셨으면 감사하겠습니다
(450) Y　 1) 네 의견 고맙습니다
　　　　　 2) 한 분 더 연결이 돼 있습니다
　　　　　 3) 여보세요?
(451) C2 1) 안녕하세요?
(452) Y　 1) 예 안녕하십니까?
(453) C2 1) 예 저 ○○광역시 교육위원 ○○○입니다
(454) Y　 1) 네 ○선생님
(455) C2 1) 예 예
(456) Y　 1) 어떤 의견 주시겠습니까?
(457) C2 1) 예 저는 사학의 [고유 건학 이념이나 자율성은 존중되어야 합니다

(458) Y 1)   [예

    2) 네

(457) C2 2) 그러나 오늘의 우리 사학은 사정이 다릅니다

    3) 일부 건전한 사학도 있습 있습니다만 대부분의 사학은 법정 전입 금조차도 내지 않고 있습니다

(459) Y 1) 네

(457) C2 4) 설립자가 수백 억의 재산이 있어도 수천만 원의 법정 전입금조차 도 내지 않고 있습니다

    5) 아까 그 H○○ 회장님께서 설립한 학교는 삼십 육 학급에 연 학교 운영비가 이삼천만 원 밖에 안되어서 공금을 유용할 수가 없고 학교 경영자가 치부할 수 없다는 것은 설득력이 없습니다

(460) Y 1) 네 네

(457) C2 6) 제가 교육 예산을 심의 의결하는 교육위원인데

    7) 삼십 육 학급 정도면 연 학교 재정 결함 보조금을 국고에서 십 억 정도가 지원되는 줄 알고 있습니다

(461) Y 1) 네 네

(457) C2 8) 그리고 학교 시설 및 환경 개선비로 학교마다 조금씩 차이는 있 지만은 약 연 이 억에서 오 억 이상을 지원[해주고 있습니다

(462) Y 1)   [네

(457) C2 9) 이 예산을 집행할 때 투명성이 결여돼 있기 때문에 사학에서는 항상 문제가 되기 때문입니다

(463) Y 1) 네

(457) C2 10) 사학에 지원되는 예산도 국고보조금은 일 억 이상은 반드시 국 가를 당사자로 하는 계약법 사학회계 재무규칙에 의해 가지고 일 반 공개 입찰을[해야되는데도 지금 현 사학들은 그렇게 하고 있 지 않습니다

(464) Y 1)   [네 네

    2) 네 네 ○선생님

(457) C2 11) 예 그래서 결론은 따라서[사학 분규의 근원적인 해결책은 향후 사학이 예산집행의 투명성과 인사의 공정성 의사 결정의 민주화가

(465) Y 1)   [네

(457) C2 11) 확보되지 않고서는 [지금의 사학 분규를 해결할 수 없기 때문에

(466) Y 1)   [네 네

(457) C2 12) [반드시 이 부분에 대해서 제도적 장치를 강화해야 된다고 생각 합니다

(467) Y 1) [네 네

2) 네 알겠습니다

3) ○○의 ○선생님 의견 감사합니다

4) 자(:) 어느 사이에 시간이 거의 다 흘러버렸는데요

5) 제개[

(468) ? 1)   [(???)

(467) Y 6) 잠깐요

7) 어 마지막으로 한 분씩만 양측에 발언 기회를 드려야겠습니다 시
간관계상

8) 그래서 우선 뭐 어느 분께 드릴까요

9) 알아서 양쪽에서 하시기 바랍니다

10) 그 지금 말씀하시되 학교 분규가 일어나면 결국 학습권을 침해받
는 학생들이 가장 큰 피해자가 되기 때문에

11) 그 학생들을 생각하는 마음으로 앞으로 어떻게 하는 것이 사학의
건전한 발전을 위해서 좋겠다[이런 취지의 의견을 주시기 바랍
니다

(469) A 1)   [거 나는

2) 뭐 학교의 분규 사태는 이제 물론 학교의 부정 이런 게 있다 이
런 사실도 있지만

3) 또 그런 분규를 즐기는 사람들도 있다 이렇게 하고 있습니다

4) 근데 또 하나는 우리 그 교육 제도의 문제가 있습니다

5) 각 학생들이 자기가 학교의 선택권을 박탈했는데 문제가 있습
니다

(470) Y 1) 네

(469) A 6) 자기가 싫은 학교에 안가면 되는 거지 싫은 학교에 배정이 돼서
억지로 그 학교에 다녀야 되는 우리나라의 학생들의 그 비운을
늘 통탄합니다

(471) Y 1) 네

(469) A 7) 그래서 이 기회에 학교 선택권을 달라고 하는 요구로 오히려 힘
을 모아주시기 바랍니다

(472) Y 1) 네

(473) S 1) 아까 재단 관계 법인에 관계에 대해서 말씀하셨는데

2) 제 말씀에 좀 오해가 있는 것 같아서 간단히 해명을 드리구요

3) 아 사유 재산인 건 분명합니다

4) 그런데 어 사유 재산도 공공복리를 위해서는 얼마든지 제한할 수

있고 충분히 제한이 돼야 되는데

5) 이 공교육 기관으로서의 학교하고 그 사유 재산하고 별개 문제입
   니다

6) 오해 없으시기 바라구요

(474) Y   1) 네

(473) S   7) 그런데 중요한 것은 지금 경영권을 말씀하셨는데

8) 경영권보다 더 높은 것이 학생의 학습권이고 교사의 교육권이고
   교수의 연구권입니다

9) 이것이 더 위에 있다고 하는 것은 명백하기 때문에

10) 그것을 위해서 그것을 제대로 보장하기 위해서 최선의 방법이 뭐
    냐했을 때는 지금 나온 이런 방식으로 그들의 참여가 가능하도록
    해야 된다는 얘기입니다

(475) Y   1) 아주 짧게만

　　　　　<<H의 발언 기회 요구에 대하여 하는 말>>

2) 시간이[허용돼 있지 않기 때문에 간략히만

(476) H   1)　　　　[그래서 아까 권한을 그렇게 나눠 갖자는 것도 법률의 문
   제도 있고 있겠지만

2) 또 하나는요

3) 그렇게 여러 모임들이 권한을 가지고 하다보면은 이 ○○고 문
   제 어떻게 해결 할랍니까?

(477) Y   1) 네

(476) H   4) 그러면은 교사들끼리 모여서 의결을 할랍니깨[학생들끼리 모여
   서 의결할랍니까?

(478) Y   1)　　　　　　　　　　　　　　　　[H회장님 마무리
   말씀을

(476) H   5) 아니 아니 그러니깨[

(479) Y   1)　　　　　　　　　[지금 시간이 없습니다

(476) H   5) 아이 그래서 그것이 학교가 표류하게 되고 중심이 없어지고

6) 그렇기 때문에[오히려 더 붕괴를 더 많이 만든다

(480) Y   1)　　　　　[네

2) 좋습니다

3) 거기까지만 듣도록 하겠습니다

4) 자 오늘 토론 정말 저도 진행하기가 어려워서 잠시 이성을 잃은
   적이 있었는데

5) 시청자 여러분 용서해 주시기 바랍니다

6) 그 제가 오늘 토론 보면서 이 학교가 무너진다 무너진다 이런 걱정을 평소에 하시는 분들 많이 봤는데

7) 사립 학교가 이렇게 문제가 많은 그런 사립학교 경영이 안 무너지면 오히려 이상하지 않을까 그런 생각도 일부 듭니다

8) 끝으로 오늘 그 네티즌 여러분께서 많은 의견을 그 사립학교법 개정 문제에 대해서 주셨는데요

9) 다른 것은 다 못하더라도 한 가지만 소개를 하면서 마무리로 대신하겠습니다

10) 학생은 학업에 전념할 수 있도록 교사들은 가르치는 일에 전념할 수 있도록 부모들은 믿고 아이들을 학교에 보낼 수 있도록 법을 좀 제대로 만들어 주십시오

11) 이런 ○○○씨의 의견으로 마무리를 대신합니다

12) 시청자 여러분 고맙습니다

13) 안녕히 계십시오

찾아보기

┌─── **박용한** ───┐

■ 저자 약력
　충남 청양 출생
　해군사관학교 졸업(1991년)
　연세대학교 문과대학 국어국문학과 졸업(1993년)
　연세대학교 대학원 국어국문학과 문학석사(1998년)
　연세대학교 대학원 국어국문학과 문학박사(2002년)
　현재 해군사관학교 사회인문학처 인문학과 교수

■ 주요 논문
　대우법 수행시 발생하는 규범 충돌에 관한 연구(1997년)
　군대 영내 거주자 집단의 '-말입니다' 사용에 관한 연구(2000년)
　청자대우법과 참여자 및 상황 요인간의 관계에 대한 연구(2001년)
　TV 생방송 토론대화에서의 대화 전략 연구(2002년)

토론 대화 전략 연구

인　쇄　2003년　07월　21일
발　행　2003년　07월　28일
지은이　박 용 한
펴낸이　이 대 현
편　집　안현진 · 장은미 · 박윤정
펴낸곳　도서출판 역락 / 서울 성동구 성수 2가 3동 301-80
　　　　(주)지시코별관 3층(우133-835)
TEL 대표 · 영업 3409-2058　편집부 3409-2060　FAX 3409-2059
E-MAIL yk3888@kornet.net / youkrack@hanmail.net
등　록　1999년 4월 19일 제 2-2803호
정　가　**12,000원**
ISBN　89-5556-224-1-93710

* 잘못된 책은 교환해 드립니다.